KB217293

평생 하나님과 교회를 섬기시고,
자녀들을 위해 헌신하신 나의 어머니
故 조순자 권사님께 이 책을 바칩니다.

개정증보판

지역공동체와 함께 하는
교회의 새로운 도전들

한국적 '선교적 교회'를 향하여

(개정증보판)
지역공동체와 함께 하는 교회의 새로운 도전들
한국적 '선교적 교회'를 향하여

지은이·성석환
펴낸이·이충석
꾸민이·성상건

펴낸날·2020년 4월 2일
펴낸곳·도서출판 나눔사
주소·(우) 03354 서울특별시 은평구 불광로 13가길
       22-13(불광동)
전화·02)359-3429   팩스 02)355-3429
등록번호·2-489호(1988년 2월 16일)
이메일·nanumsa@hanmail.net

ⓒ 성석환, 2020

ISBN 978-89-7027-976-3-03230

값 15,000원
잘못된 책은 바꾸어 드립니다.

이 도서의 국립중앙도서관 출판예정도서목록(CIP)은 서지정보유통지원시스템 홈페이지(http://seoji.nl.go.kr)와
국가자료종합목록 구축시스템(http://kolis-net.nl.go.kr)에서 이용하실 수 있습니다.
(CIP제어번호 : CIP2020013025)

개정증보판

지역공동체와 함께 하는
교회의 새로운 도전들

한국적 '선교적 교회'를 향하여

성석환 저

나눔사

노영상 원장
(총회한국교회연구원)

성석환 교수님의 본 책의 발간을 축하한다. 성 교수는 이 책을 오늘
날 북미에서 제기되고 있는 '선교적 교회론'에서 시작한다. 선교적 교
회론을 주장하는 신학자들은 잘못 정위된 교회의 존재 이유를 성찰하
며, 하나님께서 교회를 파송한 목적대로 운영해야 한다고 언급한다. 이
들은 복음전파와 개종전도의 선교론이 교회됨의 본질이어야 함을 강조
한다. 그들은 거의 2세기 동안 이어온 교단과 교파 중심의 성장주의와
승리주의의 선교에 대해 전면적인 비판을 제기하는 것이다.

선교적 교회론은 '하나님의 선교'(Missio Dei)의 개념과 연결된다.
선교적 교회론을 주장하는 신학자들은 교회는 하나님으로부터 '파송
된' 공동체로서 선교의 주체는 하나님 자신임을 말한다. 선교적 교회는
교회가 하는 일에 착목하기보다는 교회의 본질 자체에 대해 고민한다.
이 운동은 교회성장이나 교세확장에만 몰두하는 목회나 선교 프로그램
을 비판한다. 교회는 상황과 문화 속으로 삼위일체 하나님으로부터 파
송 받은 공동체임을 고백하며, 하나님께서 주체가 되는 선교에 동참해
야 한다고 그들은 주장한다. 한 부서의 사역으로 혹은 전문 선교사들의
사역으로 축소돼버린 현대교회의 선교를 반성하고, 교회가 존재하는
목적 자체가 선교임을 그들은 강조하는 것이다. 사람들을 불러 모아 건
물을 넓히는 것이 교회의 주된 목적이 아니며, 세상을 향해 '하나님의

나라'의 삶을 증언하고 세상 사람들을 그러한 삶으로 초청하는 것이, 파송 받은 이들이 견지해야 할 '선교적 삶'임을 이들은 강조한다.

　'새로운 교회'라고도 불리는 선교적 교회의 입장은 교회가 파송된 지역사회를 교회와 경계를 지어 대상화하지 않는바, 오히려 지역사회를 선교의 현장(missional field)으로 인식한다. 교회의 지역사회성을 강조하면서 이웃의 이야기에 귀를 기울이고, 그들의 아픔에 공감하며, 공동체를 형성해 가는 것이 교회의 본질적 사명이라는 것이다. 지역을 선별하여 교회를 세우고 발전시키는 교회개척이 아니라, 하나님이 지역에 동참하여 지역의 사람들을 만나고 교제하면서 자연스럽게 드러나게 되는 공동체가 교회여야 한다는 것이다.

　교회성장기 한국교회는 대형교회를 표준으로 삼고, 지역공동체를 교제의 대상이 아니라 동원의 대상으로 여겼었다. 지역공동체의 일원이 되기보다는 지역의 중심이 되고자 했다. 그러나 21세기의 네트워크 사회는 더 이상 종교단체가 지역의 중심이 되도록 허용치 않는다. 오히려 교회가 지역의 공론의 장에 참여할 수 있는 유일한 방법은, 교회가 지역의 일원으로서 지역적 정체성을 공유하는 것이다. 교회는 '그들'만의 모임이 아니고 세상 가운데 파송된 개방된 공동체여야 한다. 특히 지역공동체의 복지와 행복을 위해 교회가 해야 할 일을 다양하게 모색하면서, 하나님에 의해 파송된 공동체로서 도움이 필요한 이들을 환대하고 사랑하는 것이 교회의 소명임을 선교적 교회론을 주장하는 이들은 언급하고 있다.

이러한 선교적 교회론은 금 번 총회가 추진하고 있는 '마을목회'의 입장과 궤를 같이 한다. 마을목회는 무엇보다 공동체적 삶을 복원하기 위한 목회를 의미하는 것으로, 한국사회에서 '마을 만들기' 정책이 가지는 정치사회학적 의미까지도 함께 고려해야 그 실효를 거둘 수 있을 것이다. 마을목회는 주지하다시피 오늘의 쇠퇴하는 교회의 위기 속에서 나온 실천적 프로그램으로, 지역선교와 '문화선교'에 대한 새로운 비전을 제시한다. 그리스도인과 교회공동체는 우리가 살아가는 곳에서 복음을 어떻게 증언할지 늘 고민해야 한다. 선교적 교회는 사람들을 교회로 불러 모으기 위해 온갖 흥밋거리를 만들어 내는 곳이 교회가 아니며, 지역사회와 문화 속으로 깊숙이 복음의 뿌리를 내리기 위해 교회의 모든 자원과 자산을 동원하여 하나님나라를 증언하는 교회여야 한다고 선 교수는 말한다. 문화를 변혁시키기 위해 필요한 희생이 있다면 기꺼이 감당하고 복음의 능력을 발휘하려고 하는 교회가 선교적 교회라는 것이다.

삼위일체 하나님은 선교의 주체가 되는 분이시다. 그분은 아들을 보내시고, 아들과 함께 성령을 보내셨다. 또한 아들은 자신을 믿는 제자들을 아버지께서 자신을 보내신 것처럼 세상에 보내신다(요 20:21). 파송하시는 분은 하나님이시며, 우리는 파송의 주체가 아니라 보냄을 받은 자들이다. 저마다의 상황과 역사와 문화 속으로 파송 받은 우리들은 그곳에서 하나님의 나라와 그의 의를 위해 선교적 삶을 살아야 한다.

문화는 인간의 삶 전체를 포괄하는 복합총체로서, 우리의 삶 전 영역을 대상으로 하는 목회다. 성 교수는 문화목회적 실천은 선교적 교회론의 목회 프로그램이며 그것의 구체적인 실천방안이라고 한다. '문화목회'는 복지, 경제, 교육, 환경 등과 같은 인간의 삶의 전 영역을 공유하는 실천적 목회 프로그램인 것이다.

성 교수는 선교적 교회론에서 출발하여 그것을 마을목회의 차원에서 해석하였으며, 아울러 그러한 교회의 본질을 구성하는 선교를 위해 인간의 삶 전 영역과 깊이 연관된 문화목회를 강조하였다. 이러한 성 교수의 문화목회적인 마을목회에 대한 제안이 우리의 목회 현장을 크게 변화시키리라 생각하며, 기쁜 마음으로 본 추천사를 가름한다.

성석환 소장
(도시공동체연구소)

　　호스피스 병동에서 어머니의 마지막 임종을 지키며 정리한 원고들이 2018년 『지역공동체와 함께하는 교회의 새로운 도전들』로 출판된지 2년이 지나는 동안, 교단을 넘어 여러 교회와 단체에서 사용되고 있다는 소식을 접할 수 있었다. 선교학을 전공하지 않은 이가 '선교적 교회'에 대한 저술과 강의를 위한 활동을 한다는 것이 마땅치 않게 생각될 때도 있었지만, '선교적 교회'는 교회론에 대한 이야기라는 점에서 선교학자들만의 영역이라 말할 수는 없다. 오히려 선교학이라는 한 분야에 국한된 주제로 다루게 되면서, 그 적용의 상황화가 제대로 실천되지 못하는 경우도 많다. 특히 '선교적 교회'를 또 하나의 프로그램이거나 교회성장론의 한 방편으로 이해하는 이들이 많다는 점에서, 필자는 이 논의에 적극적으로 참여하여 그 한국적 실천을 강조하고자 하였다.

　　'선교적 교회'의 한국적 실천은 곧 한국적 상황에서 요청되는 새로운 교회론에 대한 신학적 고민과 그 적용이다. 최근 한국사회의 변동은 너무도 급격하고 역동적이라 하나의 원리나 획일적인 관점으로는 도저히 그 추이를 파악하거나 그 의미를 분석하기가 대단히 어렵다. 북미의 '선교적 교회'와 영국 성공회의 '선교형 교회'의 새로운 실천들도 이미 20여 년이 지난 논의가 되었고, 이제 그 열매들을 놓고 평가해야 하는

데, 한국교회는 이제야 그 논의들을 주류교회들이 관심을 갖게 되면서 자칫 본래의 취지를 역행하는 결과를 낳게 될 것이 걱정이다. 특히 인적, 물적 자원이 풍부한 교회들은 '선교적 교회'를 선진적 교회성장 프로그램으로 인식하여 교회의 침체된 분위기를 띄우는 한 방편으로 소비하게 되는 오용사례를 줄여야 한다. 그러자면 이 논의가 등장하게 된 배경에 대한 신학적 이해가 분명해야 하고, 그 실천에 대한 평가를 제대로 수행하여 한국적 상황에 맞게 적용하고 실천해야 한다. 필자가 이 책을 집필하게 된 이유가 바로 그것이었다.

첫 번째 출판을 하고 나서 가장 아쉬웠던 부분도 그래서 바로 그 한국적 상황에 대한 보다 더 친절한 설명을 담지 못했다는 것이었다. 필자는 '선교적 교회'의 신학과 실천이 '공공신학'과 만나야 한다는 주장을 최근 강력하게 제기하고 있다. 필자 자신의 정체성을 "선교적 공공신학자(missional public theologian)"으로 인식하게 된 이유에 대해서 설명한 원고를 추가하였는데, 이 원고는 2019년 <한국선교적교회네트워크>가 주최한 세미나 '우리가 살아낸 선교적 여정'에서 발표한 글이다. 이 세미나에서 그 동안 한국의 여러 선교적 교회를 섬기는 사역자들이 자신들의 선교적 삶에 대한 증언과 나눔을 하게 되었고, 필자는 <도시공동체연구소>의 창립과 '선교적 교회'가 어떻게 연결되었는지를 설명하고, 이 신학적 기반으로 '공공신학'을 제시하였다. 이렇게 설명한 이유는 한국사회의 변동에 대한 분석 때문이었다. 최근 한국사회는 탈종교화되어 가고 있고, 젊은 그리스도인들은 탈 교회를 감행하고 있으며, 지난 30여 년 간 한국사회의 공론장이 '민주'를 논의했다면 지금 세대는 '공정'에 대한 요구로 바꿔내고 있다. 이런 시점에서 한국교회의 사회적 고립과 배타적 태도는 더욱 강화되고 있으니, 이러한 사회적 변동에 대한 고려가 없다면 '선교적 교회'의 한국적 실천은 불가능할 것이고 여전한 교회 내적 논의로만 그치고 말 것이라는 점에서 필자는 '공공신학'이 그 간격을 좁힐 하나의 대안이라고 주장하는 것이다.

'공공신학'의 관점에서 '선교적 교회'를 본다는 것은, 우리 한국사회의 공론장의 언어로 선교적 교회의 실천을 번역해야 한다는 것을 의미한다. 일부 교회들이 미국이나 외국의 강사나 전문가들을 데려다 대규모 세미나를 하거나 행사를 벌이는 것은 한국사회가 요청하는 '공공성'의 문제를 외면하거나 회피하려는 의도가 담겨 있다는 것이 필자의 비판적 인식이다. 소모적인 노선 경쟁과 구태를 못 벗은 이념지형을 그대로 유지하면서, 하나님이 이끄시는 선교적 교회가 되겠다는 것은 양립 불능한 것이다. 삼위일체 하나님께서 한국사회 가운데 교회를 파송하셨다면, 지금 한국사회가 가장 절실하게 요청하는 의제가 무엇인지를 연구하여 그에 대응하는 실천을 모색해야 하는데 한국의 많은 주류 교회들이 이와는 상관없이 서구 교회의 새로운 논의 정도로만 유행처럼 소비하는 경우가 많다.

　개정증보판에는 그래서 최소한 '공공신학'이 무엇인지 독자들이 이해하도록 보강했다. 그 한 실천으로서 교회가 지역사회의 공공성을 '윤리적 소비'라는 운동으로 실현하자는 제안을 보탰다. '선교적 교회'의 실천이 대부분 지역사회를 중요하게 여기고, 공동체적 문화를 형성하려는 노력으로 표현되고 있는 상황에서 '윤리적 소비'가 선교적 실천으로 수용될 수 있다면 좋을 것이라 판단한다. 그리고 기성교회가 '선교적 교회'로 전환되는 일이 매우 어려운 일이라서, 아예 개척에 뜻을 두고 그 방법을 모색하는 이들을 위해 선교적 교회개척에 대한 원고를 보강하였다.

　모쪼록 이 개정증보판이 한국적 '선교적 교회'를 실천하고자 하는 이들에게 작은 도움이 되기를 간절히 기대한다. 교단과 교파를 초월하여 한국교회의 새로운 도약과 변화를 위해 모든 자원이 협력하여 선을 이뤄가야 할 때이다. 더 많은 사역자들이 이 책을 통해 도전을 받기 원하며, 삼위일체 하나님이 먼저 행하시는 그 선교적 삶에 동참하는 이들이 더욱 많아져서 한국교회가 공공성을 회복할 수 있게 되기를 또한 기도한다.

2020. 2.1 미국 파사데나에 위치한 〈존스 커피숍〉에서

p. s. 필자는 위와 같은 내용을 2020년 1월 30일 미국 풀러 신학교의 세미나에서 발표했다. 북미의 '선교적 교회' 운동과 한국적 실천이 왜 다를 수밖에 없고 또 달라야 하는지 설명했으며, 이민교회 목회자들과 관련된 대화를 나누었다.

목 차

서론: 한국교회의 새로운 비전, 지역과 함께 하는 '선교적 교회(Missioanl Church)'

"거룩한 교회, 다시 세상 속으로!"는 필자가 속한 교단의 2017-18년 총회주제였다. 주제연구위원으로 활동했던 터라, 해당 주제에 대한 토론에 참여했고 또 관련 강의도 했다. 2017년은 '종교개혁 500주년'이 되는 해였기 때문에, 그 주제는 종교개혁의 정신과도 연관된 것으로 풀이되었다. 하지만 그 의미가 무색하게 개신교 내부에는 각종 분란과 충돌이 있었고, 특히나 소속 교단의 한 교회가 총회법에 금지하도록 명시된 '부자세습'을 강행하면서 큰 혼란을 겪게 되었다.

필자는 일련의 과정을 지켜보면서, 삼위일체 하나님께서 한국교회를 향해 무엇인가를 말씀하고 계시다는 생각을 가졌다. 존경받던 목회자들이 속속 무너지고, 교인의 사회적 영향력에 비해 교회의 도덕적 영향력은 점차 사라져가고, 한국인 중 종교가 필요 없는 사람이 56%에 달한다는 조사결과를 접하게 되는 상황이야말로, 어쩌면 이제 한국교회가 바닥을 치고 '다시' 하나님의 뜻을 분별하여 하나님께 되돌아갈 때가 되지 않겠나 싶기도 했다.

그러나 현 상황에 대한 인식이 안일하고, 지금 자신이 누리고 있는 기득권을 지키기 위해 안간힘을 쓰는 교계의 인사와 신학자들과 목회자들을 보면, 이 고통의 세월이 한참은 더 계속될 것 같아 절망적이기도 하다. 아무리 종교개혁을 기념해도 '만인이 성직자!', '오직 믿음으로!'의 외침은 더 이상 한국교회와 상관이 없어 보이기 때문이다. 잘못된 길을 가는 목회자 몇 명을 축출한다고 해서 달라질 것이라 생각할 수가 없다. 뿌리부터 썩어 다시 모종을 심고 작은 묘목을 키우는 수밖에 달리 방법이 없겠다. 생각이 이렇게 정리되면, 아무것도 할 수 없다는 자괴감이 생긴다.

그러나 그렇게 멈춰버렸다면 이 책을 쓰지 않았을 것이다. 교회의 머리가 주님이시고, 교회를 세상 한 가운데 파송하신 이가 삼위일체 하나님이시며, 지금 하나님이 하시는 일에 우리를 초청하시는 이가 성령님이심을 고백하는 이들이 '다시' 밭을 갈아 새로운 씨를 뿌리고 나무를 키워 열매를 기다리고 있다는 사실을 알게 된 후, 그래서 필자 역시 그 새로운 운동에 투신하고 난 후, 하나님께서 하시는 일에 대해 끊임없이 신뢰하는 법을 배우게 되었다. 교회를 새롭게 하시는 이는 삼위일체 하나님이시며, 그분은 '이미' 새로운 이들을 부르셔서 그분이 원하시는 일을 하고 계시다는 사실을 알게 되면서, 좌절하고 앉아 있을 수만은 없었다.

'선교적 교회(Missional Church)'는 북미에서 시작된 새로운 교회운동이다. 변화된 상황에 응답하며, 잘못 인식된 교회의 존재의 이유를 교정하여 하나님이 교회를 파송한 그 목적대로 살아가야 한다고 주장했다. 신학자들과 목회자들이 이 운동에 가담하면서, 거의 2세기 동안 이어온 교단, 교파 중심의 성장주의와 승리주의 선교에 대한 전면적인 비판을 제기했다. 교회는 하나님으로부터 '파송된' 공동체이며, 선교의 주체는 하나님 자신이라는 고백이었다. '선교적 교회'는 교회론이다. 복음전파와 개종전도의 선교론을 교회의 본질을 회복하는 교회론으로 교정하고자 했던 것이다. 이 주장에 가장 결정적인 영향을 끼친 신학적 주제가 바로 '하나님의 선교(Missio Dei)'였다. '인간화', '탈종교화' 논란을 불러 일으켰던 과거의 논의를 20세기 후반에 21세기를 바라보며 새롭게 정의하였다. 그것은 교회로 사람들을 불러 모아 건물을 넓히는 것이 교회가 할 일이 아니라, 사람들에게 '하나님의 나라'의 삶을 증언하고 그 삶으로 초청하는 것이 파송 받은 이들이 살아야 할 '선교적 삶'이라는 고백이었다.

본서에서 몇 몇 글을 통해, 이 운동의 신학적 근거와 실천적 내용과 전망을 제시했다. 현 시점에서 볼 때, 이 운동도 시작된 지가 벌써 20여 년이 흘러 그 운동의 동력이 다소 떨어져가고 있기는 하다. 그러나 '선교적 교회'가 프로그램이거나 모델을 제시하여 다른 교회들로 하여금 그대로 모방하도록 유혹하려는 것이 아니라, 교회의 본질을 제시하는 신학적 논의와 그에 따른 여러 형태의 표현들이라는 점에서 여전히 의미 있는 도전으로 남아 있다. 특히 그 동안 진보와 보수로 나뉘어 사회구원이냐 개인구원이냐를 두고 논쟁을 벌여 온 에큐메니컬 진영과 복음주의 진영 모두 환영하고 있다는 점에서, 이 운동이 갖는 의미가 상당하다.

첫 번째 장에서는, 새로운 교회로 불리는 '선교적 교회'의 신학적 논의들을 중심으로 그 의미를 정리했다. '선교적 교회'의 등장배경과 그 주제들을 정리하면서, 새로운 교회를 갈망하는 이들의 사례들도 함께 담았다. 교회의 선교적 본성과 관련하여, 교회가 증언해야 할 복음의 공적 특성을 설명했고, 또 교회 자체의 공공성에 대한 통찰도 설명했다. 교회의 존재론적 특성을 '선교하는 공동체'라고 할 때, 그것이 의미하는 바가 무엇인지에 대해 실천적인 목회적 관점에서 살펴보았다. '전도', '제자훈련' 등 기성교회가 '선교적 교회'를 지향할 때, 무엇을 어떻게 변화시켜야 하는지에 대해서도 설명했다. 특히 한국적 상황에 대한 고려가 필요하다는 점을 가장 많이 고려했다. 북미의 실험이나 영국 성공회의 경험이 귀한 사례이고 우리에게 큰 도전을 주기는 하지만, 궁극적으로 한국교회가 파송된 한국사회의 독특한 상황을 전제하지 않으면, '선교적 교회'의 실천은 쉽지 않을 것이기 때문이다. 특히 교회를 개척한 사역자가 생계를 고민하면서, 하나님의 부르심에 충실히 순종하는 것이 한국에서 얼마나 어려운 일인지 잘 알기에, 필자는 자비량 선교의 필요성이 한국에서 매우 절실하다고 생각한다. 이는 단지 '생존'을 위한 것만이 아니다. 이는 피고용인으로 전락하지 않고, 하나님의 온전한 뜻을 분별하며 목회자 자신부터 '선교적 삶'을 살기 위한 조건인 것이다.

또 '새로운 교회'라는 별칭으로 불리는 '선교적 교회'는 교회가 파송된 지역사회를 교회와 경계를 지어 대상화하지 않고 '선교의 현장(missional field)'으로 인식한다. 이웃으로 존재하는 이들의 이야기에 귀를 기울이고, 그들의 아픔에 공감하며, 공동체를 형성해 가는 것이 곧 교회로 드러난다고 여긴다. 교회를 세우고 발전시키기 위해서 지역을 선별하는 것이 교회개척이 아니라, 하나님이 일하고 계시는 곳에 동참하여 사람들을 만나고 교제하면서 자연스럽게 드러나는 공동체가 곧 교회이다. 교회성장기 한국교회는 대형교회를 표준으로 삼고, 지역공동체를 교제의 대상이 아니라 동원의 대상으로만 여겨왔다. 지역공동체의 일원이 되기보다는 지역의 중심이 되고자 했다. 21세기의 네트워크 사회는 더 이상 종교단체가 지역의 중심적 역할을 하도록 허용하지 않는다. 교회가 지역의 공론장에 참여할 수 있는 유일한 조건은, 교회도 지역의 일원으로서 지역적 정체성을 공유하는 것이다.

그래서 두 번째 장은, 지역공동체와 함께 하는 교회를 다루었다. 특히 필자가 직접 영국과 미국을 다니며 '지역공동체 형성'에 헌신하는 교회들을 연구한 결과들을 담았다. 교회가 단지 성장만을 추구하는 것이 아니라, '더 나은 사회(Better Society)', '공동의 선(the Common Good)'에 헌신하여 교회의 존재의 이유를 공적으로 증명하고, 교회가 파송된 사회, 문화, 지역을 위해 헌신하는 선교적 공동체들에 대한 이야기가 소개되어 있다. 특히 세계인구의 75%가 도시에 거주한다는 것을 고려할 때, 교회가 파송된 지역은 대체로 도시가 많다. 과거 도시를 부정적으로 평가하여, 벗어나야 할 악의 소굴로 인식했던 것과는 달리 새로운 교회들은 도시의 자원을 적극 활용하여 창조적이고 전향적인 방식으로 '하나님의 나라'의 문화를 증언하고 생산해 낸다. 최근 종교의 공적인 역할에 대해 사회적으로 호출하는 공론장이 많아지고 있는 상황을 가리켜 학계에서는 '후기세속사회/후기세속도시'의 종교담론이라 칭하는데, 도시의 다원적 공론장에서 교회가 공동체 모두의 유익에 기여할 수 있는 '사회적 접착제'와 같은 역할을 감당해야 한다는 주장이다. 카페, 도서관, 공연장 등의 문화적 공간을 선교적 공간으로 전환할 경우 확보되는 '접촉점'을 활용하여 분절적이며 파편적인 도시적 삶을 더 풍요롭고 공동체적으로 변화시켜야 한다.

이런 관점에서, '문화목회'는 필자가 소속 교단에서 주력하고 있는 '선교적 교회'의 실천 프로그램이다. 도시의 교회들이 '선교적 교회'를

지역공동체와 함께 하는 교회의 새로운 도전들
- 한국적 '선교적 교회'를 향하여 -

실천하기 위한 목회적 프로그램으로서 '문화목회'는 한국사회의 문화적 변동과 연관되어 그 실천적 의미를 더한다. 문화를 단지 체험하고 누리는 차원을 넘어, 문화를 통해 자신을 표현하고 지배적 문화를 대안적 문화로 변화시키는 일에 참여하는 것이 교회가 감당해야 하는 '문화목회'의 거시적 목표다. 다만 이 일을 교회의 목회적 차원에서 실천할 경우, 그것은 문화적 표현과 감수성으로 '하나님의 나라'를 표현하는 창조적 사역의 의미를 함께 취하게 된다. 필자가 어린 시절 재미있었던 '여름성경학교'나 '문학의 밤' 등의 한국교회의 전통이 이미 있으니, 당시 지역이 함께 연결되고 즐겼던 공동체적 경험을 오늘 이 시대에도 지역적으로 재현하기 위한 것이라 할 수 있다.

또 앞서 언급한 교단 총회주제의 실천적 프로그램이었던 '마을목회' 역시 비슷한 신학적 노선을 견지하나, 마을이라는 은유적 표현으로 공동체적 삶을 복원하기 위한 목회를 의미한다. 이를 주장하는 몇 몇 신학자와 목회자들이 '마을목회'를 행정적이거나 지리적인 개념으로 전달하여 혼선을 빚었는데, '마을목회'는 한국교회가 과거에 실천했던 '민중목회' 혹은 '도시산업선교'라는 연장선상에서, 마을 주민의 주체적 자기결정권을 가질 수 있도록 교회가 지역의 공동체적 정치역량을 발휘하는 일을 포함한다. 이런 점에서 '마을목회'는 한국사회에서 '마을만들기' 정책이나 사업이 함축하는 정치사회학적 의미까지도 함께 고려해야 그 실효를 거둘 수 있을 것이다. 다만, 그러한 전통이 시대적 변화에 적응하지 못하여 이미 도태되거나 약화된 상태이므로, 21세기의 새로운 환경에 맞도록 재해석하여 '선교적 교회'의 신학적 관점에서 실천해야 한다는 것이 필자의 주장인 것이다.

마지막으로 새로운 교회에 대한 논의는 근본적으로 '상황적(contextual)'

이기 때문에 한국사회의 구체적 상황에 응답하는 교회로 발전되어야 한다. 지금까지 한국교회는 한국사회의 변화에 대해 수세적이거나 부정적인 방식으로 대응하였다. 성장기에는 교회의 사회적 영향력이 어느 정도 확보되어 있었기 때문에 그렇게 대응해도 큰 문제는 없었지만, 지금은 그렇게 대응하면 교회는 더 고립되고 반문화적 집단으로 오해되기 십상이다. 교회는 복음을 증언하기 위해 문화 속으로 파송되었다. 동시대 문화에 대한 연구와 분별이 전제되지 않는다면, 한국교회는 그동안 해 온 방식 그대로 유지하면서, 결국 한반도에서 명멸을 반복했던 다른 종교들처럼 역사의 뒤안길로 사라질지 모른다. 변화되는 상황에 적극적으로 대처해야 한다. '선교적 교회'는 문화적 참여를 주저하지 않되, 새로운 표현으로 '하나님의 나라'를 증언하고자 한다.

세 번째 장에서는, 그래서, 새로운 교회운동이 등장하게 된 '문화적 조건'들을 우선 살폈다. 포스트모더니즘의 도전, 그리고 네트워크 사회의 도래 이 두 변화가 '선교적 교회' 운동이 처음 북미에서 시작되었을 때 가장 중요하게 인식했던 상황이었다. 한 마디로 정리하면, 그 동안 작동되었던 방식이 안 통하게 되었고, 기존의 권위나 질서가 회의되고, 새로운 질서가 지구사회를 재편하고 있는데 바로 '네트워크 사회' 혹은 그에 대한 기술적 표현인 '4차 산업혁명'이 가시화되어 모든 사물이 연결되고 통제되는 새로운 시대가 다가온 것이다. 이때 "교회는 어떻게 변화되어야 하는가?"를 물었던 것이 새로운 교회의 담론이 등장하게 된 사회문화적 배경이다.

한국사회의 다양한 변화에 대해서도 다루었다. '1인 가구'의 증가, '청년문제', '한국사회의 탈종교화', '후기세속사회'의 종교적 역할 등에 대해서 '선교적 교회'의 관점에서 다루었다. 그러한 상황 속에 한국

지역공동체와 함께 하는 교회의 새로운 도전들
- 한국적 '선교적 교회'를 향하여 -

교회가 파송되었기 때문이다. 하나님은 그 속에서 교회를 통해 일하시기를 원하신다. 복음을 증언하기 위해서, 우리는 우리가 익숙했던 존재의 양식을 포기하고 한국사회가 직면한 도전들을 선교적으로 대응할 수 있어야 한다. 기존의 질서를 지키려고 애쓰는 이들은 새로운 시대가 두렵다. 그러나 새로운 질서에 대면하고자 하는 이들은 혼란의 시기에도 자신들이 해야 할 일을 분별하고 대안을 모색한다. '선교적 교회'는 그렇게 새로운 교회를 시작하려고 한다.

절망에 놓인 청년들에게, 위기에 빠진 기성세대에게, 고립되고 외로운 도시의 방랑자들에게 한국교회는 희망을 노래할 수 있을까? 필자는 그것을 좀 더 고상하게 표현하여, 교회의 공적 역할이라고 했다. 즉 교회가 교회 자체의 부와 권력을 늘리고 누리는 일을 위해 존재하는 것이 아니라, 우리가 파송된 한국사회 모든 구성원들의 공동의 유익을 위해 존재해야 한다. 전 세계가 탐욕적인 신자유주의에 휩쓸리며, 한국에서도 인간의 가치를 돈의 교환가치로 환산하는 일이 아무렇지도 않게 일어나고 있다. 교회마저도 돈과 권력을 지향하며 철저히 자본주의 방식으로 운영되고 있다는 비판에서 자유롭지 못하다. 공동체가 깨어지고 '각자도생'의 삶이 당연시되고 있는 한국사회에서, 교회만이라도 그리스도인들만이라도 성경에서 증언하는 '하나님의 나라'의 상상력을 발휘할 수 있게 되려면 우선 그럴 수 있는 환경을 만들어야 한다. 그것이 한국사회에서 감당해야 할 한국적 '선교적 교회'의 공적 사명인 것이다.

한국사회 만큼 역동적인 나라가 또 있겠는가? 2016년 겨울부터 2017년 봄까지 한국사회는 또 한 번 세계가 주목하는 기적을 이루었다. 잘못된 권력이 물러나고 국가권력의 주인인 국민이 다시 새로운 정권을 선택했다. 아직 그 여파로 인한 사회적 혼란이 가시지 않았지만, 이 일련의 과정에서 한국교회 역시 새로운 변화를 경험하고 있다. 기존의 영향력 있던 교회들의 위세가 땅에 떨어지고, 작지만 공동체의 비전이 분명한 새롭고 선교적인 교회들이 오히려 사회적 영향력을 발휘하는 경우가 많이 나타나고 있다. 지역에서 인정받는 교회는 큰 교회가 아니라 지역사회의 일원이 되어 지역의 일에 참여하는 '선교적' 교회들이다. 또 회중들이 자신들 역시 '하나님의 선교'에 동참하라고 부름 받고 파송 받은 이로서 '선교적' 삶을 살아야 한다고 고백하는 공동체가 많아지고 있다는 점에서, 이는 성직자 중심의 한국교회를 근본적으로 변화시키는 중대한 요소가 될 전망이다.

새로운 교회를 갈망하는 삼위일체 하나님께서 '선교적 교회'를 파송하고 계시다. 필자는 그 파송의 명령에 순종하고자 하는 신학자, 목회자들과 함께 2016년 <한국선교적교회네트워크(MCNK, Missional Church Network in Korea)>를 결성했다. 이 책에 소개된 교회들은 대부분 그 네트워크에 속해서 함께 교제하는 교회들과 사역자들이다. 네트워크의 동역자들과 후원자들에게 동지적 애정을 표하며 감사를 드린다.

이 책의 대부분은 '선교적 교회'에 대해, 그리고 교회의 공적 역할에 대해 <목회와 신학>과 <신앙세계> 등에 기고하거나, 여러 학술대회나 세미나에서 발표한 글들을 각 장의 주제에 맞게 그 제목과 내용을 수정하여 배치하였다. 학문적 글들은 독자들이 쉽게 이해하도록 수정하면서, 각주를 생략하고 필요한 부분은 본문의 출처를 알리기 위해 도서명만 제시해 두었다. 원본을 수정하고 다듬는 가운데, 필자 자신도 '선교적 교회'의 신학을 다시 한 번 명확하게 정리할 수 있었다. 모쪼록 이 책을 읽는 모든 이들이 하나님께서 한국교회에게 주신 '선교적 교회'의 비전을 공유할 수 있게 되기를 간절히 소망한다.

제1부

새로운 교회, '선교적 교회'
(Missional Church)

제1장

'생존의 교회론'과 '선교적 교회론'

교회를 뜻하는 헬라어는 '에클레시아(Ecclesia)'이다. 이 말은 '불러내다' 혹은 '밖으로 불러 모으다.'라는 어원을 가지고 있다. 그런데 성경에서 이 단어는 단지 교회만을 뜻하는 것으로만 사용된 것이 아니고, '모임', '무리'의 의미로도 사용되었다. 그것이 지금 우리가 생각하는 교회의 의미를 가지려면, 항상 그 앞에 '하나님의' 또는 '주님의'라는 소유격에 의해 지배당하는 경우이다.

그러므로 교회란 사람들이 스스로 모이거나 우연히 만들어진 회합이 아니라, 하나님에 의해서, 또 주님 안에서 역사하시는 하나님의 계시와 성령의 감동에 의해서 부르심을 받은 이들의 공동체인 것이다. 따라서 그들에게는 그들을 부르신 분의 목적이 있는 것이고, 그것을 수행하고 실천할 때 그 존재의 이유를 갖게 되는 것이다. 공동체 안과 밖에서 하나님의 통치를 인정하고 예배하며 실천하는 행위와 그에 대한 증언이 곧 교회의 존재의 목적인 것이다.

이런 점에서, 오늘 한국교회가 비판을 받고 있는 이유 중 가장 중대한 것은 바로 이 존재의 목적을 제대로 인식하지 못하는 교회론의 부재라고 말하는 것이 지나친 표현이 아닐 것이다. 또 교회를 신학적으로 정의한다 해도, 그 형태는 언제나 역사와 문화 속에서 응답하며 하나님의 선교에 참여하는 가시적 교회로 표현되어야 하기에, 오늘 한국교회가 이 과제는 제대로 수행하지 못하고 있다는 반성 역시 필요할 것이다.

앞으로 교회의 미래에 대해 다시 고민해 보고자 한다. 교회는 무엇이고, 왜 존재하며, 무엇을 해야 하는지에 대해 신학적 성찰과 실천적 과제들을 함께 나눠 보려고 한다. 경향을 분석하고, 문제점을 진단하며, 과제와 대안을 제시하는 일이 단지 신학자들만의 몫은 아니겠지만, 새로운 교회 운동에 참여하며 느끼고 배운 것들을 목회자들과 함께 나누고 지역 목회자들에게 실천적인 대안을 제시하는 일은 일차적으로 신학자의 책임이라고 생각한다.

주류 교회들의 쇠퇴

최근 미국 복음주의 잡지 Christianity Today 에 유명한 기고가요 교회연구가인 에드 스테처(Ed Stetzer)는 여러 통계를 근거로 향후 10년 동안 미국에서 전개될 변화의 방향성을 세 가지고 정리하여 게재하였다. 먼저 미국의 주류교회들이 급격히 줄어들 것이고, 지금까지 30%에서 15%로 하락했고 이는 50년 동안 반이 줄어든 것이다. 주류교회들은 진보적 신학이 상징적이었는데, 이제 복음전도와 교회개척으로 몸부림을 치고 있지만 반전은 쉽지 않을 것이다.

두 번째로 카리스마 중심의 교회들과 오순절계통의 교회들의 지속적인 성장세로, 앞으로도 성령의 역사가 오늘날에도 계속되고 있다고 주장하는 은사지속주의자(Continualists)의 영향력은 계속 증가할 것이다. 예전 같지는 않지만, 이미 대부분의 교회들이 예배나 찬양에서 이러한 류의 교회들의 형식을 따르고 있다. '신사도'운동이라던가 '새로운 물결(new wave)'운동 등의 영향력은 당분간 지속되겠지만, 필자의 생각에는 주류 교회들 중 보다 건강하게 성령의 은사를 해석하고 신학화한 교회들의 등장에도 주목해야 한다.

필자는 세 번째 추세에 특별한 관심을 가지게 되는데, 그것은 교단이 여전히 영향력을 가지고 있지만, 분명한 것은 이제 교단에서 다양한 네트워크로 그 영향력이 옮겨가고 있다는 것이다. 현재 북미에서 가장 큰 성장세는 역시 비교단 네트워크들이다. 앞으로 주류교단들의 영향력보다 네트워크들의 영향력이 커진다는 것은 피할 수 없는 사실이다.

그가 첫 번째로 언급한 주류교단의 하락에 대한 전망은 그리 새로운 것이 아니다. 미국의 주류 교단들의 교세약화는 신복음주의 교회들의 급격한 성장과 함께 뚜렷하게 나타났다. 주류 교단들이 60년대를 전후로 미국의 기독교를 이끌었다면, 80년대 후반부터는 문화적 유연성과 일상의 영성을 강조하며 탈정치적 성향을 가진 독립교회나 신생교회들이 미국교회의 흐름을 주도하였다. 객관적인 추세야 명확한 것이지만, 이러한 상황에 대해 신학적으로 어떻게 평가할 것이냐는 또 다른 문제이다.

주류교회들의 약화를 스테처는 진보적 신학과 연관시키고 있다. 이는 경직된 교회구조나 제도화에 대한 비판적 시각과도 괘를 같이 한다. 소위 에큐메니컬 진영의 진보신학은 사회변혁과 구조악에 대한 비판을

지역공동체와 함께 하는 교회의 새로운 도전들
- 한국적 '선교적 교회'를 향하여 -

적극적으로 실천하려고 했고, 그로 인해 교회의 공적 역할과 예언자적 기능을 일정 부분 효과적으로 달성할 수 있었던 것은 사실이다. 그런데 신자유주의 국면에 들어서면서, 사회적 문제가 과거처럼 도식적으로 파악할 수 없을 만큼 다양한 입장이 경쟁하게 되었고, 전쟁이나 동성애 문제 등에 대해 주류교회들이 애매한 태도로 대응하면서 의제설정을 주도하는 지도력을 상실하게 되었다.

보수적인 복음주의 계통의 교회들은 교회의 본질적 기능이 일차적으로는 예배, 전도, 봉사 등에 있다고 주장하며 문화적 유연성을 확보하였고 다양한 영적 갈망을 가진 종교 소비자들에게 맞춤형으로 다가감으로서 영향력을 확대했다. 그러나 대형교회를 중심으로 확보된 지도력은 금융위기나 동성애 문제에 대한 사회적 분위기 급변 등의 시대적 도전을 책임적으로 감당하기에는 신학적인 준비가 부족한 것처럼 보인다. 이런 점에서는 진보적 신학의 교회들이 복음주의 양식을 수용하거나, 또는 그 반대의 경우를 통해 등장하는 새로운 교회들의 영향력을 기대해 볼 수 있을 것이다.

재기의 조건들

이런 점에서 스테처가 두 번째, 세 번째로 예측한 특징들이 의미가 있다. 먼저 성령의 사역에 주목하는 교회들의 강세는 이미 확인된 바이다. 그런데 이런 운동들이 주류 교단들로부터 비판을 받고 피차 긴장관계에 놓여 있기는 하지만, 주류 교단에 속한 교회들 중에도 이런 경향성을 수용하는 경우가 많이 늘고 있다. 한국교회에서도 은사훈련이나 새

신자 훈련, 영성훈련 등의 이름으로 갖는 수련회는 대체로 이러한 경향을 띠고 있다.

기성교회들로서는 경직된 교회 분위기를 유연하게 하고, 개개인의 참여와 체험을 허용한다는 차원에서 유효한 프로그램으로 인식할 수 있을 것이다. 물론 훈련의 결과는 대부분교회 내부의 봉사에 열심을 낸다거나 그 프로그램 자체에 대한 충성도를 높이는 방식으로 나타나는 한계를 어떻게 극복할 것인가가 과제이기는 하지만, 주류 교단에 속한 교회들이 현재 직면한 위기를 극복하기 위해서는 이런 종류의 프로그램이 주는 이점을 무시할 수 없을 것이다.

필자가 가장 유의미하게 생각하는 것은, 교단의 영향력이 쇠퇴하고 네트워크의 영향력이 확대될 것이라는 예측이다. 물론 이러한 네트워크를 소위 '멀티사이트(Multi-site) 교회'들과는 구별할 필요가 있다. 초기에 의미 있게 출발한 교회들이 프랜차이즈 스타일의 네트워크를 유지하면서 거대한 기업형 영향력을 과시하는 경우가 많다. 최근 미국 시애틀의 마스힐교회(Mars Hill Church)가 담임목사가 사임하고 교회조직이 해체되어 여러 교회로 나누어지는 일련의 과정을 보면서, 불행한 일이었지만 결과적으로 수직적인 기업형 교회의 연합이 아니라 각자 독립된 교회들의 협력구조로 개편된 것은 오히려 다행한 것이었다.

네트워크의 힘은 '동종교배'를 통한 순수 DNA의 보급보다는 오히려 '이종교배'를 통한 변종과 잡종의 역동성을 통한 가능성에서 나온다. 하나의 단일한 브랜드를 자랑스럽게 내세우며 여기저기 자신들의 복제품을 이식하는 것을 '교회개척'이라고 생각하기보다는 파송된 곳에서 필요한 사역을 독특하게수행하고 있는 지역교회들이 공동의 비전과 고백을 공유하며 협력하는 수평적 네트워크는 언제나 상상력을 자

지역공동체와 함께 하는 교회의 새로운 도전들
- 한국적 '선교적 교회'를 향하여 -

극하고 제3의 가능성을 태동시킨다.

이상과 같이 간단하지만 스테처의 예측은 한국교회의 상황에서도 크게 다르지 않게 나타날 것이다. 이미 주류교단들의 위기는 눈에 보일 정도로 명확하고, 상대적으로 성령운동을 표방하는 여러 흐름들, 그것이 정통 신학의 범주 안에 있든 아니면 이단적인 경향이 있든, 그런 흐름들은 더 강세를 띨 것이다. 또 교단이나 교파를 벗어나 자신들만의 네트워크를 중심으로 영향력을 확대하고 있는 브랜드 교회조직들이나 독립적 연합체들이 한국에도 다수 존재한다.

우선적으로 기성교회의 입장에서 생각해 보면, 성령운동들을 전적으로 수용하기도 어렵고 또 신학적인 방향성도 많은 차이가 있는 것이 현실이다. 그러나 현재 겪고 있는 위기를 고려하건대 어떤 방식으로든 성령의 임재와 사역에 대한 인식을 새롭게 할 필요가 있다. 그러나 그것은 조직 자체의 유연성 확보를 위한 기능적 필요를 넘어서, 그리스도인을 지역과 직장과 사회로 파송하시는 하나님의 선교에 자유롭고 창조적으로 응답하려는 다양한 사역의 실천을 가능하도록 해야 한다.

그것은 세상 가운데 함께 하시는 성령님의 창조적 사역에 책임적으로 응답하는 역동성을 발휘하는 방식이어야 한다. 특정 프로그램이나 이벤트 형식으로 단기간 훈련에 집중하기보다는 교회의 조직이나 사역 체계의 전반적인 구조적 변화를 염두에 둬야 한다. 지역사회의 의제들에 대해 적극적으로 반응하고 선교적 관점에서 바라볼 수 있도록 인도해야 한다. 지역을 변화시키기 위해서 교회 안의 자원들을 어떻게 동원하고 자원하고 파송할 것인지에 대해 스스로 고민하도록 격려해야 한다.

이것이 수직적이고 중앙집권적인 사역 형태를 독립적이며 다양하게 수행하도록 격려하고 허용하는 수평적 지도력이 필요한 이유일 것이다. 각종 새로운 프로그램은 수용하여 운영하면서도 실행체계의 경직성과 수직성을 변화시키지 못한다면 그 프로그램의 효용성은 단기적일 것이다. 이 시대의 네트워크 사역의 핵심은 각 주체들의 독립적 자율성과 전문성이다. 스테처의 예측은 교회들 간의 네트워크의 영향력이 증대될 것이라는 것이었지만, 개별 교회 내부의 사역 주체들 간 관계에서도 동일한 관점이 필요한 것이다.

이 시대에는 하나의 큰 우산 아래 기업형으로 거느리는 사역 체계는 과다한 유지비용 문제 때문에라도 더 이상 영향력을 발휘하기 어렵다. 아직도 한국교회에는 이러한 힘의 욕망이 지배하고 있는 경우를 많이 보게 된다. 주류 교단의 기성교회들이 바로 그 주류로서의 힘과 영향력을 포기하고 온전한 복음과 하나님나라의 증언 사역에 순수하게 헌신하지 않는다면 사실 백약이 무효일 것임이 분명하다. 스테처와 같은 전문가들의 조언이 과거의 영광을 재현하기 위한 욕심으로 변질되지 않도록 지혜롭게 수용해야 한다.

교회의 선교, "시대의 표징"를 읽는 것

선교란, "시대의 표징"을 읽어내는 일에 참여하는 것이다. 다시 말해서, 하나님께서 세상의 구원을 위해 일하시는 상황과 현장에서 그분의 일하심을 명료하게 표현(articulation)하는 일이다. 최근 활발히 논의되고 있는 '선교적 교회(Missional Church)'의 흐름은 '하나님의 선교(Missio Dei)'를 삼위일체적인 관점에서 수용한다. 그에 따르면, 교회는

지역공동체와 함께 하는 교회의 새로운 도전들
- 한국적 '선교적 교회'를 향하여 -

선교의 주체가 아니라 참여자이거나 도구이고, 선교는 본질적으로 하나님의 것이다.

과거 교회가 선교의 전적인 대리자라고 생각했던 시기에 서구 교회들은 잘못된 오만한 선교를 진행했었다. 선교는 곧 교회의 세력을 확장하고, 서구 교회의 교단적 팽창을 의미했다. 이는 문화적으로는 동방과 남방의 교회들에게 서방 교회의 우수한 문화를 전수하는 것을 의미했고, 구원론적으로는 영벌에 처할 이들을 영생으로 이동시키는 것이었다. 이 모든 일에 교회가 주체이며, 교회를 세우고 교회를 넓히는 것이 곧 선교였다.

그러다가 1차 세계대전 이후에 선교가 교회 자신의 것이 아니라 하나님의 본성으로부터 나오는 것이라는 점을 신학적으로 정립하기 시작했다. 윌링겐(Willingen) 세계선교대회(1952)에서 에큐메니컬이 이러한 주장을 먼저 시작했고, 이후에 복음주의자들도 강조점이 다소 달랐지만 '로잔대회(1974)'를 통해 선교가 세상에서 하나님이 하시는 일임에 동의하였다. 이는 선교는 교회의 전유물이 아니라, 개인과 사회를 향한 하나님의 구원 사역임을 천명한 것이었다.

교회의 선교는, 아버지가 아들을 보내시고, 아버지와 아들이 성령을 보내시며, 또 삼위일체 하나님께서 교회를 세상에 보내신다는 이 삼위일체 교리 위에 서 있어야 한다. 그래서 교회는 그 시대에 하나님께서 보여주시는 "시대의 표징"을 분별하고 이에 응답하는 것을 포함하여 총체적이고 포괄적인 선교에 참여해야 한다는 것이 이후의 새로운 선교 개념이었던 것이다. 52년에서 74년으로 가는 길목에는 그 논쟁적이고 혁명적이었던 60년대가 있었다.

60대에 말로 "시대의 표징"을 해석해 내는 일 자체를 선교로 해석하던 시기였다. 그래서 하나님이 인간의 역사와 문화 속에서 하나님의 통치를 실현시켜 나가신다고 생각한 나머지 소위 '인간화'나 '세속화'가 선교와 동일시되기까지 하던 시기였다. 교회는 이러한 일에 적극적으로 참여함으로써 인간의 해방과 자유의 증진이 선교의 목표가 되었다. 전쟁과 인종갈등, 문화전쟁과 충돌은 모두 "시대의 표징"으로 읽혔고, 그곳에 선교의 현장이 있다고 믿었다.

이러한 주장은 하나님의 선교를 인간의 역사와 문화로 환원하는 치명적인 한계를 지닌다. 이는 아이러니컬하게도 하나님의 선교를 교회가 주도하는 사회운동들과 동일시하게 되면서, 본래 삼위일체 교리에 토대를 두고, 하나님의 본성으로부터 출발하는 선교적 본질을 약화시켰다는 평가를 받았다. 그러면서 교회는 교회 자체로 '대안 공동체(alternative community)' 또는 '대안문화 공동체(countercultural community)'라는 주장이 강력하게 제기되었다.

"시대의 표징"이 되기로서의 선교

"세상에 있지만, 세상에 속하지 않는다."는 논리는 요한복음 17장에 의존하여 그리스도께서 교회의 정체성을 규정한 것으로 이해되었다. 선교가 상황에 응답하고, 심지어 문화 속으로 성육신하는 것이라는 주장이 한 쪽의 강력한 흐름을 형성했다면, 이렇게 대안적인 공동체로서 존재하는 것 가체가 선교라는 주장을 하는 쪽이 80년대 이후 새로운 흐름을 형성하였다. 이들은 "시대의 표징"을 해석하기보다는 오히려 자신들이 그 표징이 되어야 한다고 생각했다.

지역공동체와 함께 하는 교회의 새로운 도전들
- 한국적 '선교적 교회'를 향하여 -

선교는 하나님의 백성들로서 부르심 받은 이들이 세상과 다른 방식으로 살아감으로써 세상에 하나님나라를 보여주는 것이라고 말한다. 그래서 사회의 해방이나 정의를 위해서는 교회가 교회다움을 회복하는 것이 더 절실하다고 생각한다. 종 종 이들의 주장은 "대안문화적"이라 기보다는 "반문화적(anti-cultural)"이라는 평가를 받기도 하지만, 교회가 선교적 주체가 아니라 할지라도, 선교 그 자체임을 주장하는 것이다.

이는 오늘날 복음주의 권에서 가장 강력한 영향력을 발휘하고 있다. 교회가 여전히 선교의 주체가 되어야 하며, 그러나 그 방식은 대안적이어야지 19세기처럼 정복적이거나 승리주의에 도취되어서는 안 된다고 말한다. 사실 '선교적 교회'에 대한 재발견도 이러한 연상 선상에서 이해되어야 한다. 오늘 우리 시대에도 "시대의 표징"을 읽어내고 해석하는 일에 대한 방점과 "시대의 표징"으로 존재하고자 하는 강조점은 일정 부분 긴장을 이루고 선교를 구성한다.

21세기의 교회의 미래는 이 긴장을 어떻게 볼 것인가에 달려 있다. 특히 한국교회의 미래를 두고 생각할 때, 이 긴장에 대한 해석이 역사적 의의는 그 어느 교회보다 더 중대할 것이다. 우리는 아직도 읽어내야 할 무수히 많은 "시대의 표징"들이 선교적 정황을 구성하고 있다. 우리를 이곳에 보내신 하나님의 뜻에 따라 선교에 동참하고자 한다면, 결코 이러한 정황들 속에서 하나님이 일하시는 "시대적 표징"에 민감하지 않으면 안 될 것이다.

그런가 하면, 교회는 "하나님의 백성(people of God)"으로서 또 거룩한 성도들로서 하나님나라를 미리 맛보고 다가올 종말을 소망으로 바라보며 살아가는 이들이다. 지금 한국교회가 그 빛을 서서히 잃어가고 사회적인 비난에 직면한 까닭은 분명 교회다움을 상실해서라고 말해야 할 것이다. "시대의 표징"을 구하는 일에 열심인 만큼, 교회는 또한 스스로 "시대의 표징"이 되고자 하는 열망이 있어야 한다.

교회의 미래는 선교의 미래

하나님은 선교하시는 하나님이시며, 그래서 교회는 선교적일 때만이 교회일 수가 있다. 그렇다면 교회의 미래는 교회의 선교를 어떻게 이해하느냐에 달려 있다. 선교가 목적이 아닌 교회, 그러니까 조직을 유지하고 관리하는 것이거나 또는 교회 자체의 팽창이 목적인 교회는 미래가 아니다. 21세기의 교회의 미래는 교회의 선교를 "시대적 표징"을 분별하고, 그래서 교회를 "시대의 표징"이 되도록 하는 새로운 패러다임에 달려 있다고 말할 수 있다.

얼마 전 미국 찰스톤의 한 흑인교회에서 백인우월주의자의 총에 피크니 목사와 함께 9명이 살해당했다. 그러나 유가족들은 그리스도의 사랑으로 용서한다는 메시지를 교도소에 갇힌 그에게 보냈고, 장례식에 참석한 오바마 대통령은 "어메이징 그레이스"를 부르며 감동적인 연설을 했다. 그 교회 공동체는 "악마가 우리를 굴복시킬 수 없다."고 외치며, 증오 대신 사랑을 선택했다.

이 일을 통해 많은 미국인들은 아마도 교회의 "시대적 징표"의 해석과 실천을 보았을 것이다. 21세기의 교회의 힘은 곧 "시대적 징표"를 신앙공동체의 독특한 양식으로 해석해 내고, 그것을 과감하고 결단력있게 증언하는 선교적 실천에서 나올 것이다. 시대를 분별하는 것은 신앙공동체에게 주어진 책임이다. 그것은 하나님이 우리가 살아가는 세상

지역공동체와 함께 하는 교회의 새로운 도전들
- 한국적 '선교적 교회'를 향하여 -

과 사회에서 행하고 계시는 선교에 동참하기 위한 영성이며, 기도이자, 예배이다.

한국교회의 미래는 이제 "시대의 징표"를 해석해낼 수 있는 능력을 어떻게 표현하고, 또 그 "시대의 징표"를 어떻게 증언할 것이냐에 달려 있다. 교회의 선교만으로, 또 인간의 역사만으로 환원되지 않는, 성령의 인도하심에 의존하여 삼위일체 하나님의 본성적 사랑과 화해의 선교에 동참하는 다양하고도 창의적인 방법을 찾아내야 한다. 정말로 한국교회의 미래는, 21세기의 새로운 표현으로 하나님의 선교를 표현해내는 실천에 있다.

'가나안 성도'와 비종교인들

교회는 교회를 떠나가는 사람들의 존재에 대해 민감하다. 속칭 '가나안 성도'가 100만이나 된다고 하는 이야기를 심심치 않게 듣게 된다. 이유와 사정이 모두 같은 것은 아니지만 대부분의 '가나안 성도'들은 기성 교회에서 부정적인 경험을 하고 나온 사람들이다. 그런데 이들을 다시 교회로 복귀시킬 수 있다는 생각을 섣불리 하는 이들을 만나게 되면 오히려 그쪽이 준비가 덜 됐다는 생각을 갖게 된다.

그런데 이보다 더 걱정스러운 현실이 있다. 집을 나간 이들보다 아예 집이 없는 이들이 많아지고 있다는 것이다. 한국 갤럽의 <1984-2014 한국인의 종교> 조사에 따르면 2014년 현재 불교 : 개신교 : 천주교 : 기타의 비율이 22 : 21 : 7 : 0이다. 그런데 비종교인이 나머지 50%가 된다. 같은 조사에서 개인의 삶에서 종교의 중요성을 묻는 질문에는 1984년

불교가 88%였으나 2014년에는 59%, 천주교는 97%에서 81%로, 그리고 개신교는 97%에서 90%로 떨어져있다. 종교인구의 증감도 중요한 수치이지만, 사실 동일 신앙군 내의 충성도 또한 중요한 지표가 될 텐데, 비종교인구의 증가와 함께 신앙생활을 하는 이들 안에서도 예전과 같은 충성도를 기대하기가 쉽지 않다는 것이다. 더 결정적인 것은, 비종교인들에게 호감 가는 종교를 물었는데, 기독교의 호감도는 최하위(불:개:천=25:10:18)이며, 여기서도 호감 가는 종교가 없다는 응답이 46%이고, 10-30대로 특화해서 살피면 기독교에 대한 호감도는 현저하게 떨어진다. 이는 2004년에 비해 더욱 강화된 특징이다. 이 상황에서 부흥을 기대할 수 있을까?

이런 상황은 북미에서도 마찬가지로 나타난다. 2007-2012년 조사된 LifeWay Research의 결과에 따르면, 회의론자들과 무신론자들을 포함하는 비종교인들은 15.3%에서 19.6%로 상승했다. 최근 조지 바나와 데이비트 키네먼은 2008년부터 2014년까지 교회 밖의 사람들을 조사하여 Churchless 『처치리스』(터치북스, 2015)라는 보고서를 출판했다. 교회 밖의 사람들은 최근 6개월 내 예배에 한 번도 참석하지 않은 이들과 교회와 전혀 상관없는 이들을 포함하는데, 이들의 비율은 43%에 달하며, 90년대 초에는 10명 중 3명 정도였으나 지금은 인구의 3분의 1에 해당된다. 두 사람은 이제 미국에서 교회에 출석하는 이들이 비주류가 되었다고 선언한다. 그리고 교회 밖의 사람들이 교회 밖에 있는 가장 큰 이유는 교회의 사회적 역할에 대한 회의 때문이라고 제시한다. 그들은 자신들이 왜 예배에 참석해야 하는지 이유를 찾지 못한다. 그들의 삶에 교회의 종교생활이나 예배는 별 의미가 없다는 것이다. 이런 상황은 북미 전체에서 나타나고 있다.

새로운 교회를 향한 여정들

'가나안 성도'들을 다시 복귀시키겠다는 어떤 전략이나, 교회 밖 사람들을 다시 교회로 초청하겠다고 제시하는 다양한 방법들이 제대로 작동할 것인가? '가나안 성도'의 담론을 이끄는 이들은 대부분 그들 스스로 대안을 찾고 자신들의 공동체를 새롭게 꾸리도록 하는 것이 더 낫다고 진단한다. 기성교회에서 복귀한들 자신들이 제기했던 질문의 답을 찾기가 어려울 것이라는 생각 때문이다.

조지 바나가 제시하는 대안은, 예컨대 교회 밖 사람들은 교회의 전통적인 예배나 종교생활보다는 그 교회가 하는 사회봉사나 지역봉사 프로그램에 동참하거나 가정의 대화 자리에 초청하는 등에 더 호응이 크다는 점을 들어 소모적인 전도행사나 미디어 선교를 자제하라고 조언하고 있다. 일차적으로 틀린 이야기들이 아니다. 더 적절하고 효과적인 선교를 위해서는 모두 필요한 조언들이 아닐 수 없다.

하지만, 필자는 우리가 직면한 현실은 방법론으로 해결될 사태가 아니라고 본다. '가나안 성도'들의 탈출기가 의미 있으려면, 그들의 광야 40년의 순례길이 필요하고, 그 시기에 그들은 진정으로 가나안을 준비할 수 있어야 한다. 그것은 그들이 어디로부터 나왔고, 누가 그들을 인도했는지를 기억하는 훈련이다. 그것은 예수 그리스도의 갈릴리의 사역으로부터 다시 시작되어야 한다. 하나님나라의 증언자들이 되기 위한 훈련이 필요한 것이다.

교회 밖 사람들은 더 좋은 교회나 더 좋은 예배를 기대하지 않는다. 그들은 교회가 우리가 살아가는 세상에서 존재의 의미가 있는지 확인하기를 원한다. 세상을 위해 교회가 있어야 할 이유가 무엇이냐고 묻는 것이다. 후기세속사회의 종교담론을 이끌고 있는 마르크스주의자들조차 지금은 종교의 사회적 역할을 기대하고 있는 마당이다. 물론 하나님과의 인격적인 만남이나 깊은 신앙심의 발로는 아니지만, 세상이 그것을 기대한다는 것은 나쁜 조건이 아니다.

지금 새로운 교회의 실험들이 여기저기서 나타나고 있다. 새로운 교회를 표방하고, 선교적 교회를 주장하기도 하며, 공간에 매이지 않고 전통적인 방식도 벗어 버리고 문화적 유연성을 높이며 등장하는 다양한 교회의 형태들이 있다. 그러나 이 모든 실험들이 대안이 될 수 있으려면, 다시 갈릴리의 하나님나라 운동의 본래 정신으로 돌아가고자 하는 열망이 절대적으로 필요하다. "그리스도가 어디 계신가?"를 묻기보다는 "그리스도가 누구와 함께 하시는가?"를 묻고, 교회 역시 그들과 함께 할 수 있는 결단이 필요하다. 교회를 떠난 이들이나 교회 밖에 있는 이들 모두가 제도와 형식으로부터 벗어나고자 했지만, 그들은 자신들의 이상을 담은 제도적 공동체를 다시 세울 수밖에 없을 것이다. 무교회주의자나 재세례파 운동의 파격과 급진이 무의미한 것은 아니지만, 21세기의 네트워크 사회에서 하나님나라와 만인을 향한 해방과 자유의 구원사역은 사람들과 사람들 사이에서, 도시와 지역 사이에서, 경계와 경계들 위에서 더 절실하게 요청될 것이다.

새로운 교회들의 여정은, 누구와 함께 하는 교회가 될 것인가? 주님이 하신 것처럼, 이 시대에 가난하고 소외되고 억압받고 배제된 이들과 함께 하는 교회가 될 것인가? 아니면 주류가 되기 위해 끊임없이 자신의 욕망을 신앙의 이름으로 정당화하는 이들과 함께 할 것인가? 하나님의 편에 서기 원한다면, 하나님이 함께 하시기 원하는 이들과 함께 하는 것이 정직한 것이다. 새로운 가나안을 향한 여정은, 다시 갈릴리로 가는

지역공동체와 함께 하는 교회의 새로운 도전들
- 한국적 '선교적 교회'를 향하여 -

여정일 때, 진정으로 새로울 것이다.

제2장

교회의 선교적 정체성

한국의 자살률이 발표될 때마다 언제나 부동의 세계 1위라는 우울한 기사를 보게 된다. 통계청이 매해 발표하는 '사망원인통계'에 나타난 수치이다. 10만 명당 자살률도 29명에서 34명에 달하기도 해서 OECD 국가 중 2위를 기록하는 나라(헝가리, 일본)의 수준보다 압도적으로 높다. 더 심각한 것은 20대, 30대의 자살률이 가파르게 올라가고 있다고 하니 한국의 미래는 고령화와 겹쳐 우울하게 보인다.

한국인의 노동시간도 세계에서 가장 길다고 한다. 가장 많이 일하고 경쟁이 치열하니 사람들은 생각할 겨를 없이 하루하루를 살면서 인생의 목적과 의미를 묻지 않는다. 왜 그리 열심히 일하는지, 왜 그렇게 경쟁하는지 알지도 못한 채 살다보니, 경쟁에 지치거나 낙오하면 달리쉴 방도가 없어 극단적인 선택을 하고 마는 것 같다. 한 사회의 가치와 삶의 의미를 생산해 내야 할 학교나 종교가 그 역할을 제대로 못하고 있다는 것이 분명하다.

영국 리즈 대학교 명예교수인 사회학자 지그문트 바우만(Zygmunt Bauman)은 현대인의 고독의 문제를 집중적으로 다뤘다. 『액체근대』(liquid modernity)에서 그는 기존의 질서와 기준이 사라진 유동적 사회의 개인은 파편화되어 한낱 개인의 욕구를 채우는 쇼핑족으로 전락하고 공동체를 상실한 채 살아간다고 분석했다. 그는 이어지는 저작들에서 '공공선(the Common Good)'과 공동체를 통해 고독한 개인들에게 삶의 의미를 제공해야 한다고 주장한다.

2004년 <바이에른 가톨릭 아카데미>에서 당대의 철학자 하버마스와 신학자 라칭거 주교(그는 후에 베네딕트 16세로 교황이 되었다)가 만났다. 이성과 신앙, 신과 인간, 비판과 믿음을 상징하는 두 사람이 만난 것만으로도 대단한 이슈가 되었는데, 그들은 현대사회의 위기를 극복하기 위해 인간이 무엇을 해야 하는지에 대해 깊이 토론했다. 문제원인의 진단은 서로 달랐지만, 이성과 신앙이 함께 사회적 역할을 감당해야 한다는 점에 동의했다. 고립되고 파편화된 삶을 사는 현대인들에게 인생의 의미를 제시하는 종교의 공적 역할이 요청받고 있다. 그도 그럴 것이 세속화 이론의 대부였던 피터 버거(Peter Burger) 조차 이제는 그 이론을 철회하고 소위 '후기세속사회'에서의 새롭게 부각되는 종교의 새로운 역할에 주목하고 있다. 물론 중동의 근본주의 이슬람, 북미의 복음주의, 그리고 남미에서의 오순절 등의 보수적 성향을 볼 때 이런 요구에 제대로 응답할 수 있을지는 의문이다.

보수적 종교의 득세 현상은 복잡한 현실과 경쟁에 지친 오늘의 현대인들을 생각할 때 어쩌면 당연한 것일지도 모른다. 이 지점에서 고민이 생기게 된다. 과연 기존 종교의 틀과 형식을 유지하면서도, 교회는 사람들에게 공동체적 삶의 의미와 가치를 보여줄 수 있을까? 타 종교와 다른 나라의 상황은 후에 생각하고, 한국교회가 직면한 오늘의 위기적 상황을 보면 과연 한국사회에서 교회가 의미 있는 역할을 감당할 수 있을지 매우 의심스럽다.

새로운 교회에 대한 열망

상황은 이렇다. 보수적인 종교의 발흥은 사실 20세기의 일이다. 21세기의 10년이 훌쩍 지나간 지금 다시 점검해 보면, 복음주의, 오순절 또 이슬람 모두 정치권력이나 자본의 힘 앞에서 그 본연의 역할을 제대로 감당하지 못하고 있다. 한국교회를 보면 이런 좌절의 현실은 더욱 분명하게 드러난다. 하나님의 뜻을 따라 움직이는 교회라기보다는 사람의 욕망을 부추기고 돈과 권력의 맛에 길들여진 이익집단처럼 되어버리고 말았다는 비판이 거세다. 하나의 가치나 기준을 세우는 것이 불가능한 다원 사회에서 또 파편화되고 균열되어 있는 사회에서 근본주의적이거나 보수적인 종교가 당장은 전통적 지지자들에게 호소력을 지닐 수도 있겠지만, 이미 새로운 세계에 진입하여 새로운 질서와 규칙에 적응하고 있는 이들에게는 그 종교가 더 이상 자신들의 삶을 해석해 줄 수 없다는 사실을 깨닫고 거기 머물 수 없게 될 것이다.

신앙심이 있지만 교회에 출석하지 않는 이들이 거의 백만에 육박한다는 추측성 발표도 있었다. 이른바 '가나안(안나가)' 성도들이 점점 늘어나고 있는데, 이들은 교회에서 상처를 받았거나, 목회자의 권위적인 모습에 실망했거나, 교회운영의 부도덕성에 절망하여 교회를 떠난 이들이라고 한다. 한국사회의 민주화와 다원화가 심화되는 동안에 교회

지역공동체와 함께 하는 교회의 새로운 도전들
- 한국적 '선교적 교회'를 향하여 -

는 그에 적합한 변화를 주도하기보다 오히려 저항했기 때문에 생겨나는 현상이다.

그래서 기존 교회와 다른 '새로운 교회'에 대한 열망이 강력하게 나타나고 있다. 기존의 구시대적인 권위주의나 반사회적인 분쟁과 타락에 물든 교회가 아니라, 교회다운 교회를 향한 거룩한 열망이 터져 나오는 것이다. 새로운 교회들은 교단, 교파 중심의 교권주의로부터 벗어나서 하나님이 우리에게 주신 선교적 공동체의 본질적 특성을 문화 속에서 구현하고자 한다. 즉 21세기 시대에 새로운 방식으로 성육신의 존재양식을 찾기 시작한 것이다. 복음주의 운동이나 오순절 운동도 당대의 고민을 반영한 것이지만, 오늘 새롭게 요청되는 교회의 모습은 때로 탈교회의 양상까지 보인다. 그들은 "교회는 왜 존재하는가?," "교회는 어떻게 교회가 되는가?"와 같은 근본적인 질문을 던지면서 20세기 교회의 이른바 '기독교제국(Christendom)'의 욕망을 극복해야 한다고 생각한다.

기독교제국의 욕망은 본래 로마제국의 욕망이었다. 교황이 황제와 맞먹는 권력을 가지고, 교회가 부자가 되면서 서방교회는 타락했다. 기독교가 로마제국과 결탁하며 시작된 교회의 권력화, 기득권화는 종교개혁을 통해 극복되는 듯 보였지만, 형식만 달라졌지 여전히 제국이 되고자 하는 욕망을 포기하지 못하고 있다. '거룩'과 '세속'을 칼처럼 구분하는 이분법으로 교회와 세상 사이에 부단히 경계선을 긋는 신앙행태가 지속되는 한 이 욕망은 사라지지 않을 것이다. 그래서 새로운 교회는 이 경계선을 넘어서고자 한다. 그리고 '거룩'의 논리로 배재와 소외를 정당화하지 않으려 한다. 교회 안과 밖의 질적 차이보다 밖을 향한 개방성이 더 절실하게 요구된다. 종교행위와 신앙생활은 다른 것으로 인식하고, '새로운 교회'는 구원의 감격을 타자의 고통과 세계의 모순에 깊은 사랑으로 동참하며 나누고자 한다. 그것이 삼위일체 하나님께서 우리에게 주신 선교적 사명이다. 교회는 그 사명을 위해 '파송 받은 공동체'이다.

이러한 교회를 추구하는 일단의 흐름들이 형성되고 있는데, 북미에서는 이를 '선교적 교회(Missional Church)'라고 부른다. 아버지는 아들을 보내시고 성령을 보내신 하나님이시다. 하나님은 '선교하시는 하나님(sending God)'이시다. 교회는 하나님의 선교에 동참해야 하는 '파송된 공동체'이지 자신이 선교의 주체가 아니다. 선교는 하나님이 하시는 것이며, 교회는 보냄 받은 지역, 역사, 문화 속에서 하나님이 하시는 일에 동참하는 공동체이다. 오늘 현대교회들은 선교를 목회 프로그램의 일부로 인식하거나 전문사역자들의 몫으로 구분해 놓았다. 그러나 '선교적 교회'는 선교야말로 교회의 존재론적 목적이라고 주장한다. 물론 이러한 주장을 신학적으로 비판하는 목소리가 없지 않다. 즉 선교는 교회의 사역이지 목적이 아니고, 하나님을 경배하고 찬양하는 예배가 교회의 목적이라는 것이다. 그러나 이 또한 선교의 개념을 해외선교로 축소하거나 기능적인 활동으로 환원해서 생기는 오해이다.

하나님의 선교(Missio Dei)

거의 30여 년의 남인도 선교사 사역을 마치고 고국으로 복귀한 레슬리 뉴비긴(Lesslie Newbigin)은 더 이상 기독교 국가라고 말하기 어려운 상황에 빠진 영국을 보고 큰 충격을 받았다. 그리고 기독교의 공적인 역할을 회복하기 위해 복음을 새롭게 해석할 필요를 느꼈다. 그는 에큐메니컬 운동과 세계선교 운동의 통합을 주장했는데, 특히 교회의 본질이 선교이며 그것은 '하나님의 선교'에 동참하는 것이라 외치며 선교의 새로운 흐름을 주도하였다. 그러나 이러한 흐름이 세계선교를 약화시킬 우려가 있다고 본 복음주의 계열에서 반발했고, 영혼 구원과 개종 전도가 선교의 본질이라고 주장했다. 뉴비긴 자신도 1951년 빌링겐(Willingen) 세계선교대회에서 논의된 '하나님의 선교'가 지나치게 인간화로 치우쳤다는 우려를 표명한 바도 있다. 이후 1974년 '복음주의 로잔 대회'가 열리면서, 양 흐름은 복음전파와 세계의 변혁이 모두 '하나님의 선교'에 속한 교회의 중대한 사명임을 함께 인정하는 방향으로 발전하였다.

이후 미국에서는 신복음주의 계열이나 새로운 교회운동을 모색하는 그룹에서 '선교적 교회'라는 논의를 90년대 중반부터 진행했는데, 특히 대럴 구더(Darrell L. Guder)를 비롯 여러 선교학자들이 참여한 GOCN(Gospel and Our Culture Network)을 중심으로 북미의 상황에 대한 연구를 전개했고, 특히 네슬리 뉴비긴의 '하나님의 선교'를 복음주의적 관점에서 수용하여 새로운 교회론과 선교론을 모색했다. 이 논의는 이전까지 전개되었던 '이머징 처치(emerging church)'나 '구도자 중심의 교회(seeker oriented church)' 등의 대안적 논의를 대체했다.

그들은 그 동안 교회중심의 선교활동이 결국 교회성장이나 세력 확장으로 귀결되고 말았다고 반성했다. '선교적 교회'의 논의는 '하나님의 선교'를 수용하여 삼위일체 신학으로부터 출발한다. 선교를 교회의 활동이 아닌 하나님의 고유의 본성적 사역임을 고백한다. 주님께서도 "아버지가 나를 보내신 것처럼, 나도 너희를 보낸다(요 20:21)."고 하셨기에, 교회는 삼위일체 하나님으로부터 파송된 이들이다.

그래서 '선교적 교회'를 주장하는 이들은 교회의 구조나 신학도 이에 맞게 변해야 하며, 교회 지도력이나 평신도의 훈련도 '선교적 삶'을 위한 것으로 바꿔야 한다고 주장한다. 우리가 흔히 교회에서 경험하는 영성훈련, 제자훈련, 봉사, 예배, 교육 등은 모두 하나님이 교회공동체를 보내신 그 현장에서 요구되는 필요와 요청에 맞게 재편되어야 한다는 것이다. 하나님께서 일하시는 그 현장에 참여하는 실천이 교회의 선교적 삶으로 나타나야 한다.

'선교적 교회'로 가는 길

이런 선교적 관점에서 본다면, 선교는 해외에 선교사를 파송하는 것만이 아니라 교회가 파송된 지역사회에서 우선적으로 감당해야 할 일이다. 교회는 그 지역에 보냄 받은 하나님의 공동체이다. 그곳에서 하나님께서 회복하기 원하시는 '하나님의 나라'를 위해 필요한 일들을 감당해야 한다. 교회는 그 지역을 복음화 하거나 주민들을 교인으로 만들기 위해 존재하는 것이 아니다. 교회는 '하나님의 선교'에 겸손하고 진실하게 참여할 때, 자연스럽게 생겨나는 지역공동체이다. 파송된 이들이 그곳에서 형성한 네트워크이며, 관계이며, 만남 그 자체가 교회이다. 지역뿐만 아니라 그리스도인 개인들은 자신에게 주어진 직장, 가정, 이웃 속에서 마찬가지로 파송된 선교사로서의 정체성을 가지고 살아가야 한다.

교회를 성장시키고 부흥시키는 것이 존재의 목적인 것처럼 생각하기 때문에 그 동안 한국교회는 공격적인 전도 프로그램이나 큰 규모의 성전건축을 성공의 조건으로 생각해왔다. 각종 프로그램과 세미나를 열고, 제자훈련을 받거나 봉사를 하는 것이 성공적인 신앙생활의 필수적 조건인 것처럼 말하기도 한다. 그러다 보니 복잡하고 분주한 교인들은 서로 인격적인 만남이 불가능해졌고, 분주하게 돌아가는 것 자체가 좋은 교회, 성공한 목회를 상징하는 것처럼 받아들이게 되었다.

마이클 프로스트(Michael Frost)와 앨런 허쉬(Alan Hursh)는 『새로운 교회가 온다』(*The Shaping of Things to Come*)에서 성장지향의 교회들은 사람들에게 매력적인 교회가 되려 한다고 비판한다. 그래서 온갖 다양한 프로그램과 화려한 행사를 벌이지만, 정작 성육신적 교회의 모습은 찾아보기 어렵다는 것이다. 지금 우리에게 필요한 것은, 근본적으로 기존 구조를 개혁하지 않고도 성장할 수 있는 방법을 제시하는 이런저런 미봉책들이 아니다. 하나님은 우리를 세상에 파송하시고, 복음은 우리에게 이웃의 삶 속으로 가라 명령하는데, 현대 교회들은 교인들에게 교회 안에 머물러 있으라고만 하고, 잃어버린 이를 찾기보다는 사람들이 교회를 찾아오게 하라고 말한다. 진정한 교회공동체는 세상의 희망이 될 수 있지만, 세상의 중심이 되려는 욕망은 포기해야 한다. 하나님은 교회를 그렇게 사용하지 않으신다. 교회는 사람들이 하나님을 알도록 인도하는 가이드와 같은 역할을 해야 하는 것이다.

여기에 더해 가난한 자들을 향한 관심과 평신도들이 주도적으로 사역을 이끌어야 한다고 강조한다. '선교적 교회'는 교회성장보다 하나님이 원하시는 문화를 세상과 지역사회 속에 세우기를 원한다. 그리고 평신도들이 주도하여 일상의 변혁을 일으키기를 원한다. 교회공동체는 위계적인 질서보다는 사도적인 관계를 통해서 거룩해지는 것이다. 그래서 '선교적 교회'는 선교를 운동이라고 생각한다. 하나님나라를 증언하는 운동인 것이다. 그런 점에서 새로운 상상력이 절실히 필요하다.

프로스트와 허쉬는 건물이나 설교가 메시지가 되도록 하지 말고, 우리 자신이 메시지가 되어야 한다고 주장한다. 교회 안에서 선포되는 설교보다 삶과 관계 속에서 드러나는 우리가 하나님의 파송된 선교사들이 되어야 한다는 것이다. 철저히 새로운 교회는 이렇게 교회중심의 제국적 환상을 거부해야 하며 교회의 형식이나 건물이 우리를 규정하도록 해서도 안 된다. 우리는 거리로 세상으로 파송된 하나님의 메시지가 되어야 하는 것이다.

기독교제국을 향한 욕망을 바꾸어 하나님나라의 성육신적 공동체를 향한 열망으로 변화시켜야 한다. 부르심을 받은 곳에서 차별 없이 이웃을 만나고 듣고 섬기며 함께 하는 이들로부터 시작하여 공동체를 세우기 위해서는, 지금처럼 끌어당기는(attractional) 접근이 아니라 필요가 있는 이들, 고난에 처한 이들을 향해 다가가는(missional) 선교적 변화가 필요하다. 건물과 땅을 중심으로 모이는 공동체가, 아니라 때와 장소에 구애받음 없이 만나는 공동체가 되어야 한다. 이제 미국과 영국의 새로운 교회들은 어떻게 자신들의 신앙전통을 새롭게 재해석하고 있는지, 그래서 어떤 변화가 있는지 살펴보자. 그리고 한국적 '선교적 교회'는 어떻게 적용할 수 있을지 고민해야 한다. 한국교회는 이대로 좌초할 것인지, 아니면 새로운 길을 떠날 대안을 찾을 수 있을지 고민해야 한다. 생존을 위해서가 아니라 교회의 본질을 회복하고 이 시대가 요구하는 새로운 교회의 존재양식을 찾는 일이다.

지역공동체와 함께 하는 교회의 새로운 도전들
– 한국적 '선교적 교회'를 향하여 –

제3장

'선교적 교회'의 개척과 자비량 사역

　필자가 속한 <한국선교적교회네트워크 MCNK(Missional Church Network in Korea)>는 한국교회의 새로운 변화를 꿈꾸며 동료 목회자, 신학자들이 함께 교제하고 있다. 이 중에는 성공회에 속한 목회자들도 있는데, 그들 역시 전통적인 교회가 아닌 새로운 교회를 준비하거나 이미 개척한 이들이다. 때때로 종교개혁 세미나를 함께 열어 토론을 갖고 성공회 측에서 집례한 성찬예식에 네트워크 회원들과 함께 참예하기도 한다.

　MCNK가 성공회 사제들과 교제하게 된 것은 영국 성공회의 변화와 개척에 대한 연구를 하고 있던 필자에게 대한성공회에서 사제들을 위한 강연을 부탁한 일이 계기가 되었다. 당시 150여 명이 모인 성공회 수련회 자리에서 필자는 영국 성공회의 새로운 교회개척 운동인 '선교형 교회(Mission Shaped Church)'와 그 실천 프로그램인 '교회의 새로운 표현들(fresh expressions of Church)' 운동에 대한 내용, 그리고 지난 10여

년 동안의 경과와 변화에 대해 설명했었다. 성공회 사제들에게 개신교 목사가 영국 성공회의 변화에 대해 강연한 것은 특이한 일이었다. 고교회 전통이 더 깊었던 대한성공회에서도 영국성공회에서 시작된 새로운 교회개척 운동에 영향을 받아 이미 7-8개의 새로운 교회가 개척된 상태였다. 급기야 몇 해 전에는 이러한 운동을 전개할 <브랜든 연구소>를 설립하여 영국성공회의 프로그램을 도입하려 하고 있다.

파송하는 교회개척

교회를 개척하면 자립하기까지 수많은 어려움을 겪게 된다. 재정적 문제와 사람과의 관계 등으로 생기는 문제들이 끊이지 않고 발생한다. 그래서 교회를 개척한 목회자들은 항상 긴장 속에 사역을 하고, 재정과 교인의 수에 민감하지 않을 수 없게 된다. 모교회가 있어 개척을 지원해 주었거나, 개척 당시 함께 파송된 교인들이 있었다면 사정이 훨씬 나을 수 있겠지만, '선교적 교회'는 교회를 개척할 때 재정지원의 규모나 인적 자원의 유무가 아니라 그 지역에 교회를 개척할 분명한 필요가 있는지를 가장 중요하게 고려한다.

필자는 한때 섬기던 교회에서 교회를 개척하는 과정을 지켜볼 기회가 있었다. 재정지원도 큰 어려움 없이 진행되었고, 60주년 기념으로 개척된 교회는 자리를 잘 잡아 몇 년 뒤 자립교회가 되었다. 그 교회는 초기 개척자금과 사역자의 사례를 지원키로 했었다. 필자가 주목한 것은 그 과정이다. 사역자가 어떻게 준비하는지, 교회가 어떻게 준비하고 있는지, 교인들은 어떻게 준비하는지에 관한 일들이었다. 교회를 개척하

지역공동체와 함께 하는 교회의 새로운 도전들
- 한국적 '선교적 교회'를 향하여 -

는 것은 본질적으로 하나님의 일이다. '선교적 교회'는 선교의 주체를 하나님이라고 고백하기에, 교회개척의 주체도 역시 하나님이라고 고백한다. 결코 사람이나 모교회가 아니다. 법적으로나 행정적으로는 모교회나 사역자가 개척을 하는 주체가 되겠지만, 신학적으로는 하나님 자신이 하나님의 공동체를 그곳에 파송하시는 선교적 사건으로 고백되어야 한다. 개척을 결정하고 지원할 때 당회의 결의나 사역자의 판단에 의존하면서 이러한 신학적 의의를 상실하게 되는 경우가 많다.

"하나님이 왜 '그곳'에 '우리'를 보내려 하실까?"라는 단순하면서도 본질적인 질문에 답할 수 없다면, 교회개척은 이미 준비가 부족한 것이다. 부천의 한 교회는 개척 10년 만에 분립개척을 시도하면서, 지난한 과정을 거쳐 꼭 교회가 필요한 곳을 찾기 위해 애를 썼다. 거의 1여 년의 준비과정을 거치면서 사역자가 충분히 준비하도록 돕고, 교회가 필요한 곳을 조사하여 그 적합성을 판단하기 위해 교인들이 토론을 벌이기도 했다. 또 MCNK의 회원 이도영 목사가 섬기는 화성의 <더불어숲동산교회>는 최근 교회를 분립하여 개척하였다. 아직 모교회도 크게 성장한 것도 아니었고, 재정도 그리 넉넉한 것이 아니었지만 150명이 되면 분립을 하겠다던 처음 마음대로 18명을 부교역자와 함께 향남 지역으로 파송했다. 무엇보다 그 지역에 꼭 필요한 교회공동체가 되어야 한다는 소명감이 강력하게 개척을 이끌었다. 이들은 파송의 주체를 자신들이 아니라 하나님으로 고백하기에, 하나님이 자신들을 파송하신 그 이유를 묻는 일에 절실하다. 자신들이 '파송된 공동체'라면, 그 파송의 임무를 분명히 아는 것이 그 교회가 존재해야 할 목적이 된다.

그런데 대부분의 개척교회가 이런 진지한 고민이 부족한 채 기계적으로 일을 진행하는 경우가 많다. 카페나 도서관과 같은 새로운 형태가 그 교회를 '선교적 교회'가 되도록 하는 것이 아니라, 파송된 목적에 대한 분명한 소명의식이 그 공동체를 선교적 공동체로 세우는 것이다. 작은 개척교회들은 자립교회가 될 동안은 외부에 자원을 내 보내는 사역을 제대로 하지 못한다. 모든 에너지를 내부의 결속력을 다지는 일에 쏟게 된다. 그러나 '선교적 교회'의 개척은 파송된 공동체로서 공동의 비전과 선교적 임무를 공유하고자 한다. 이런 교회는 내부의 결속도 중요하지만, 지역의 자원들과 네트워크를 개방적으로 형성한다. 대형교회나 유명한 교회가 사회적으로는 유명할 수는 있지만, 선교적 소명에 충실한 개척교회가 지역사회의 여러 주체들과 협력해서 할 수 있는 일이 결코 적지 않다.

건대 앞에 위치한 <시냇가에심은교회>를 섬기는 구은태 목사는 개척초기부터 마을의 통장으로서 여러 지역주민들과 함께 지역의 일꾼으로 섬긴다. 최근 이 교회는 공간을 공유하는 사회적 경제 사업을 시작하여 지역사회와 소통하고 있다. 또 수원 영통에 개척한 <하늘숲교회>는 상가밀집 지역에 위치해 있고 20여 명이 채 안 되는 작은 공동체로 시작했다. 가정교회로 오랜 동안 모이다 공간을 얻어 개척을 한 경우인데, 이 교회는 그 지역의 특성을 고려하여 상담과 치유사역에 집중하고 있다. 가정의 돌봄이 절실한 지역에서 교회가 그러한 역할을 감당하고자 늘 고민하고 있다. 파송된 공동체로서의 정체성에 대한 고민인 것이다.

물론 이런 파송된 선교적 교회의 정체성은 개척교회에만 요구되는 것이 아니다. 기성교회도 이러한 정체성을 분명히 할 때 교회가 존재하는 목적이 명확해진다. <강남동산교회>의 경우 벌써 10여 년이 넘게 지역사회를 섬기는 이들을 초청하는 행사를 벌이고 있다. 관공서, 교육기관, 시민단체 등의 일꾼들을 초청하여 지역사회를 위한 일종의 공론장

지역공동체와 함께 하는 교회의 새로운 도전들
- 한국적 '선교적 교회'를 향하여 -

형성의 역할을 간접적으로 지원하고 있는 것이다.

　영국 성공회의 새로운 교회개척 운동이 많은 도전을 주고 있는데, 가장 중요한 것이 지역사회에 파송한다는 개념을 명확히 한 것이다. 옥스포드 교구는 상당한 기부금이 생겼는데, 보통 이런 경우 교회 보수, 유지를 위해 사용하지만 새로운 교회를 개척하기로 결정하고 <메이비(Maybe)교회>를 세우고 젊은이들을 위한 새로운 공동체를 대학가에 설립하였다. 우리로서는 흔한 예이지만 성공회로서는 획기적인 사례이다.

복제(cloning)에서 파송(missionizing)으로

　영국 성공회가 새로운 교회개척운동의 필요성을 연구하여 2004년 발간한 보고서인 『선교형 교회』(Mission Shaped Church)에 의하면, 기존 교회의 이름을 따서 똑같은 형태의 교회를 다른 곳에 세우는 일은 '개척'이 아니라 '복제'에 불과하다. 정확한 지적이다. 우리에게 필요한 DNA는 하나님나라의 유전자이지 모교회의 유전자가 아니다. 하나님나라의 유전자는 교회가 파송된 곳의 역사와 상황에 따라 다르게 표현되어야 하는데도, 모교회나 특정 교회의 이름과 시스템을 그대로 옮겨오는 것을 당연하게 여긴다. 한국에서는 대형교회나 어느 정도 규모가 있는 교회들이 개척을 내보낼 때 대체로 그렇게 하는데, 이는 자신들의 교회를 또 하나 다른 곳에 세운다고 생각하기 때문이다. 마치 기업의 프랜차이즈 지점을 내듯이 비슷한 개념을 가진 비슷한 공동체를 전혀 다른 지역에 하나 세운들 그것이 하나님의 선교적 관점에서 볼 때 어떤 의미가 있을까? 주님의 몸을 세우는 일을 마치 영업장을 마련하는 일처럼 한다.

10여 년 전 세상을 떠들썩하게 했던 '황우석 사건'은 유전자 복제와 줄기세포를 둘러 싼 사기극으로 결론 났었다. 하지만 지금은 '4차 산업 혁면' 시대를 맞이하면, AI가 사이보그가 영화적 허구가 아니라 현실이 되어가고 있다. 조만간 인간은 자신과 똑같이 생긴 복제품을 만나게 될 전망이다. 그렇다고 해서 그것이 인간이 될 수는 없다. 복제품은 복제품일 뿐이다. 교회개척은 성육신 하신 주님의 몸을 파송하는 선교적 행위이다. 교회개척의 주체는 하나님이시니, 하나님이 그 곳에 어떤 교회를 세우기 원하시는지를 먼저 물어야 한다.

'선교적 교회'는 멀티사이트교회(multi site church) 형태도 바람직하지 않다고 본다. 왜냐하면 자칫 잘못하면 마치 자회사를 거느리는 기업처럼 폐쇄적인 조직으로 변질될 가능성이 크기 때문이다. 파송된 곳에서 선교적 부르심에 따라 응답을 해야 하는데, 중앙에서 지시하는 대로 움직일 수밖에 없다면 그것은 온전히 파송된 '선교적 교회'라고 보기 어려울 것이다. 한국의 대형교회들은 교회개척을 프로그램처럼 운영하여 자신들의 영향력을 그대로 유지하는 폐쇄적 네트워크를 형성하는 경우가 많다. 그런 형태를 뭐라고 명명하던 그것은 주님의 몸인 교회를 조직으로 환원하는 것이다. '선교적 교회'의 개척은 파송의 의미를 가져야 한다. 파송 받은 교회는 그곳에서 하나님이 원하시는 요구에 응답하며 치열하게 그 몸을 세워야 한다. 지점이나 분점이 될 수 없다.

'선교적 교회'의 개척은 어느 곳에서든 하나님을 예배하고, 성도간의 교제가 있고, 하나님나라의 증언이 펼쳐지는 곳이면 교회라고 선언한다. 그곳이 카페이든, 바(bar)이든, 길거리가 되었든, 냄새나는 뒷골목이든 그곳에서 파송된 공동체로 선교적 사명을 수행하면 그곳이 교회이다. 물론 이를 위해 기술적인 문제들이 필요하다. 재정과 일꾼들이 필요하다. 그러나 그것은 본질적으로 하나님의 선교에 동참하기 위해 필요한 것들이지 조직을 키우거나 유지를 위해 필요한 것이 아니다.

한국교회의 교회개척은 이제 달라져야 한다. 삼위일체 하나님께서 교회공동체를 파송한다는 의미를 제대로 복원해야 한다. 개척을 지원하는 교회의 복제물을 만드는 것이 아니다. 두 교회 사이에 주종 관계나 본부와 지부 관계가 맺어지는 것은 부적절하다. 하나님께서 파송하신 선교적 사명에 집중할 때, 지원한 교회와 지원받은 교회의 관계가 건강할 수 있다. '선교적 교회'의 개척은 파송하시는 하나님이 부여하시는 임무에 최선을 다해 응답하는 행위이다. 이 일은 사람의 일이거나 교회의 일이 아니라, 하나님 자신의 일이기 때문이다.

교회개척자와 자비량 사역

'선교적 교회'를 지향하며 개척을 하는 이들은 신학적 명분과 목회적 결단이 분명하기 때문에 파송된 공동체로서의 교회를 세우기 원한다. 개척을 했다면, 이제 실제적인 현실에 부딪히게 된다. 가장 큰 어려움은 역시 재정적 결핍이다. 친구 목사가 대학로에 개척을 한지 3년이 되어 찾아가 말씀을 전했다. 대학로에서 도시문화선교를 지향하며 개척한지 이제 3주년을 맞이했는데 그는 요즘 여러 가지 고민을 하고 있다. 지금까지 벌인 실험들을 정리도 해야겠고, 이제 교회의 방향을 교인들에게 명확히 전달해서 이 공동체가 펼쳐 갈 미래상을 놓고 기도도 많이 해야겠다고 말한다. 그렇지만 여전히 "먹고 사는 일"이 가장 걱정이다. 아이들 교육문제도 그렇다.

처음부터 교회가 목회자의 생활비를 책임질 수 없는 형편으로 시작하는 교회들이 늘어가고 있다. '선교적 교회'라는 명분으로 목회자 스스로 일하여 소득을 얻고 교인들에게 경제적인 부담을 지우지 않겠다는 생각인 것이다. 기성교회가 목회자들을 마치 피고용인처럼 대하는 태도가 만연한 것은 어제 오늘 이야기가 아니다. 회사원처럼 사는 목회자들이 교회로부터 존경을 받으며 사역하리라는 것은 사실 어려운 일이다. 물론 목회자가 존경을 받아야 할 대상이 아니고, 섬기고 낮아져야 하는 신분이라는 것은 옳은 주장이다. 그러나 일부 대형교회를 빼 놓고는 대부분 낮은 보수와 열악한 환경에 놓여 있는 목회자들에게 유일한 버팀목은 어쩌면 교인들로부터 받는 존경심과 사랑일 것이다.

고용된 목회자

'선교적 교회'는 목회자와 신자 모두 하나님의 선교를 위해 세상에 파송된 이들이라는 정체성을 가지라 요구하지만, 실상은 이러한 파송의 의미를 거의 상실한 듯 보인다. 파송되었다기보다는 오히려 '고용된' 목회자들이 많다. 교회는 좋은 능력이나 조건을 가진 목회자들의 이력서를 보고 기간제나 비정규직으로 고용하고 교인관리나 부서관리의 업무를 맡긴다. 회사나 기업과 하나 다를 것 없이 그들을 노동자로 대우하면서도 희생과 헌신을 요구한다.

한국교회의 목회자가 대부분 이런 식으로 고용되다 보니, 목회자가

지역공동체와 함께 하는 교회의 새로운 도전들
- 한국적 '선교적 교회'를 향하여 -

선교적 사명을 따르지 않고 돈과 생존에 민감해지게 된다. 언제 또 다른 곳으로 옮겨가야 할지 모르니 선교적 소명을 다하는 것이 아니라 더 나은 조건을 찾아 떠날 생각을 하며 눈치를 봐야 한다. 그래서 요즘 대학생들처럼 스펙도 쌓고 학력도 올리고 이런저런 세미나도 섭렵을 하며 다음 일자리를 준비한다. 보통 이력서 20-30곳을 써야 본인이 원하는 교회에서 사역을 계속할 수 있다.

신학교에서는 매년 셀 수도 없는 신학생들이 쏟아져 나와 전임사역지가 턱없이 부족한데, 대부분의 교단이 목회자의 이중직을 인정하지 않고 있다. 과거 소위 '공급과 수요'가 맞아 떨어질 때는 목회자가 교회로부터 고용되는 경우보다는 그야말로 파송되거나 청빙되는 경우가 더 많았다. 교세를 유지하기 위해 신학생들을 배출하고, 안수를 줘서 목회자의 직분을 맡겼다면 신학교와 교단은 이들의 삶에 대한 직, 간접적인 책임감을 가져야 한다.

개척을 하라고 권유하다 보면, 대부분이 주저하는 이유가 바로 구차하지만 '먹고 살 일'이 걱정되서 어렵다고 한다. 지금껏 '고용된 목회자'로 살다 보니 하나님의 선교를 실천할 야성을 모두 잃어버린 것이다. 고용된 목회자들은 하나님의 선교적 목적이 아니라 고용한 조직의 목적에 따라 목회를 한다. 월급을 주는 조직이 원하는 일을 해야 하기 때문이다. 모두 그런 것은 아니지만, 담임 목사라고 해서 이런 피고용자의 어려움을 겪지 않는 것은 아니다.

자비량 목회자

자비량 목회자는 스스로 경제활동을 하며 목사 외의 다른 직업을 더 갖는다. 딱히 불러 주는 곳이 없어 하는 수 없이 다른 일을 하는 경우도 있지만, 본래 '자비량 목회자'란 본인이 선택한 목회철학에 따라 일하는 목회의 길을 걷는 이들을 일컫는 것이다. 자비량 목회자는 단지 교회가 목회자의 사례를 감당할 수 없는 형편이라 다른 직업을 가지는 것이 아니라, 노동을 하며 목회를 하는 삶이 선교적 삶에 더욱 부합된다고 생각하기에 택한 것이다.

생계 때문에 다른 직업을 갖는 목회자들은 신문, 우유배달, 택시운전, 막노동 등 육체적으로 매우 힘든 일도 가리지 않고 하는 이들이 많다. 가족부양을 위해서는 어쩔 수 없다. 미리 준비를 하고 선교적 교회를 위해 스스로 자비량 목회의 길을 선택한 이들은 전문직이거나 바리스타와 같은 그나마 모양이 나는 직업일 경우도 있다. 어쨌든 기성교회에서 사례를 받으며 목회를 하는 이들보다는 육신이 고달프지만, 자신이 원하는 방식으로 사역을 한다.

'클라우드(Cloud) 처치'는 목사 가정들이 모여 개척한 교회다. 목사들은 모두 다른 직업을 가지고 있다. 특히 디자인 회사를 운영하는 오재호 목사는 여러 교회의 포스터나 달력, 현수막 등을 디자인하고 제작한다. 이들은 앞으로 이런 형태의 교회를 더 많이 개척할 계획을 가지고 있다. 또 몇 사람의 후원금을 모아 정말 절실하게 필요한 이들에게 흘려보내는 선교 프로그램도 운영한다. 스스로 생활비를 벌며 하는 일이라 후원금을 받기도 떳떳하다.

소규모 공동체 교회로 꽤 오랜 역사를 가지고 있는 의왕의 '청지기

교회'는 몇 해 전에 카페를 열어 목회자가 이곳을 공방을 겸해 운영한다. 최근 이 교회는 또 다른 설교목사를 청빙했는데, 신학교 동기인 이 목사와 정목사는 서로 역할을 나누어 사역을 한다. 정목사가 시내에서 노인요양소를 운영하기에 가능한 일이다. 모두 다른 직업을 가진 목사들이니 피차 할 수 있는 사역을 하며 협력할 수 있는 것이다.

보통 BAM(Business As Mission)이라 하여 일과 선교를 분리하지 않는 새로운 사역 방식에 대해 이미 오래 전부터 논의가 있었다. 최근 한국교회의 대안을 모색하면서, 제도화되어 있는 교회의 한계를 극복하고 성경의 '그' 교회를 다시 회복하기 위해 바울처럼 스스로 일하며 선교하는 것이 필요하다는 목소리가 높았다. BAM이 원래 해외선교사들을 위해 제안된 것이었지만, 이제 선교적 교회를 지향하는 국내의 많은 사역자들도 이 길을 가고 있는 것이다.

목회자의 '이중직'에 대한 평가는 '이중직' 자체만이 아니라 그것이 '선교적 교회'의 존재양식에 부합하느냐에 따라 목회자의 선교적 삶으로 평가되어야 한다. 목회자가 다른 직업을 가지면 안 된다는 생각은, 성직과 세속직을 엄격히 구분하는 경직된 태도이다. 개신교, 특히 장로교는 '직업소명설'을 지지하지만, 그것은 직업도 성직이라는 고백, 다시 말해 '만인사제설'이라는 신학적 토대 위에서 해석되어야 한다.

그러므로 목회자는 목사로만 살아야 하며, 다른 직업을 갖는 것은 옳지 않다는 주장은 신학적으로 얼마든지 반론이 가능하다. 과거와는 생활방식의 지형이 많이 달라졌고, 무엇보다 기초생계비조차 지원받지 못하는 목회자가 스스로 선택하여 선교적 삶을 살기 원한다면 오히려 더 격려하고 지지해 주어야 마땅할 것이다. 성직과 세속직은 직업으로 구분되는 것이 아니라 삶의 진정성으로 구분되어야 한다.

자비량 목회의 준비

올해로 27년을 양평 국수리에서 목회를 해 오신 선배 목사님이 계시다. 얼마 전에 다른 몇 목회자들과 함께 이야기를 나누는 중에, 그분이 목회자들이 앞으로 50대 중반이 되면 은퇴 후 다른 삶을 준비해야 한다는 이야기를 하셨다. 고령화 시대이기도 하고 준비도 없이 은퇴 한 후에 쓸쓸히 인생을 마감하는 목회자가 많은 까닭이기도 했지만, 목사의 직을 내려놓고 다른 삶을 살며 하나님을 만날 준비를 하라는 것이었다.

신학교에서 목회학 석사나 박사를 가르칠 때 이 이야기를 하면 대부분 당황스럽게 받아들인다. 그러나 이내 그러한 조언이 결코 엉뚱한 것만은 아니라는 반응을 내어 놓는다. 그리고 만약 그렇게만 할 수 있다면, 비록 늦은 시기에라도 자신이 원하는 목회를 한번 제대로 해 보고 싶다는 바람을 피력하는 이들이 꽤 있다. 그만큼 현실의 기성교회에서는 자신들이 생계를 유지하기 위해 타협해야 하는 일들이 많다는 것을 의미한다.

처음부터 선교적 교회를 지향하며 자비량 목회를 하려는 이들은 무엇을 준비해야 할까? '선교적 교회'는 비전을 쫓아 달려가야 할 목표라면, '자비량 목회'는 매우 현실적으로 준비해야 한다. 본인의 달란트나 자질을 충분히 점검해 보고, 자신의 선교적 삶을 가장 즐겁고 기쁘게 채울 수 있는 일을 선택하는 것이 중요하다. 그 일을 통해 보람도 느끼고 사역의 선교적 의미를 충분히 얻을 수 있어야 한다.

필자가 섬기던 교회의 성가대 지휘자를 어느 날 장신대 아래 <율리>라는 빵집에서 우연히 마주친 적이 있다. 그분은 그곳에서 제빵기술을 배우고 있었다. 독일유학을 다녀오신 분이신데, 그곳이 동문 후배가 운영하는 독일식 빵집이었기에 자신도 은퇴 후에 그런 빵집을 여시겠다며 준비를 하고 있었던 것이다. 그런데 그 빵집의 사장님은 그곳에는 신학생 두 명이 빵을 배우며 후에 개척을 할 준비를 하도록 돕고 있다는 사실을 알려 주셔서 놀란 적이 있다.

선교적 삶은 어떤 모습으로 일하던지 파송된 이의 마음으로 살아가는 것이다. '선교적 교회'의 꿈을 품고 다른 직업을 가진다면 선교적 삶을 위해 그만큼 더 좋은 조건은 없을 것이다. 교회 안에 갇혀 교인을 관리하고 행정적 업무를 처리하면서 느끼지 못했던 생생한 선교적 감각을 유지할 수 있게 될 것이다. 물론 결코 쉬운 일이 아니다. 몸을 움직여 노동을 해야 생존할 수 있다는 현실이 때로 고통스러울 것은 당연하다.

그래서 선교적 교회의 꿈을 꾸는 이들은 직업훈련이나 새로운 은사를 개발하기 위해 훈련을 받는 것이 필요하다. 교회성장을 보장한다는 세미나나 별 재주가 없는 학력높이기에 돈과 시간을 낭비할 것이 아니라, 생생한 삶의 현장에서 하나님의 선교를 감당하기 위해 꼭 필요한 일들을 찾아 훈련을 받고 또 그 세계의 사람들이 어떻게 살아가고 있는지 미리 탐색하는 것은 너무도 중요한 것이다.

교단, 교파의 영향력이 날로 약해지고 있는데 한국의 교단들은 여전히 기득권과 기존 질서를 유지하기 위해 새로운 교회의 존재양식을 인정하는 일에 주저한다. 목사로 부르심 받은 이들이 또 다른 직업의 세계로 파송되는 일은 그 자체로 선교적 의미를 띤다. 물론 그런 명분으로 다른 직업을 가지게 되었다가 아예 선교적 소명을 포기하고 세속주의적 욕망에 이끌려 돈벌이로 전락하는 경우도 없지는 않다.

그러니 자비량 목회를 준비하는 이들은 이러한 세상의 욕망으로부터 자신의 선교적 비전을 지켜낼 수 있는 영성을 갖춰야 한다. 하나님의 선교에 동참하기 위해 다른 직업을 가지고 살아가려고 한다면, 기성교회에서 사역하는 이들보다 훨씬 더 깊은 신학과 영성을 갖춰야 할지 모른다. 자비량 목회가 더 많은 유혹과 욕망에 노출될 수 있기 때문이다. 무엇보다 하나님의 선교에 동참하려는 열망이 자비량 목회의 삶을 이끌도록 해야 할 것이다.

제4장

선교적 교회개척의 동향과 실천

선교적 교회의 개척, 인간의 성공이 아니라 하나님의 성취를 향하여

　한국에 '선교적 교회' 운동이 소개된 지도 꽤 시간이 흘렀다. 초기에는 주로 개척교회들과 대안교회들 중심으로 이 운동이 알려지고 그 지형이 형성되었는데, 지금은 중대형 교회들도 '선교적 교회'의 흐름에 함께 하려는 시도가 나타나고 있다. 아마도 몇 해 전에 분당의 한 대형교회의 목회자가 '선교적 교회'로의 방향전환을 선언하고 공간과 교회 분립 등을 하겠다고 나서면서 갑자기 주류 교회들도 관심을 가지는 계기가 된 듯하다.

　이후에 그 교회의 선교적 여정이 어떻게 전개되고 발전되었는지 잘 알지 못하지만, 한국의 대형교회가 감당하기에는 '선교적 교회'의 의제가 너무 본질적인 것이어서 제대로 실천하기가 쉽지 않았을 것이다. 작년에 미국 뉴욕의 '리디머 처지(the Redeemer Church)'의 팀 켈러(Tim

Keller) 목사와 CTC(City To City) 팀이 들어와 '선교적 교회'를 표방하는 새로운 도시교회 개척에 대해 대형 세미나를 개최함으로써 더욱 강력한 흐름을 형성하게 되었다.

그러나 그 동안 한국에 소개된 외국의 새로운 흐름들, 예컨대 '이머징 교회', '구도자 교회', '열린 예배', NCD, '두 날개 세미나', '목적이 이끄는 40일' 등의 세미나와 그와 관련된 트랜드는 결국 교회성장과 문화적 적응에 방점을 찍음으로써 새로운 시대가 요청하는 교회론의 본질적 변화를 가져오지는 못했다. 그래서 그 교회론에 호응하는 교회의 새로운 존재양식에 따라 개척운동으로 이어지지는 못하고, 주류 교회들의 대규모 동원과 행사로 막을 내렸다.

북미 발 '선교적 교회'의 신학적 논의와 그 실천은 영국 발 '선교형 교회'와 더불어 화장법만 시대에 맞게 고쳐서 매력적으로 보이려고 나서는 것이 아니라 내면의 정신이 완전히 달라져 사람들이 '내가 알던 사람이 아니네, 무슨 일이 있었던 거야?'라고 반문하게 될 정도의 본질적인 도전을 요구하는 것이다. 따라서 이 도전이 제대로 실천되기 위해서는 결국 그에 맞는 교회들이 등장해야 하는 것이고, 교회개척 운동으로 이어져야 하는 것이다.

이런 점에서 영국 성공회의 '선교형 교회' 운동이 "변화하는 상황에서의 교회개척과 교회의 새로운 표현들(Church planting and fresh expressions in a changing context)"을 표방하고 있는 매우 적절한 것이며, 전통적인 성공회 교회론을 고려컨대 이러한 변화는 매우 혁명적인 것이었다. 한편 2019년 초여름에 이 운동의 주요 인사들이 방문하여 한국교회의 지도자들과 대화를 나누고 협력을 다짐하게 된 것은 의미 있는 일이었다.

지역공동체와 함께 하는 교회의 새로운 도전들
- 한국적 '선교적 교회'를 향하여 -

한국교회의 교회개척, 어떻게 이뤄지나?

한국교회는 70-80년대 급성장했다. 이때 교회를 개척하고 교회성장을 이끌었던 세대의 교회지도자들이 놀라운 성과를 거둘 수 있었던 것은 그들의 남달랐던 구령의 열정과 비전도 큰 몫을 했지만, 당시의 상황은 지금과 많이 다른 사회문화적 환경이어서 기독교에 대한 반감도 덜했고 경쟁도 그다지 치열하지 않았다. 교단, 교파 간 경쟁이 치열해지고, 무엇보다 직업적 목회자들의 수가 기하급수적으로 늘어나면서 개척교회의 생존율(?)을 현저히 낮아졌다.

지금처럼 목회자의 학력수준이 그리 높지도 않았고, 교회개척에 드는 비용도 크게 들지 않았지만, 무엇보다 속된 표현으로 "맨 땅에 헤딩한다!(열정개척)"는 식으로 개척에 나서는 이들이 많았다. 당시의 정치사회적 환경은 사람들의 사회적 교제와 소통이 원활하게 허용되지 못했던 탓에, 교회가 그나마 큰 경계심 없이 서로에게 마음을 열고 관계망을 형성할 수 있었던 공간이었다. 목회자들도 지역에서나 사회적으로 존경받는 성직자의 이미지가 있었다.

교회성장이 어느 정도 고점에 이르고, 정체 내지는 감소의 국면에 들어서면서 교회개척은 열정개척 방식이 아니라 철저히 기획되고 지원되는 방식으로 전환되었다. 필자가 생각하기에는 이때부터 한국교회의 교회론은 왜곡되기 시작했다. 교회는 '주님의 몸'이다. 그리스도는 모든 교회의 '머리'이시다. 모든 교회들은 주님의 몸의 지체들이며 또 그 공동체들이다. 그러므로 개신교회의 기본적인 교회론은 독립된 개교회이면서 동시에 공동체로 존재한다.

그러나 미국형 멀티사이트(multi-site) 형태나 연합(association) 형

형태가 대형교회들 중심으로 대중화되면서, 교회개척은 인적, 물적 자원이 충분한 교회가 자신들의 자원으로 특정 목회자를 지원하여 임의로 선정한 지역에 자신들의 지교회를 설립하는 과정처럼 이해되기 시작했다. 그래서 자신들을 지원한 대형교회의 이름을 그대로 따르며 교회를 개척하여 일정 기간 동안 지원을 받으며 자립을 할 경우 '성공'으로 평가하는 기류가 보편화되었다.

대부분의 한국의 주류교단에서는 총회나 노회에서 미자립교회를 재정적으로 지원하는 프로그램을 운영한다. 그러나 이런 지원을 통해 자립하는 경우는 극히 드물다. 교회개척에 대한 평가를 우리는 자립과 미자립으로 구분하게 되었다. 더 정직히 말한다면, 자립한다는 것은 곧 개척교회가 담임목회자의 생활비를 전적으로 부담할 수 있는 수준으로 성장하고 조직교회가 되었다는 것을 의미하게 되었다.

개척교회를 세우고 목회자를 파송하고자 하는 이른바 '모교회'는 대부분 현재 교회에서 사역하고 있는 부교역자 중 적절한 이를 선정하여 일정 기간 동안 일정 사례금과 개척자금을 지원한다. 큰 교회는 더 많이 지원하고, 크지 않은 교회는 더 적게 지원한다. 철저히 자본주의의 방식을 따르며, 개척되는 교회들의 생존율이 낮은 이유는 우리나라 자영업 성공률이 낮은 이유와 다르지 않다. 저마다 특별한 비전은 없이 생존, 자체가 목표이기 때문이다.

필자는 요리사 출신의 요식사업자이자 방송인인 백종원이 출연하는 프로그램을 즐겨본다. 막 시작한 골목상권의 작은 가게나 오래되었으나 영업이 잘 안 되는 골목가게들을 찾아다니며 일종의 컨설팅과 사업적 조언을 진지하게 제안한다. 방송을 신청한 자영업자 중 어떤 이는 잘 받아들여 변화를 보이고, 어떤 이는 그렇지 않다. 백선생이 가장 많이 비판하는 경우는, 비전도 없고 준비도 없이 덜컥 가게를 시작한 경우들이었다.

비전과 열정이 있어도 맛이 없으면 그만인 것처럼, 교회 역시 이런 저런 조언과 기술을 전수한다고 해도 교회로서의 본질적 맛을 잃으면 교회라고 할 수가 없는 것 아니겠는가? 한국교회의 개척교회들은 맛이 없는 가게처럼 그저 생존을 위해 존재하는 경우가 너무 많다. 무엇보다 지금과 같은 자본주의적 교회개척 방식이 아니라 복음의 맛을 내는 '선교적 교회개척'이 절실하다. 그것은 인간의 성공이 아니라 하나님의 성취를 지향한다.

선교적 교회개척의 원리

우선 영국 성공회의 교회개척 운동을 통해 우리에게 주는 도전을 살펴보자. 국교로 정해져 있지만, 교회에 출석하는 그리스도인은 많지 않고 성직자들에 의해 유지되고 계승되는 성공회가 위기를 느끼고 그들의 신학이 바뀌어야 한다고 생각하면서 내 놓은 전략은 바로 '교회개척'이었다. 새로운 시대에 다시 성육신적 신학을 복원하여 선교적 지향점을 제시했으며, 그 결과로 '교회의 새로운 표현들(Fresh Expressions of Church; FxC)' 운동을 펼치게 되었다.

2002년 시작된 이 운동의 신학적 토대는 『선교형 교회』(Mission Shaped Church, 2004)에 담겨 있다. 당시 이 운동의 수장이었던 그래함 크래이(Graham Cray) 주교는 이 보고서의 의미를 지역교회가 지역의 네트워크, 이웃단체, 지역사회 등과 협력해야 성육신적 선교를 제대로 실천하는 것임을 보여주는 것에 있다고 말했다. 이제 교회는 단지 교회와 '세상/문화'와의 경계를 넘어서는 것이 아니라, 아예 경계가 없는 새로운 존재양식을 가져야 한다.

'선교형 교회'의 개척은 앞서 한국교회의 기존 개척방식에 대한 비판에서 제기한 바, 모교회나 지원교회 등과 같은 패러다임을 과감히 떨쳐 버려야 한다고 주장한다. 성공회는 전통적으로 '교구 교회(parish church)'였으나, 이제 교회개척을 통해 '지역 교회(local church)'가 되어야 한다. 또 성례가 여전히 중시되지만, 성직자들이 아니라 신자들의 모임 자체가 교회가 되며, 신자들의 만남과 교제가 일어나는 형태와 상황에 따라 요청되는 선교적 공동체이다.

교회개척은 이제 특정한 시점에 완성되거나 자립하는 것이 목표가 아니라, 끊임없이 선교적 상황에 응답해 나가는 그 과정 자체이다. 그러므로 '선교형 교회'의 개척에 있어서 상황에 대한 분석과 그에 대한 선교적 응답으로서의 교회라는 인식이 절대 필요하다. '선교형 교회'의 신학을 세우고, FxC를 통해 교회를 새롭게 표현하려는 것 역시 선교적 상황의 변화에 대한 응답이다. 영국사회의 수평적 네트워크화에 대응하는 새로운 교회론인 셈이다.

이 새로운 교회개척 운동에 대한 신학적 평가는 긍, 부정 여론이 모두 있지만, 대체로 긍정적인 평가가 더 우세하다. 무엇보다 교회의 공동체성에 대한 신학적 확증이 분명하고, 그 중심에 신자들의 헌신과 참여가 보장된다는 점에서 그러하다. 특정 공간과 시간을 미리 정해 놓고 사람들을 불러 모으는 구시대적 선교는 이러한 신자들의 적극적인 참여를 가로 막는다. 선교는 프로젝트라기보다는 삶으로 사람들과 함께하는 것이며, 그 열매가 바로 교회이다.

지역공동체와 함께 하는 교회의 새로운 도전들
- 한국적 '선교적 교회'를 향하여 -

한편, 북미의 '선교적 교회(Missional Church)' 운동은 주로 중, 대형교회들을 중심으로 알려져 있지만, 이 정신으로 새롭게 개척되거나 혹은 재개척되는(re-planting) 경우도 많다. 초기부터 이 운동에 깊숙이 참여해온 애드 스테처(Ed Stetzer)와 다니엘 임(Daniel Im)은 Planing Missional Churches: your guide starting churches that multiply(2016)을 통해 선교적 교회개척의 필요성과 그 방법을 자세히 설명하고 있다.

북미의 교회의 교인수는 앞으로 지속적으로 감소할 것이 분명하지만, 바로 이때 기성교회가 접근할 수 없는 이들에게 다가가려면 바로 선교적 교회개척이 절실히 요청되는 것이다. 이들은 우선, 선교적 교회개척을 가로막고 기성교인들의 수평이동이나 기성교회의 성장주의를 지탱하고자 하는 잘못된 주장들에 대해 비판한다. 먼저 선교와 복음전파를 위해서는 대형규모의 교회가 훨씬 유리하다는 인식이다(Large Church Mentality). 그러나 우리는 성경의 가르침에 따라 교회개척이 훨씬 더 효과적인 선교적 전략임을 알아야 한다.

다음은, '교구 교회'적 발상이다. 즉 교단, 교파 중심의 행정적이며 지리적 방식으로 교회를 구분하려는 것인데, 우리가 살아가는 오늘의 시대는 지역과 지리로 구분되는 공동체가 아니라 문화적으로 새롭게 구성되는 공동체에 대한 새로운 상상력이 필요하다(Parish-Church Mind-Set). 셋째, 신학교육을 받고 교회개척 훈련을 받은 이들만이 교회를 새롭게 시작할 수 있다고 생각하는 것이다(Professional-Church Syndrome). 이로 인해 직업적 사역자들을 중심으로 교회를 개척하면서 그들의 생활비를 지원해야 하는 것이 큰 짐이 되었다. 이제 이중직 사역자, 자원봉사 사역자, 일반신자사역자 등이 교회개척을 할 수 있도록 제도적으로 보완되어야 한다. 실제로 선교적 교회개척은 영국이나 미국이나 공히 일반 신자들의 역할이 더 중요해지고 있다.

넷째, 현 상태를 유지하고자 하는 인식인데, 교회들이 해외선교 현지에서는 그들에게 맞는 방식으로 복음을 증언하기 원하면서도 자신들의 사회, 지역사회, 문화 속에서는 자신들의 익숙함을 유지하고자 하는 것은 잘못된 것이다(Self-Protection Syndrome). 다섯 번째, 새롭게 개척하는 것보다는 기존의 교회를 변화시키는 것이 더 필요하다는 주장이다(Rescue-the-Perishing Syndrome). 당장 죽어가는 교회를 구조해야 하지 않느냐는 주장인데, 그것은 대부분의 경우 새롭게 교회개척을 하는 경우보다 훨씬 고비용, 장시간을 요하는 일이라 두 방향 모두 필요한 것이라는 인식이 필요하다. 기성교회를 새롭게 활성화하고 변화시키는 일도 물론 중요하지만, 이와 함께 새롭게 '선교적 교회개척'에 나서는 일이 더 효과적으로 오늘날의 선교를 감당할 수 있을 것이라는 인식적 전환이 필요한 것이다.

여섯 번째, 이미 모든 선교가 이루어졌다는 생각이다(Already-Reached Myth). 사실 이제는 세계의 모든 이들이 기독교적 자료와 표현을 쉽게 접하고 있다. 그러나 문제는 그들이 접하는 대부분의 통로가 왜곡되어 있고 신학적으로 바르게 정립된 자료가 많지 않다는 점이다. 이런 점에서 선교적 교회개척은 아직 선교적 파송과 증언이 우리 시대에 절실하다는 인식을 바탕에서 이뤄져야 한다. 일곱 번째, 서구의 기독교는 아무런 희망 없이 꺼져가고 있다는 인식이다(Western Christianity in Hopeless Decline). 교인의 수는 줄어들고 있는데, 이는 명목적(nominal) 그리스도인들이 이제는 본인들을 비그리스도인(Non Christian)으로 천명하고 있다. 이것은 그들에게 적극적으로 대처하여 새로운 교회의 일원이 되도록 다가가야 한다는 점을 시사한다(이상은 Ch. 1. The Basics of Chu rch Planting 참고).

이는 "와서 보라(Come & See)"는 전통적 개척 전략에서 "가서 전하라(Go & Say)"으로 전환하는 것을 의미한다. 자립교회가 되거나 조직교회가 되는 것도, 목회자의 생활비를 지원하는 것도, 사람들을 많이 모이도록 하는 것도 부차적인 것이고, 선교적 교회개척은 오로지 '사명(mission)'을 감당하기 위한 선교적 공동체가 되는 것이 목표이다. 성공을 위한 지침들이 아니라 하나님의 뜻을 성취하기 위한 명료한 방향과 신학적 지향점이 필요하다.

스테처는 선교적 교회개척자들에게 필요한 것은, 성공가능성이나 전략적 계획이나, 치밀한 일정표가 아니라 오히려 시장에서 일할 수 있는 직장이라고 본다. 전임사역자를 위해 존재하는 교회가 아니라 선교와 사명을 위해 존재하는 교회를 시작하기 위해서는 개척사역자들이 직업을 가질 필요가 있다는 것이다. 선교적 교회개척자들이 가정으로, 비즈니스 현장으로, 지역사회 현장으로 간다면 전임사역자로 시작하는 것보다 훨씬 많은 선교적 기회를 얻을 것이다.

필자는 교단의 개척교회 훈련학교에서 강의를 하며, 소위 '이중직'과 관련된 연구와 제안서를 작성할 기회가 있었다. 이 결과물은 필자의 저서, 『지역공동체와 함께하는 교회의 새로운 도전들』(2018)의 "선교적 교회개척과 자비량 사역" 부분에 반영되어 있다. 종교개혁의 중대한 신학적 선언 중 하나인 '만인사제론'은 선교적 교회개척이 다양한 직업군에 속한 신실한 신자들에 의해 이뤄질 수 있다는 점을 이미 지지해 주었다.

목회자의 '이중직'에 대한 평가는 '이중직' 자체만이 아니라 그것이 '선교적 교회'의 존재양식에 부합하느냐에 따라 목회자의 선교적 삶으로 평가받아야 한다. 교회는 '성도의 교제'이며 주님의 몸이라고 가르치면서, 여전히 공간과 제도에 묶여 성육신의 새로운 표현에 인색하다면 교회의 미래는 암울하다. 선교적 교회개척은 신학자나 목회자에게만 맡겨진 사명이 아니라 모든 그리스도인에게 주어진 선교적 사명의 실천인 것이다.

선교적 교회개척의 실제

영국의 FxC 운동은 교회개척자들의 훈련 과정인 '개척자/파이오니아(pioneer)'를 통해 교회개척자들의 관계망을 형성하고 지원한다. FxC는 교회개척자들을 이렇게 정의한다; 개척자는 교회밖의 사람들과 함께 하시는 성령의 주도적 움직임을 먼저 발견하고 응답하는 이로 하나님께 부름받은 이들이다. 그들은 새로운 상황적 기독교 공동체를 형성하고자 노력하면서 그들 주위에 사람들을 모이게 한다(http://freshexpressions.org.uk/get-started/pioneer-ministry).

카페, 지역센터, 심지어 펍(pup)은 교회 밖의 새로운 공동체를 위해 언제나 활용할 수 있다. 중요한 것은 어떤 곳이냐가 아니라 어떤 사람들이냐이다. FxC는 교회의 한 프로그램이거나 행사가 아니다. 교회 자체의 목적이다. 교회개척자들은 대부분의 시간을 교회 밖에서 사용한다. 사람들과 만나고 소통하고 듣는 일이 곧 교회개척의 과정이다. 물론 교단 전체가 지원하는 방식이 우리와는 큰 차이가 있지만, 그 훈련과정은 충분히 참고할 만하다.

2019년 미국을 방문하여 집회와 세미나를 가졌던 필자는 LA의 한

지역공동체와 함께 하는 교회의 새로운 도전들
– 한국적 '선교적 교회'를 향하여 –

교회의 예배에 참석했다. 시내 중심부에 위치해 있는 New City Church 는 케빈 하(Kevin Haah) 목사가 2008년에 개척한 선교적 교회로서, 그들은 특히 '복합인종(multi-ethenic) 공동체'이자 동시에 '복합적 사회경제 (multi-socioeconomic) 공동체'를 지향하며 변화하는 LA 도심지개발 과정에서 발생한 가난한 이들, 사회적 약자들과 엘리트계층 모두를 수용했다.

그들의 가장 큰 핵심 가치는 "포용적이며 복음중심적 공동체 (inclusive Gospel-centered community)"를 형성하는 것이다. 변호사라는 직업을 포기하고, 신학교를 마친 케비 하는 한인교회에서 영어권 사역을 하다가 선교적 교회의 비전을 갖게 되었고, <나성영락교회>는 그를 기꺼이 지원하면서 선교적 교회개척을 도왔다. 홈리스, 성소수자들까지 공동체 안으로 포용하면서 많은 고민과 토론을 거쳤고, 지금은 모든 계층의 사람들이 자연스럽게 받아들인다.

"A Beautiful Community of Diversity"(M. Lau Branson & Nicholas Warnes, Starting Missional Churches, 2014)에 자세히 자신의 개척과정을 소개한 케빈 하는 개척을 준비하면서 자신이 지향하는 비전이 과연 실천가능한 것인지, 얼마나 실현될 수 있을지 고민했지만, "얼마나 성취할 수 있는가?"보다 "이것이 주님이 원하는 비전인가?"라는 질문이 더욱 중요하다고 깨닫고 두려움 없이 선교적 비전에 따라 교회개척에 나설 수 있었다고 한다.

굳이 영국형 모델과 미국형 모델을 비교하자면, 영국은 신앙공동체와 지역공동체의 네트워크에 대한 사회적 관계성을 중시한다. 미국은 교회의 구성원 자체의 다양성에 대한 민감성이 높다. 이런 관점에서 보면, 한국에서는 교회 밖에서 벌어지고 있는 '마을 만들기'와 같은 지역공동체 운동과 교회 안에서 전개되는 개혁운동이 만나는 지점에서 선교적 교회 운동의 상황적 필요가 발생한다.

그래서 한국의 선교적 교회개척은 대부분 지역사회와 관계망을 형성하거나 기성교회에 대한 비판의식에서 출발한 경우가 많다. '선교적 교회'라는 이름을 사용하지는 않지만, 기성교회와 대비되는 의미로 '작은 교회'를 표방하거나 지역의 일원으로 함께 한다는 의미에서 카페나 도서관을 교회개척의 양식으로 활용하는 경우도 많다. 한국형 선교적 교회개척은 이처럼 공공성을 중요하게 여기면서 대안적 공동체를 형성하려는 경향이 짙다.

한국적 선교적 교회개척의 방향

그런 의미에서 향후 한국의 선교적 교회개척은 '공공성'이 중요한 동기로 작동할 것으로 보인다. 한국교회에 대한 신뢰가 하락하고 사적인 모임에 머물고 있다는 비판이 제기되는 가운데, 많은 한국의 선교적 개척자들은 기성교회의 성장주의를 극복하고 지역사회와 시민사회와 공명하면서 '공동의 선'에 헌신하려는 동기를 가지게 되었다. 정치경제적 의제가 어느 사회보다 넘치는 한국에서 이러한 사회적 담론에 공명하지 못한다면 복음의 의미가 개인적 수준으로 축소될 수밖에 없고, 이러한 한계를 넘어서지 못하면 한국적 상황에서 '선교적 교회'의 함의를 제대로 해석해 내기 어려운 것이다.

분당의 성음교회는 20년 동안 사용하던 기존의 건물을 매각하고 선교적 교회로서의 사명을 공적으로 실천하기 위해 카페 거리로 유명한

지역공동체와 함께 하는 교회의 새로운 도전들
- 한국적 '선교적 교회'를 향하여 -

지역으로 옮겼다. 단순한 물리적 이동을 넘어, 그 과정 자체가 선교적 여정이었다. 필자가 아는 한 교회는 강남에서 개척한 교회였으나, 목회자가 선교적 교회의 공적인 복음증언이라는 비전을 품게 되면서 수적 부흥을 원하는 기성 교인들과 갈등을 겪게 되었다. 결국 새로운 비전을 따르는 이들이 다른 곳에서 재개척을 선언하고, 도서관을 통한 지역사회선교를 공적으로 실천하기 시작했다.

앞으로 한국적 선교적 교회개척은 공공성을 기반으로 사회적 개척의 형태가 더 강화될 것으로 보인다. 사회적 기업이나 NGO형태의 교제가 예배공동체와 병행되는 경우를 생각해 볼 수 있을 것이다. 알렉시아 살바티에라(Alexia Salvatierra)와 피터 헬첼(Peter Heltzel) 같은 이들은 신앙과 믿음에 뿌리를 둔 공동체 형성과 조직화의 선교적 가능성과 소망을 주장한다(faith-rooted organizing; mobilizing the Church in service to the world, 2014).

그 동안 모교회가 위성교회나 지교회를 개척하는 모델을 지양하고, 또 '자립 vs. z 미자립'이라는 구도를 극복하고, 규모와 재원에 상관없이 꼭 필요한 교회라면 네트워크를 통해 함께 공존하며 공적인 지원을 받을 수 있도록 하는 체계를 수립해야 한다. 한국적 선교적 교회개척은 교회개척 과정에서 나타나는 지원교회와 개척교회의 수직적 상하관계가 사역과 사명 중심의 수평적 공존관계로 성숙해져야 그 열매를 기대할 수 있을 것이다.

무엇보다 개척교회의 성공을 평가하는 기준이 분명히 달라져야 한다. 불특정 다수의 미자립 교회 전체를 대상으로 하는 지원방식에서 오늘의 한국적 상황에서 꼭 필요한 사역과 비전을 실천하고자 하는 교회들이 더욱 잘 할 수 있도록 지원하는 방식으로 변화되어야 한다. 규모가 큰 교회와 작은 교회의 '공급자 - 수혜자' 패러다임도 동역자 패러다임으로 변화되어야 한다. 하나님의 선교라는 관점에서 교회개척의 성공을 평가해야 한다.

필자가 이 원고를 작성하는 동안, 가까운 거리에 있는 동역자가 새로운 공간으로 교회를 이전하기 위해 공사가 한창인 현장을 방문했는데, 그 현장에는 '개척교회연합'이라는 사역단체 소속인 몇 분의 목회자가 함께 작업에 한 장이었다. 개척교회를 경험한 목회자들이 서로 돕고 연합하면서 노동의 대가도 적절한 수준에서 나눈다고 하니 또 다른 대안적 연합이다. 개척을 준비하는 과정에서 나눔, 연합, 공유 등의 가치를 경험하게 된다면 더욱 유익할 것이다.

아쉬운 것은, 영국이나 미국에는 선교적 교회개척을 돕고 훈련을 지원하는 단체나 공적 과정들이 제법 존재하지만 우리나라의 경우 그러한 과정이 전무하다는 것이다. 종종 외국의 방법론을 그대로 가져다가 적용하려고 하지만, 영국이나 미국과는 전혀 다른 선교적 상황이다 보니 세미나나 모임과 조직만 요란할 뿐 본질적 변화를 이루지는 못한다. 그들의 신학적 도전은 공유하면서도 한국적 상황을 고려한 독자적인 훈련이 필요하다.

필자는 선교적 교회개척을 한 사역자들, 준비하는 이들, 그리고 기성교회를 전환하고자 하는 이들과 함께 선교적 교회에 대한 신학적 이론을 공부하는 교제를 오랜 동안 해왔다. 매 기수별로 모임도 만들고 서로 네트워크를 형성하기도 하지만, 필자 자신이 목회의 경험이 없는 형편이라 사역자들에게 실제적이고 구체적인 도움을 주는 것에는 한계가 있다. 그래서 더욱 절실하게 느끼는 것은 이러한 일을 공적으로 수행할 책임적 주체가 필요하다는 것이다.

지역공동체와 함께 하는 교회의 새로운 도전들
- 한국적 '선교적 교회'를 향하여 -

만약 대형교회들이 선교적 교회로의 여정에 동참하기 원한다면 분립개척이나 파송개척 등을 할 수 있을 것이다. 하지만 선교적 교회의 비전을 공유하지 않고 준비와 훈련도 없이 물리적인 분립과 파송만을 행하며 겉모양만 흉내를 내려 한다면, '선교적 교회'라는 어쩌면 마지막으로 허락하신 새로운 가능성을 또 다시 유행처럼 만들어 소모하고 말게 될 것이다. 선교적 교회개척 운동을 위한 초교파적이고 독립적이고 공적인 연합과 헌신이 절실한 때이다.

제5장

기성교회의 선교적 변화

어느 해 여름 포항에 있는 아릴릭(ALIRIC, 아시아언어문화연구원) 이 '선교적 교회'와 관련된 세미나를 열어서 발제자로 참여했었다. 주 제는 '하나님의 선교(Missio Dei)'와 지역교회의 선교적 실천에 관한 것 이었다. 애초부터 학자들의 연구와 토론을 위해 마련된 자리였다. 그래 서 기획의 참신함과 내용의 충실함에도 불구하고, 참석한 회중들과 목 회자들이 다소 이해하기 어려웠기 때문에 토론이 깊이 있게 전개되지 는 못했다.

그해 가을 초에는 한국을 방문한 미국 풀러신학교의 마크 브랜손 (Mark. L. Branson) 교수와 '선교적 교회' 논의를 초기에 주도했던 알란 록스버러(Alan J. Roxburgh) 박사와 도시공동체연구소>의 <한국선교적 교회네트워크> 모임과 만남을 가졌다. 언어의 장벽도 있고, 시간도 부 족해서 마찬가지로 충분한 토론이나 대화를 갖지는 못했지만, 두 사람 모두 한국의 '선교적 교회'에 대한 지대한 관심을 보였고, 당시 목회자

지역공동체와 함께 하는 교회의 새로운 도전들
- 한국적 '선교적 교회'를 향하여 -

들에게는 좋은 도전이 되었다.

　필자가 이 두 모임에서 공통적으로 한 생각은, '선교적 교회'에 대한 논의들이 실제로 실천되는 장은 목회현장이라는 점을 감안하여 목회자나 회중이 이 논의를 충분히 이해하고 각자 다른 상황에서 적용하려면 꽤 많은 시간이 필요하겠다는 것이었다. '선교적 교회'를 지향하고자 하는 대부분의 목회자들이 성급하게 기성교회를 변화시키려 시도하다가 회중들과 갈등을 겪거나 충돌을 겪는 사례가 늘어나고 있다.

'선교적 교회'를 강요하지 말라!

　브랜손과 록스버러와의 만남은 그런 점에서 목회자들에게 도전을 주었다. 포항에서 이론과 현실의 괴리를 느끼던 차에 필자에게도 좋은 통찰력을 준 자리였다. '선교적 교회'를 연구하고 강의하는 이들의 논의가 실제로 목회 현장에서 실천될 수 있으려면 목회자들 스스로 많은 고민을 해야 한다. 세미나에 참석했거나 몇 권의 책을 읽은 후 즉각 실천하려고 하다가는 기존 방식에 익숙한 교인들과 갈등을 겪게 된다. 목회자들이 가장 힘들어 하는 것은, 아마 이미 존재하는 조직과 체계의 관습들일 것이다. 또 기성교회는 이미 다양한 세력들이 각자의 영역을 섬기는 방식이 존재한다. 목회자가 갑자기 다른 방향을 제시하면, 대부분 비판적인 반응을 듣게 된다. 이런 갈등에 빠지면, '선교적 교회'에 대한 공동의 비전을 형성하는 일이 무척 어렵게 된다.

　회중들이나 당회가 지금까지 해 온 방식에 전혀 문제가 없었다고 생각하면 더 어렵다. 그들은 기성교회의 틀에 너무 익숙해져 있어서 '선교적 교회'의 비전이 그리 실감나게 다가오지 않는다. 목회자 자신이 새로운 교회에 대한 열망으로 가득 차 있다 하더라도, 기성교회의 회중들은 그리 쉽게 변하지 않는다. 지금까지 하던 일들을 비판하고 새로운 방향을 제시할 때는 지혜가 필요하다. 필자는 개척한 교회의 목회자들과도 교제를 하지만, 기성교회들도 '선교적 교회'를 지향하는 변화가 필요하고, 또 변화가 가능하다고 생각하기 때문에 기성교회의 목회자들과도 적극적으로 만나려 한다. '선교적 교회'라는 비전이 던진 도전이 강렬할수록 목회자는 조급해지가 쉽고 기성교회의 회중들은 당황할 수 있다.

브랜손, 록스버러 두 전문가와 가진 짧은 시간에서도 이 문제가 화두가 되었다. 그런데 의외로 두 사람은 간단히 응답했다. "교회에서, 목회현장에서 '선교적 교회'라는 말을 쓰지 마세요. 저도 사용하지 않습니다. 그냥 그 방향으로 목회하세요. 먼저 듣는 일부터 하세요. 목사님의 주장이나 비전을 강요하지 마세요. 불필요한 갈등을 겪지 마세요." 새로운 교회를 하겠다는 비전은 귀한 것이지만, 자칫 '선교적 교회'를 지향하는 목회자들이 그 성과에 집착하게 되면 교인들을 설득하는 일에 에너지를 과도하게 낭비하게 된다. '선교적 교회'를 통해 더 바르고 옳은 목회를 해야 한다는 부담이 조급한 마음을 갖게 만들 수 있다. 그렇지만 회중들에게 자신의 결단과 통찰을 '선교적 교회'라는 특정한 담론에 담아 일방적으로 제시하지 않아야 한다. 두 교수는 특정 단어에 집착하지 말아야 할 것과, 목회자 개인의 비전을 강요할 것이 아니라 먼저 듣는 일부터 시작하라고 권했다. 록스버러는 듣기, 분별하기, 실험하기, 성찰하기, 다시 실천하며 변화를 일으키기 등의 순서를 제시한다.

물론 한국교회에서 목회자가 논리적으로 자신의 비전을 설득하는 것이 매우 어려운 것이 현실이다. 그래서 두 교수의 제안이 미국적 상황에서나 가능한 접근이라고 말할 수도 있겠다. '선교적 교회'가 프로그램이나 모델이 아니라는 점을 배워서 알고는 있지만, 한국의 목회현장은 시간을 가지고 설득할 여유가 주어지지 않는다. 가시적인 프로그램으로 변화를 일으켜야 한다는 압박이 목회자들을 짓눌러 힘들어 하는 일이 많다. 그래서 기성교회를 변화시키기 위해 할 수 있는 일을 해서 새로운 교회의 비전을 구체화하고 싶은 것이다. 그 열망 자체는 잘못된 것이 아니다. 하지만 기성교회가 지금껏 해 오던 방식을 갑자기 부정하고, '선교적 교회'라는 단어를 사용하면 저항이 있는 것은 당연한 것이다. '선교적 교회'를 위한 목회에 있어서 중요한 것은 '선교적 교회'라는 이름이라기보다는 교회의 본질과 선교적 삶에 대해 공동의 비전을 수립하는 것이다. 단박에 '선교적 교회'로 인정받으려는 유혹으로부터 벗어나야 한다.

각자 다른 모양으로

필자는 2015년 봄부터 자발적으로 모인 목회자들과 '선교적 교회'를 공부하는 팀을 한 학기에 한 기수씩 모집하여 이끌어왔다. 지금은 벌써 5기가 공부를 마쳤다. SNS에 공지하여 자발적으로 신청하는 분들과 함께 공부와 교제를 하며 '선교적 교회'를 향한 비전을 나누는 모임이다. 기성교회 목회자들도 있고 개척교회 목회자들도 있다. 초교파로 모인 이들은 서로 생각의 차이도 있고, 교회를 보는 시각도 다르지만, '선교적 교회'에 대한 비전을 나누다 보면 결국에는 삼위일체 하나님이 파송하신 교회의 선교적 사명을 깨닫게 되고, '하나님의 선교'를 향한 비전에 공감하게 된다.

그리고 '선교적 교회'를 특정한 프로그램으로 이해를 했거나 새로운 교회성장론으로 오해를 했던 분들도 공부를 하면서 점차 그 생각에 변화가 온다. 문제는 그 다음이다. 이제 각자 교회로 돌아가서 각자 목회현장에 적용을 해야 하는데, 대부분 어려움을 느낀다. 이론과 현실의 거리감은 상당히 크다. 어떤 분은 아예 현실 목회에서는 불가능하다고 예단한다. 회중들이 이런 교회를 원하지 않을 것이라고 생각하기 때문이다. 이미 기득권을 쥐고 있는 이들이 이런 새로운 목회방향에 동의하지 않을 것이라고 말하기도 한다. 물론 오늘 한국교회의 현실을 고려하면 그렇게 생각하는 목회자를 충분히 이해할 수 있다. 회중들은 그저 일주일에 한번 예배에 참석해서 위로와 용기를 얻고 다시 전쟁터와 같은 현실세계로 나가야 하는데, 어느 날 갑자기 목회자가 '선교적 교회'라는 말을 하며 결단과 변화를 요구하면 당황하고 부담될 것이다.

이런 반발은 비단 회중들로부터만 나타나는 것이 아니다. 목회자들끼리도 같은 일이 일어난다. 초기에는 새로운 교회를 추구하는 이들이 기성교회 목회자들을 비판하면서 충돌하는 일들이 꽤 있었다. 몇 몇 교단에서는 이미 '선교적 교회'에 대해 부정적 입장을 공식적으로 표명하기도 했다. 무엇이든 새로운 담론과 의제를 제시할 때 기존의 것을 부정하게 되는데, 목회 현장에서는 더 신중하게 서로 배려하며 존중하는 태도를 지니지 않으면 새로움은 사라지고 또 다른 경쟁과 다툼이 그 자리를 차지하게 된다.

'선교적 교회'가 위기에 놓인 한국교회를 변화시킬 수 있는 유일한 대안이라고 주장하거나, 또 이 방향에 동의한다고 해서 우월한 목회를 하는 것처럼 생각하는 것은 새로운 교회운동을 위해서 도움이 되지 않는다. 한국교회의 고통과 아픔은 이 시대 모든 목회자들이 함께 반성하고 회개해야 할 일이지 특정한 이들에게만 변화를 요구하는 것은 '선교적 교회'의 원리에 맞지 않는 일이다. 회중이든 목회자이든 '하나님의 선교'에 동참하는 동반자가 되어야 한다.

한 목회자는 '선교적 교회'를 실천하기 위해 세미나를 개최하고 이런저런 프로그램을 진행시켜 보았지만 별 성과를 얻지 못했던 모양이다. 그래서 그는 오히려 '선교적 교회'를 비판하는 입장으로 돌아 선 경우도 있다. 본인은 열심히 하려고 했지만, 회중들이 그런 자신을 잘 따라주지 않았노라고 불평했다. 필자도 몇 번 세미나를 통해 접해 본 교회라 그 상황을 어느 정도 이해한다. 또 사실 한국교회 대부분의 회중은 새로운 교회운동에 별로 관심이 없는 것이 사실이기에 이 운동을 실천하려는 목회자의 어려움을 충분히 이해한다.

주일예배에 빠지지 않고, 헌금도 잘 드리고, 교회봉사도 적절히 하고 있는데, 목회자가 갑자기 그것이 관습적인 종교생활에 불과하고 진정한 신앙생활을 위해서는 교회 밖으로 파송 받은 삶을 살아야 한다고 주장하기 시작하면 회중들은 그 동안 쌓아 온 일들이 별 의미 없는 것처럼 느껴져 당황할 것이다. 그래서 그런 목회자들에게 주는 처방전은 필자나 록스버러 교수나 같다. 뭔가 성과를 내야 한다는 생각을 버리고, 멈춰 서서 먼저 사람들의 이야기를 들으라는 것이다. 각자가 다른 상황에 처해 있고, 공동체의 특성도 다 다르며, 삶의 자리와 신앙의 색깔도 모두 다르다. 하나의 프로그램과 이벤트로 지금까지 해 온 것들을 단번에 변화시킬 수는 없다. 익숙해져 있는 것들을 지키고 버티려는 것이 당연한 인간의 습성이다. 변화는 희생을 요구하고 기득권을 포기해야 하기 때문에, 스스로 자발적으로 동의할 수 있을 때까지 끊임없이 대화를 나누며 공감대를 형성해야 한다.

필자와 함께 공부하는 목회자들은 교단과 신학이 다 다르다. '선교적 교회'를 이해하는 방식이 서로 다르고, 신학적인 반응도 다르다. 필자 역시 생각이 하나로 모아지지 않는 상황에 처하면 답답하고, 같은 생각을 품지 못하는 것을 보며 속이 상한 적이 많다. 하지만 사람들은 모두 다르게 생각하고, 파송된 곳에 따라 다른 표현을 '하나님의 선교'에 참여해야 한다. 이것을 인정하지 못하면, 일방적인 강요와 저항이 부딪히게 되면서 피차 피곤하게 된다. 기성교회를 '선교적 교회'로 변화시키는 일은 엄청난 노력과 시간이 필요하다. 의제나 개념을 논리적으로 소개하면 설득할 수 있으리라 여기는 것은 너무 순진한 생각이다. 우리는 '선교적 교회'를 '무엇인가를 하는 교회'로 오해하지 말아야 한다. 심지어 아주 전통적인 모습을 그대로 유지하면서도 얼마든지 '선교적 교회'를 실천할 수 있다. 또 개척교회라고 해서 모두 '선교적 교회'를 실천할 수 있는 것도 아니다.

기성교회의 목회자가 '선교적 교회'의 비전을 갖게 되면 그때부터 사실 힘겨운 여정이 시작된다. 그래서 필자는 기성교회 목회자들이 이 비전을 포기하지 않도록 돕고 격려하는 일에 많은 에너지를 쏟고 있다. 신학적으로 그 정당성을 확인시켜 주고, '하나님의 나라'를 증언하는 선교적 삶을 향한 여정을 포기하지 않도록 말이다. 새로운 교회를 향한 꿈을 꾸는 목회자들이 함께 꿈을 나누는 <한국선교적교회네트워크>를 세운 것도 바로 그 때문이다.

지역공동체와 함께 하는 교회의 새로운 도전들
- 한국적 '선교적 교회'를 향하여 -

제6장

'선교적 교회'의 새로운 리더십,
'공동목회(Team Ministry)'

21세기에 들어오기 전, 리더십에 대한 관심이 한참 고조되면서 연관 세미나와 토론이 활발하게 전개되던 때가 있었는데, 당시 가장 바람직한 유형으로 회자되던 것이 '섬김의 리더십(servant leadership)'이었다. 군림하는 지도자가 아니라 섬김의 자리에 서서 구성원들이 능력을 잘 발휘할 수 있도록 돕는 지도자를 의미했다. 이런 논의는 먼저 기업의 경영리더십에서 요구되었는데, 조직을 장악하는 지도자보다는 방향을 제시하는 지도자를 의미했다.

그러나 해외에서 먼저 논의되었던 이런 주장들은 늘 그랬듯이 '한국화'에 실패했다. 선진국처럼 수평적 관계를 형성할 수 있는 여건이 아직 성숙하지 못했던 까닭이다. 재벌구조가 공고한 한국에서는 총수나 오너의 결정이 절대적이기 때문에, 하부 구조에서 섬김의 리더십을 발휘하기란 쉽지 않았다. 마찬가지로 한국의 대형교회들에서도 이 '섬김

의 리더십'이 회자되었으나, 멋있는 슬로건은 될 수 있었을는지 모르지
만 실제로는 '섬기는 지도자'의 유형을 제대로 제시하지는 못했다.

21세기에 들어오면서 한국사회는 더욱 다원화되었고, 디지털 기술
발전에 따라 네트워크화가 가속화되었으며, 최근에는 '4차 산업혁명'
이 이끌 새로운 사회적 변화에 어떻게 대처해야 하는지를 두고 토론 중
이다. 기업들은 정치적 압력에 의해 억지로 변화하기 보다는 글로벌 시
대에 생존을 위해서라도 권한을 분산시켜 조직의 효율성을 높이고 전
문화, 수평화를 통해 창의적인 사고의 활성화를 모색하고 있다. 새로운
리더십이 다시 요구되는 시점이다.

한국교회의 새로운 리더십 실험, '팀 목회'

그 동안 규모와 건물을 중시했던 한국교회도 90년대 이후 성장의 한
계를 경험하면서 새로운 교회의 모습을 찾으려는 다양한 실험을 진행
중이다. 그중 최근 다시 주목받고 있는 목회모델 중에 '팀 목회' 혹은
'공동목회'가 있다. 한 명의 목회자가 모든 것을 결정하는 리더십이 아
니라, 복수의 목회자가 각자 은사에 따라 역할을 나누고 자신이 맡은 전
문사역에 대한 책임을 감당하는 방식이다.

최근 서울 마포구에 위치한 한 교회가 현재 담임목사의 후임으로 4
명의 목회자를 청빙하고, 이른바 '공동목회'를 하기로 결정했다는 보도
가 있었다. 필자 주위의 반응들은 반으로 갈렸다. 한국교회에 신선한 도
전을 줄 것이라고 평가하는 이들도 있었지만, 한국교회 구조에서는 불
가능한 모델이라고 부정적으로 평가하는 이들이 더 많았다. 개개인의

지역공동체와 함께 하는 교회의 새로운 도전들
- 한국적 '선교적 교회'를 향하여 -

역량도 큰 변수이겠으나, 모든 목회가 담임목사를 정점으로 이뤄지는 한국교회의 특성 상 쉽지 않을 것이라는 것이었다. 예컨대 꽤 오래 전에 한국을 대표하는 서울의 모 대형교회에서 담임목사가 다른 두 명의 목회자와 더불어 공동목회를 추진한 적이 있었다. 그러나 교회법상 공동 담임목사가 불가능하여 협동목사라는 이름으로 사역을 하게 되었고, 그나마도 결국 여러 가지 어려움으로 인해 제대로 실행되지 못하다가 나머지 두 명의 목회자는 다른 교회로 청빙을 받아 떠나고 말았다. 잘 알려진 사례가 아니더라도, 한 건물에 입주하게 된 두 교회가 합쳐 한 교회가 되었지만 결국 다툼이 일어나 결별하게 되었다는 이야기도 있다.

미국의 한인교회 중에도 젊은이가 주로 많은 교회와 기성세대가 많은 교회가 물리적으로 하나로 합쳤으나, 결국 두 목회자 간 다툼이 일어나 분쟁을 겪는 경우가 많다. 필자가 직접 목격한 사례는 남성 목회자와 여성 목회자가 함께 건물을 구입하여 공동목회를 시작했으나, 서로의 권한과 역할에 대한 이해차이로 인해 서로 상처를 주며 결별했다. 이런 경우 목회자 자신들에게만이 아니라, 그들을 따랐던 신자들도 서로 나뉘어 다툼을 벌이기 때문에 신앙의 큰 어려움을 겪게 된다.

여기서 말하는 '팀 목회' 혹은 '공동목회'는 대표목사가 따로 있고, 각 전문분야의 목회자에게 전권을 주는 목회 유형과는 다른 것이다. 또한 교회가 여러 교회로 분립되어 서로 연합체를 이루며 협력하는 유형과도 다른 것이다. 한 교회에 복수의 목회자가 공동으로 권한을 갖는 정치적 형태를 말한다. 아마도 이런 유형은 주류 교단에서는 허용될 수 없는 형태이겠으나 최근 여러 이유로 이런 실험적 시도가 나타나고 있다. 이런 점에서 미국의 몇 대형교회에서 성공적으로 수행되고 있는 '팀 목회', 즉 대표적인 담임목사는 따로 있고 각 분야의 전문 사역자들이 각자의 역량을 발휘하는 형태의 유형과도 다른 것이다. 편의 상, 그러한 경우는 '팀 사역' 혹은 '공동사역'으로 구분하고, 여기서는 서로 독립된 교회가 하나의 교회로 합쳐 함께 공동의 목회를 하는 경우나 아예 개척 단계에서부터 복수의 목회자가 공동의 담임목사직을 수행한 경우를 말한다.

실패의 원인들

앞으로 한국에서는 규모가 작거나 재정적인 어려움을 겪는 작은 교회들이 하나의 교회로 합쳐 공동의 목회를 시도하는 일이 많아질 것으로 예측된다. 지금도 문을 닫거나 건물을 매각하려는 교회가 속출하고 있는 상황이라서, 만약 바람직한 방향으로 복수의 교회가 서로 힘을 합쳐 공동목회를 할 수 있다면 그 또한 대안이 될 수도 있을 것이다. 하지만 그렇게 다른 교회가 하나의 교회가 된다는 일이 한국에서는 쉽지 않은 일이다.

한국적 상황에서 '팀 목회'가 가능할까? 근본적인 질문이다. 이 질문에 대부분의 사람들이 한국적 목회환경에서는 '팀 목회'가 성공할 가능성이 낮다고 말한다. 사실 한국의 목회자들에게 선망의 대상이 되는 교회들의 전형적인 모습은 '팀 목회'와는 거리가 멀다. 성공했다고 회자되는 교회들일수록 강력한 카리스마를 지닌 목회자가 전권을 가지고 교회의 중요한 부분을 결정하는 것을 보면서 목회를 배우게 되고, 목회의 성패는 목회자 개인의 능력에 달렸다고 인식하게 된다. '팀 목회'는

지역공동체와 함께 하는 교회의 새로운 도전들
- 한국적 '선교적 교회'를 향하여 -

단지 복수의 담임목회자가 있다는 물리적 조건만을 말하는 것이 아니다. 대부분의 주류 교단에서는 복수의 담임목사제도를 허용하지 않고 있다. 그래서 동사목사니 협동목사니 하는 변칙적인 이름으로 공동목회를 시도하는 경우도 없지 않다. 하지만 어떻게 부를 것이냐가 중요한 것이 아니고, 그것이 의미하는 신학적 의미, 즉 교회론적 차원에서 볼 때, '팀 목회'의 신학적 의의를 명확하게 해야 한다.

그래서 먼저 '팀 목회'를 하려면, 그 목적을 분명히 해야 한다. 굳이 공동으로 목회를 하려는 목적이 무엇인지 신자들에게 충분히 설명할 수 있어야 한다. 실패하는 경우 대부분은 공학적으로 결정하기 때문인 것처럼 보인다. 서로에게 바라는 부분이 있기 때문에 '팀 목회'를 시도한다는 것이다. 재정적인 도움을 기대하거나 규모를 확장하기 위해서 '팀 목회'를 결정하는 경우가 허다하다. '팀 목회'는 물리적인 결합이 아니다. 공동으로 책임을 지고, 사역의 동반자로 살아가기로 헌신하는 것이다. 권한을 기계적으로 나누고 영역을 구분하여 서로가 존중한다고 해서 공동의 목회가 되는 것이 아니다. '팀 목회'는 두 사역자의 목회가 '주님의 몸'으로서의 교회인 성도의 교제를 풍성하게 만들 때 정당한 것이며, 공동의 목회를 통해 교회의 선교적 비전이 더욱 강력하게 드러날 때 온전히 실천될 수 있다.

성경에서 가장 모범적으로 볼 수 있는 모델도 안디옥 교회의 바나바와 바울의 목회였고, 실패의 원인을 가장 정확하게 보여주는 모델도 역시 그들의 사례이다. 안디옥 교회의 초기 목회에서는 두 사람이 공동목회를 훌륭하게 전개했다. 사도행전 15장의 증언들에 따르면 두 사람은 서로에게 보완적 관계를 갖고 있었다. 그러나 이들은 마가를 두고 서로 견해가 달라 결국 결별하게 되었다(물론 하나님은 두 사람의 결별을 선한 결실로 인도하셨다).

실패의 원인은 본질적인 문제가 아닐 수 있다. 당시의 긴박한 상황에서 바나바와 바울은 공동목회를 위한 공동의 비전을 나누고 긴밀하게 준비할 시간이 없었던 것으로 보인다. 리더십의 차이는 자연스러운 것인데, 그 차이를 조정할 수 있는 힘은, 공동의 목회비전을 공유하는 것으로부터 나온다. 모두 하나님의 복음을 전파하기 위한 사역이지만 그것을 수행하는 목회비전은 일종의 전략과 같은 것인데, 이 부분이 공유되지 못하면 차이는 경쟁과 갈등의 원인이 되기 쉽다. 또 다른 원인으로는, 신자들의 잘못된 신앙관을 들 수 있다. 한국교회의 신자들은 교회를 목회자 중심의 조직으로 이해하는 경향이 강하다. 교회의 목회는 목회자들의 전적인 권한이라고 이해하고, 신자들은 그들의 교육과 지도에 따라 신앙생활을 해야 한다고 믿는다. 종교개혁이 일어난 지가 500년이 지난 지금, 한국개신교회의 신자들은 자신들이 사도적이며 선교적인 삶으로 부름 받았다고 생각하지 못하는 경우가 대부분이다.

'팀 목회'가 실패하는 원인은 신자들이 주님의 한 몸으로서 공동의 비전을 가지고 '팀 목회'를 바라보지 않기 때문이다. 바울도 이 점을 경고했다. 더 선호하는 목회자를 따라 당파를 짓고 경쟁하면, '하나님나라의 복음'을 전파해야 하는 교회공동체의 본질을 약화시킨다. '팀 목회'의 성패는 신자들을 사역자로 구비시키는 일의 성공여부에 달려있다. '팀 목회'는 신자들도 목회자들의 공동의 비전을 충분히 인식할 때 성공할 수 있다.

선교적 리더십으로서의 '팀 목회'

루터는 '만인사제론'을 주장했다. 모든 신자는 세례를 받음으로 사제의 지위(status)를 얻는다. 하나님 앞에서 우리 모두는 파송하신 현장에서 사도적인 삶, 즉 선교적인 삶을 살아야 할 사명이 있다. 루터 당시 이런 주장이 완전히 실행되지는 못했고, 종교개혁자들이 목회자의 권한을 실제로 신자들과 공유한 것으로 보이지는 않는다. 그럼에도 불구하고, 그들의 신학은 당시의 잘못된 가톨릭의 계급적 성직주의를 타파했다. 적어도 로마의 기독교 공인이 공식화되기 전에는 성직자를 계급화하거나 제도화하지 않았다. 중세에 이를 제도화하면서 초대교회를 통해 드러난 성령의 역동적인 선교사역이 약화되고, 교회는 안수를 받은 사제들과 그에 따른 직제의 통치로 전환되었다. 종교개혁을 통해 신학적으로는 극복되었지만, 국가교회라는 또 다른 제도화의 길을 걸으면서 성직자의 계급적 권한은 유지되었다.

'선교적 교회' 운동은 교회의 존재의 목적이 선교적이어야 한다고 주장한다. 즉 '선교적 교회'의 목회자 리더십은 선교적이어야 한다. 록스버러(Alan J. Roxburgh)는 종교개혁 이후 목회자는 교사의 지위를 더 얻게 되었고, 근대후기에 이르러 경영자, 상담자, 기술자 등의 전문가의 역할을 더하여 부여받았다고 보았다. 그러나 이제 이러한 다양한 역할을 한 목회자가 감당한다는 것은 거의 불가능한 시대가 되었다. 그는 『선교적 교회』(*Missional Church*)에 실은 자신의 주장을 "선교적 리더십: 하나님의 백성을 선교를 위해 준비시키다."에 담아, 오늘의 북미교회들에서 나타나는 전횡적 리더십을 강력히 비판한다. 또 그러한 리더십을 정당한 것으로 가르치는 현재의 신학교육에 대해서도 마찬가지로 비판한다. 신자들을 구비시켜 선교적으로 살아가도록 안내하는 역할이 아니라, 신자 위에 군림하고 관리하며 능력을 발휘하는 성직자로 훈련시킨다는 것이다.

이런 '선교적 교회'의 주장은 시대적 변화와도 맞물려있다. 더 이상 권위적이며 지배적인 리더십이 조직을 이끌어가지 못한다. 탈권위적이고 탈중심적인 네트워크 방식이 확산되면, 과거처럼 중앙집권적이고 위계적인 선교는 이제 별 효과를 보지 못한다. '선교적 교회'나 영국의 비슷한 운동인 '교회의 새로운 표현들(Fresh Expressions of Church)' 운동 모두 변화된 네트워크 환경 속에서 어떻게 복음을 증언할 것인지에 대한 고민으로부터 나왔다.

그렇다면, '팀 목회'의 양식 자체는 바로 '선교적 교회' 운동이 요구하는 '선교적 리더십'을 실천하기 위해 매우 적합한 것이다. 한 사람의 목회자가 우상시되거나 권한이 집중되는 물리적 조건을 우선 막을 수 있기 때문이다. 또 목회자만 성직을 감당하는 신분이고 신자는 성직자의 지도를 받아야 한다는 비성경적이며 시대착오적인 발상을 극복할 수 있는 좋은 대안이 될 수도 있을 것이다.

밴 겔더와 샤일리(Craig Van Gelder & Dwight J. Zcheile)는 『선교적 교회론의 동향과 발전』(The Missional Church in Perspective: Mapping Trends and Shaping the Conversation)에서 '선교적 교회'의 새로운 리더십을 '참여형 지도자(the participatory leader)'라고 본다. 이는 교회의 정체성은 하나님의 선교에 동참하는 것과 교회는 성령이 이끄신다는 전제에 기초한다. 그래서 한 개인의 능력이나 전문성 혹은 은사에 초점을 맞추는 것이 아니라, 참여적 실천을 통해 드러나는 관계적 영향의 과정에 집중하게 되는 것이다. 이 '참여형 리더십'은 개인에게 권위를 부여하지 않고, 공동체 전체에 성령의 임재를 통해 분별과 지혜를 공유하는 것이다. 통제나 명령으로 교회의 사역을 독점하는 것이 아니라, 공동체 전체가 선교적 삶에 참여하도록 소통하고 협력하며 구비시키는 것이다. 겔더와 샤일리는 이런 점에서 '단일 리더십' 모델보다는 팀 리더십 모델이 '참여형 리더십'에 더 적합하다고 본다. 즉, '기독교제국(Christendom)'의 모델이 아니라 네트워크 모델로 변화해야 한다는 것이다.

'팀 목회'는 '선교적 리더십'을 실천하기 위해서는 매우 좋은 형태이다. 신자들도 목회 구조 안으로 정당하게 참여하도록 이끌어 낼 수 있고, 한 개인의 은사나 전문성에만 의존하지 않도록 하여 다양한 이들의 지도력을 발휘하도록 이끌 수 있는 가능성이 있다. 또 소통과 협력을 필요로 하는 시대적 요청에도 적절히 응답할 수 있는 장점이 있다. 무엇보다 '팀 목회'는 교회 전체의 조직을 유기적인 관계로 전환하며, 선교적 공동체로 구비시키기 적절한 논의이다.

성공(?)적인 '팀 목회'를 위하여

대형교회에서 핵심적 역할을 담당했던 두 목회자가 강남의 도심지에서 공동목회를 시작하여 지금은 꽤 큰 규모의 교회가 되었다. 자체 건물을 소유하지 않고 학교 강당에서 예배를 드리며, 또 도시에 흩어져 있는 빈 공간이나 사무실을 활용하여 성경공부나 교제 모임을 진행하고 있는 독특한 교회의 한 목회자를 만났다. 개척 7년이 된 지금도 여전히 두 목회자가 '팀 목회'를 성공적으로 유지하고 있는 교회였다. 무엇이 그들의 '공동 목회'를 가능하게 했을까?

일단 두 사람의 신학적 지향점이 유사하고, 목회적 비전이 잘 공유되어 있는 것으로 보였다. 두 사람은 목회적 권한과 책임의 모든 것을 함께 공유한다. 그들은 권한을 은사에 따라 나누지 않았다. 상식적으로 '공동목회'를 하는 복수의 목회자는 은사에 따라 역할을 구분하고 서로 존중하는 형태를 띠기 쉬운데, 그것은 오히려 실패할 가능성이 크다고 보았다. 두 사람은 동일본문으로 1부와 2부를 나누어 번갈아가며 설교하고, 심방도 사역도 교육도 함께 한다는 것이다. 물론 사례비를 비롯하여 목회자에 대한 대우도 동일하게 유지하고 있다고 한다. 목회를 특정 역할에 따라 구분하고 나누는 것 자체가 '팀 목회'를 공학적이고 기능적으로만 이해하는 것이어서 잘못된 것이라고 보았다. 오랜 동안 함께 한 두 사람의 우정과 신뢰의 관계가 그들의 '팀 목회'를 유지하는 중요한 요소임에는 틀림없었다.

이와는 다른 유형으로 '팀 목회'의 또 다른 사례는, 세 사람의 목사가 함께 동업을 하여 카페를 운영하면서 목회도 공동으로 참여하는 성신여대 앞 소일교회이다. 남성 목회자 2명, 여성 목회자 1명이 공동으로 목회를 하며, 교회의 사역에 대부분 함께 참여한다. 무엇보다 세 목회자가 카페를 함께 운영하며 손님들을 접대하면서 일상적인 선교적 삶에 노출되어 있다. 일정한 소득을 얻어 자비량 선교적 삶에 참여하고 있다는 점도 특이하다. 이 교회의 선교는 매우 사회적이고 공적인 특성을 띤다. 한국사회의 고통과 아픔에 적극적으로 응답하고 신자들이 그러한 아픔을 치유하는 활동에 참여하도록 권한다. 목회자들은 주님의 몸으로서의 신비한 교제를 세상의 현실에 참여하는 방식으로 실현하고자 하고, 신자들 역시 그러한 '팀 목회'의 방향성에 전반적으로 동의하고 있다. 카페에서 모이는 작은 규모의 공동체이지만, '팀 목회'가 발휘할

지역공동체와 함께 하는 교회의 새로운 도전들
- 한국적 '선교적 교회'를 향하여 -

수 있는 참여적인 선교적 리더십을 제대로 보여주고 있다.

두 교회의 '팀 목회' 방식은 다소 다르다. 그것은 목회자들이 가진 비전과 목회철학에서 나온 것으로 보인다. 그 형태에 있어서도 전자는 말 그대로 '공동의 목회'를 실천하고 있으며, 후자는 서로가 잘 할 수 있는 사역에 집중하되 성도들의 자율적 참여를 유도하는 방식이다. 또 전자의 경우 목회자 스스로 말했듯이 어느 정도의 규모로 성장해야 지속 가능하지만, 후자는 목회자들이 성장보다는 교회의 공공성에 더 방점을 두고 소규모 자비량 목회에 참여한다.

두 교회 모두 동일한 특징은 '팀 목회'에 참여하는 목회자 모두 공동의 비전이 분명하고 끊임없이 그 공동의 비전을 확인하고 있다는 것이다. 또 권한과 역할을 기능적으로 나누지 않았고, 공동체의 선교적 비전을 위해 신자들을 구비시키기 위한 참여적 방식으로 이루어졌다는 것이다. 적어도 두 교회의 모든 목회자들은 계급적 성직자의 정체성을 가지고 있지 않았다. 모두 삼위일체 하나님의 인도하심에 개방되어 있는 유연한 리더십을 보여주었다.

'팀 목회'는 오늘 한국교회가 처한 위기국면에서 분명 새로운 대안이 될 수도 있다. 또 교회의 선교적 정체성을 복원하고, 이미 희미해진 종교개혁의 '만인사제직'을 실천할 수 있는 시도라고 볼 여지가 충분하다. 그러자면 목회자만이 성직자라는 계급적 발상을 내려놓고, 공동체를 향한 하나님의 선교적 비전을 명확하게 공동으로 고백해야 한다. 서로에 대한 신뢰와 우정은 바로 그러한 삼위일체 하나님의 교제에 근거할 때 가능한 것임을 알아야 한다.

제7장

선교적 공동체인 교회

20세기의 위대한 신학자 칼 바르트(Karl Barth)는 교회를 "하나님의 백성"이자 세상에 있는 "공동체"라고 정의한 바가 있다. 공동체로서의 교회에 대해 보다 명확하게 설명한 신학자는 본회퍼(Dietrich Bonhoeffer) 이다. 바르트도 "신학적 기적"이라 극찬한 본회퍼의 『성도의 교제』 (*Sanctorum Communio*)는 공동체로 존재하는 교회에 대하여, 그리고 주 님 현재적으로 함께 하시는 공동체에 대하여 중요한 통찰들을 제공한 다. 교회가 공동체라는 것은 상식적인 이야기처럼 들리지만, 공동체로 서의 교회에게 부여되는 선교적 책임은 그리 간단하지 않다.

한때 '커뮤니티 처치(community church)'를 표방하는 교회들이 유 행처럼 일어났던 적이 있다. 당시 이런 표현들이 한국교회 여기저기서 사용할 때, 필자는 다소 당황했다. 이런 표현은 미국의 대형교회들이 주 로 즐겨 사용했었기 때문이었다. 수천에서 수만에 이르는 교인들이 출 석하는 교회가 '커뮤니티'라는 용어를 자신들의 존재 양식으로 표현하

지역공동체와 함께 하는 교회의 새로운 도전들
- 한국적 '선교적 교회'를 향하여 -

는 것이 그리 어울려 보이지 않았던 것이다. 한국에서도 교회 이름 앞에
이런 표현을 붙이는 경우가 많았는데, 대부분 문화적 감수성을 강조하
거나 개방적 구조를 띤 교회들이 자신들의 정체성을 그렇게 표현했다.
목회자의 리더십이 권위적이지 않다는 것, 그래서 기성교회와는 다른
분위기를 가졌다는 점을 호소하려는 듯 했다. '셀 목회'나 '가정 교회'를
하는 지향하는 교회들도 이 표현을 즐겨 사용했었다.

그런데 사실 이 표현을 사용할 때 '커뮤니티'의 신학적 의미를 제대
로 정립하여 사용하고 있는지 의문이다. 즉 교회를 공동체로 고백할 때
동반되는 진지한 고민이 있었는지 의문이다. 고린도전서 12장에 언급
되고 있는 "한 몸의 여러 지체", 그리고 산상수훈에 언급되는 '대안적
공동체' 등의 모습에서 교회가 공동체라는 것이 무엇을 의미하는지 대
략적 알 수 있다. 교회는 그리스도 안에서 한 가족이요, 새롭게 언약을
맺은 '언약공동체'임과 동시에, 세상 한 가운데 파송된 '선교적 공동체'
이다. 우리는 그 의미를 제대로 알고 있을까?

공동체의 선교적 위치

교회가 공동체로 존재한다는 것은, 교회가 '집단'이거나 '무리'가
아니라, '선교적 공동체'라는 것을 말한다. '선교적 교회'는 부활하신
주님이 제자들에게 "... 아버지께서 나를 보내신 것 같이 나도 너희를 보
내노라(요 20:21)."고 말씀하신 파송의 명령이 우리에게도 적용된다고
고백할 때 그 소명이 분명히 드러난다. 아버지께서 아들을 보내시고, 아
버지와 아들이 성령을 보내시며, 또 성령의 권능이 교회의 선교적 수행

을 인도하신다. 아버지는 아들의 십자가에 참여하시어 함께 고통 당하셨고, 아들은 천지의 창조에 함께 하셨으며, 성령은 아들과 아버지의 사랑의 교제에 참여하셨다는 이 신비로운 사랑의 관계는 "파송하시고 파송 받으시는" 선교적 관계로 드러난다. 삼위일체 하나님께서 이미 선교적 공동체로 존재하신다.

교회가 부여 받은 선교적 임무의 실체는 무엇인가? 교회는 '하나님의 선교'의 전권을 위임받은 대리자인가, 아니면 단지 도구이며 참여자인가? 이 질문을 두고 꽤 오랜 기간 많은 신학적 토론이 있었다. 종교개혁자들과 개혁신학자들은 교회가 하나님의 선교를 대리하는 주체로 생각해 왔었는데, 19세기 제국주의적 선교도 그 틀에서 정당화 될 수 있었다. 이에 대해 『변혁하는 선교』(Transforming Mission)에서 데이비드 보쉬(David Bosch)는 선교에 있어 교회의 위치를 어떻게 봐야 하는지에 대해 논의하며 화해되기 어려운 두 가지 입장을 소개한다. 한 편에서는 교회가 구원의 메시지를 유일하게 소유한 독점적 권리가 있는 것으로 자신을 인식한다. 또 다른 편에서는, 교회를, 기껏 해야, 세상과 함께 하시는 하나님을 말과 행동으로 예시(illustration)하는 역할을 하는 정도로 인식한다. 전자의 경우, 교회는 지상에서 하나님의 통치가 부분적으로나마 실현된 곳이며, 선교는 회심자들을 영원한 죽음에서 생명으로 옮기는 활동으로 인식된다. 후자의 경우에 교회는 세상에 대한 관심을 가지신 하나님께서 활동하시는 방식을 보여주는 표시가 되고, 선교는 사회의 인간화(humanization)의 한 과정에 기여하는 것으로 간주된다. 여기서는 교회가 사람들의 의식을 깨우는 역할을 한다. 두 번째 관점의 한계에 대해서 보쉬 뿐만 아니라 뉴비긴이나 선교적 교회를 주장하는 현대 신학자들이 많이 지적했다. 한 마디로, '하나님의 선교'를 인간의 역사와 과업으로 환원하는 위험에 빠질 수 있다는 것이다. 교회와 세상과의 공동체적 관점이 강조되고는 있지만, 그것이 인간의 역사적 과정과 동일시되는 오류에 빠질 수가 있다는 지적이다. 아무튼 교회를 공동체로 인식한다는 것은, 교회에게 부여된 선교적 소명의 실천방식과 깊은 관련이 있다.

교회가 공동체인 것은, 그 공동체의 본성이 선교적인 까닭이다. 교회는 이미 '하나님의 나라'를 경험하며 살아가는 이들로서 그 은혜와 열매를 증언해야 하는 책임이 있다. 그것은 자신들이 공동체 안에서 경험하고 나눈 '하나님의 나라'에 대한 증언이다. 몰트만(J. Moltmann)에 표현을 따르자면, 교회는 "성령의 권능 안에 있는 공동체"로서, 또 에베소서의 말씀대로 "성령이 거하시는 장소(2:22)"로서 현재와 미래에 이미, 그리고 아직 완성되지 않은 종말론적 소망을 선취하여 경험하는 공동체이다. 공동체에 임재한 성령께서 그들로 하여금 선교적 삶을 살게 하시며 '하나님의 나라'를 증언하게 하신다. 그러므로 공동체로서의 교회는 '선교적 공동체(missional community)'일 수밖에 없다. 교회는 세상에 거하는 '하나님 백성의 공동체'이면서, 동시에 '세상을 위한 공동체'이기도 하다. 그러므로 교회가 선교의 유일한 대리자라는 교만을 내려놓고, 겸손하게 하나님이 주도하시는 선교에 참여해야 하는 것이다.

교회가 자신을 절대화하고, 선교적 책임을 인식하지 못한다면, 그래서 세상 가운데 존재해야 하는 선교적 이유를 제대로 각성하지 못한다면 그 교회는 성경적 공동체는 아니다. 교회는 하나님께서 자신의 선교를 위해 부르시고 보내시는 공동체이다. 처음에 언급했던 '커뮤니티 처치'들이 필자에게는 그런 관점으로 볼 때 한계를 가진 것으로 보였다. 자신들의 모임에 집중하는 교회는 '모임'을 갖는 것이지 '선교적 공동체'라 말하기 어렵다. '선교적 교회'는 공동체로서 성도의 풍성한 교제를 통해 그리스도의 현존과 '하나님의 나라'를 맛 볼 수 있는 공동체이다. 또 그것으로 멈추지 않고, 역사와 문화와 현실 속에서 '하나님의 나라'를 증언하며 그 실현을 위해 헌신한다. 그 선교적 삶에 있어서도 그들은 공동체이며, 한 몸의 지체들인 것이다. 이 공동체적 구조는 반드시 선교적 지향점을 가져야만 표현될 수 있다. 교회의 공동체적 특성은 선교적일 때만 나타난다.

공동체적 삶과 교제

『한국교회 본회퍼에게 듣다』에서 고재길은 "공동체로 존재하는 그리스도"를 교회공동체로 보는 본회퍼의 교회론에 대해 설명하면서, 그리스도의 공동체적 현존을 집단적 인격의 개념으로 해석한다. 이는 개인이 개별적으로 존재하는 것이 아니라, 공동체의 사회적 관계를 체득하여, 서로의 인격적 사랑을 나눌 때 가능한 존재양식이다. 그것이 곧 그리스도를 드러내는 것이다. 이 공동체는 '교회'를 고립된 독립적 형태로 존재하지 않는다.

'하나님의 선교'에 동참하는 교회는 언제나 지역교회(local Church)이다. 지역교회 하나하나가 모두 주님의 몸이며, 지역공동체로 존재하도록 지역으로 파송 받았다. '선교적 교회'의 지지자들은 보편적 교회가 지역에서 실체적으로 가시화되어야 한다고 생각한다. 1960년대 이후부터 상황과 문화의 차별적 특성에 맞춰서 다양한 선교를 수행해야 한다는 각성이 있었는데, 이때부터 선교의 우선적인 실행자는 지역적

지역공동체와 함께 하는 교회의 새로운 도전들
- 한국적 '선교적 교회'를 향하여 -

교회라는 것을 자각한 것이었다. 이런 점에서 모든 교회는 지역교회로서 지역공동체의 삶에 참여하여 '하나님의 나라'의 복음을 전하고 증언하는 것이 당연하다. 모든 교회는 보냄 받은 지역에서 서로 동반자로 협력하고 연대해야 한다. '하나님의 선교'에 헌신하는 지역교회들은 교회의 연합과 일치에 흔쾌히 참여하고, 또 그러한 네트워크를 '하나님의 선교'에 참여해야 한다. 지역교회는 지역사회와 분리되거나 고립되면 안 된다. 지역사회는 하나님께서 일하시는 장이기 때문이다. 필자가 몇 해 전 이사한 곳은 남양주의 한 신도시이다. 이곳에서 아주 특이한 교회를 발견하고, 지역의 몇 목회자들과 함께 교제를 나누게 되었다. 가정교회로 출발한 이 공동체는 소규모 셀 목회를 추구하며 서울에서 시작했다가 남양주 지역으로 이주하여 공동으로 거주(일부는 같은 건물, 일부는 주변 지역)한다. 공동 식사와 공동 육아를 통해 공동체적 삶을 유지하고 있다. 필자는 그 교회의 목회자와 대화를 하면서, 교회를 자신들만의 공동체처럼 폐쇄적으로 운영하거나 지역사회와 고립된 것은 아닌지 의심했다. 침례교단에 속한 이 교회는 재세례파 전통을 따르지만, 현대적 재해석을 통해 지역사회와 일상생활에서의 삶을 선교적으로 살아가려고 부단히 노력하고 있었다. 더불어 거주하는 것이 가능했던 것은, 이 현대 자본주의 사회에서 누리기 원하는 개인의 욕망의 수준을 한참 낮출 수 있었던 신앙적 결단 덕분이었다.

그래서 교회공동체를 '대안적(alternative) 공동체'라거나 '저항 – 문화적(counter-cultural) 공동체'라고 말하기도 한다. 이는 가끔 '반 – 문화적(anti-cultural) 공동체'로 변질되거나 혹은 오해되기도 한다. 그 경계는 무엇일까? 공동체 구성원의 삶과 교제가 '선교적(missional)'인지 아니면 자신들 내부의 공동체만을 위한 것인지에 달려 있다. 교회공동체의 삶은 세상과 대안적일 수는 있지만, 적대적이어서는 선교적으로 이어갈 수가 없다. 공동체 내부의 삶과 사랑의 교제가 깊으면 깊을수록, 그것이 공동체 외부의 지역사회를 향한 변혁적 헌신과 섬김으로 표현될 수밖에 없다. 성도의 나눔과 봉사는 타자를 향한 사랑과 나눔으로 확장되어야, 그들 공동체 안에서 누리는 사랑의 교제가 '하나님의 나라'를 맛보는 경험이 될 수 있다. 교회 안의 예배와 교육과 봉사는 보냄 받은 지역과 문화에 성육신하여 표현되어야 한다.

한국교회 전통에는 미국에서 유입된 '커뮤니티 처치'와는 다른 형태로 공동체교회가 이미 이었고, 내부적으로는 더불어 살고 외부적으로는 선교적 삶으로 이어지도록 하려는 노력들이 지금도 여러 곳에서 실천되고 있다. 수유리 산자락에 모여 있는 '아름다운 공동체'와 같이 거주 공동체가 있는가 하면, 도심지에서 공동주거 형태로 모이는 교회들도 많아졌다. '마을 만들기' 사업차원에서 '마을목회'를 지향하는 교회들도 이런 형태를 띠게 된다. '선교적 교회'는 교회의 공동체적 본성을 선교적으로 이해하고 실천하고자 한다. 이는 삼위일체 하나님의 공동체적 사귐으로부터, 또 그 선교적 본성으로부터 나오는 교회의 특성이다.

한국교회는 교회의 공동체적 표현에 더 많은 관심을 가져야 한다. 공동체가 아니라 조직이거나 제도처럼 존재하는 모임은 그것을 유지하기 위해 과도한 에너지를 낭비할 수밖에 없다. 결국 재정도 커져야 하고, 그러자면 방법을 가리지 않는 마케팅으로 사람들을 끌어 모아야 하고, 교회건물을 중심으로 폐쇄적 집단형태를 유지하게 된다. 그러나 '선교적 공동체'로서의 교회는 사랑의 나눔과 교제를 통해 맛 본 '하나님의 나라'를 증언하는 일에 공동체의 역량을 집중하게 된다. 특히 파송

지역공동체와 함께 하는 교회의 새로운 도전들
– 한국적 '선교적 교회'를 향하여 –

된 문화와 지역사회에서 공동체적 삶의 기쁨을 다양하게 표현하여 지역주민들에게 복음을 증언하는 공동체가 되어야 한다.

제8장

한국적 '선교적 교회'의 가능성

1990년대 '선교적 교회(Missional Church)'에 대한 논의를 북미에서 처음 시작했던 GOCN(Gospel and Our Culture Network)은 아직 네트워크로 존재하고 있지만, 지금은 더 많은 네트워크와 단체가 21세기의 새로운 교회운동을 위해 생겨났다. GOCN은 주로 학자들이 중심이 된 네트워크였는데, '선교적 교회'를 다루는 학문적인 논의는 주로 개혁교회의 핵심적 고백인 '삼위일체 신학'에 집중하며 특히 몰트만(Jürgen Moltmann) 이후부터 이 분야의 논의를 지대하는 '사회적 삼위일체론' 혹은 '관계적 삼위일체론'에 토대를 두고 발전하고 있다. 물론 초기에 그들은 레슬리 뉴비긴(Lesslie Newbigin)으로부터 수용한 복음의 공공성과 함께 '하나님의 선교'의 관점을 자신들의 논의에 있어서 핵심적인 개념으로 다루었다.

그런가 하면, '선교적 교회'의 논의를 보다 더 실천적으로 다루려는 목회자들의 활동도 활발하다. 목회자들의 '선교적 교회' 실천은 크게 두 가지 방향으로 나타나고 있다. 먼저 북미에서는 뉴욕 <리디머 처치 (Redeemer Church)>의 팀 켈러(Timlthy Keller) 목사(그는 약속대로 2017 년 6월 조기은퇴를 선언했다)와 같은 대형교회 사역자들이 주목받고 있 다. '선교적 교회'가 교회의 본질회복을 주장하는 것이 분명하지만, 북 미에서는 그 운동이 교회의 부흥과 성장에도 영향을 끼치고 있는 듯 보 인다. 얼마 전 뉴스거리가 되었던 시애틀 <마스힐 처치(Marshill Church)>와 마크 드레스코(Mark Dresko) 목사의 성공과 실패, 그리고 교회의 해체와 여러 교회로의 분립개척에 이르는 일련의 과정은 미국 의 새로운 도전이 갖는 한계를 보여주는 사례였다.

한편 출석교인이 적은 '선교적 교회'들이 더 가치 있는 것으로 보는 관점도 있다. 과거 소위 '이머징 처치(emerging Church)'라는 이름으로 알려졌던 교회들 중 일부가 '선교적 교회' 운동에 동참하면서 새로운 동력을 찾고 있는 것처럼 보인다. 2016년 겨울에 미국 파사데나 (Pasadena)에 위치한 '존스 커피(Jones Coffee)' 하우스에서 '선교적 교 회'를 지향하는 한 젊은 사역자 코리 마르케즈(Cory Marquez)를 만난 적 이 있다. 2003년 <뉴 아베이 처치(New Abbey Church)>를 개척한 그는 교회성장에 대한 관심보다는 작은 공동체라도 본질적인 교회를 회복하 기 원했다. 신학생들과 함께 2016년 여름에 만났던 LA <뉴 시티 처치 (New City Church)>의 한인 2세 사역자 케빈 하(Kevin Ha) 목사도 비슷 한 지향성을 가지고 교회의 본질을 회복하는 '하나님의 나라'를 증언하 는 것이 자신들이 지향하는 목적이라고 밝혔다. 이들은 다인종, 다문화 를 넘어서 다계급 목회, 즉 빈자와 부자의 실질적인 공동체를 지향한다 는 점에서 방문한 우리들에게 큰 도전을 주었다. 이 외에 강사와 저자로 널리 알려진 호주의 마이클 프로스트(Michael Frost)나 알란 허쉬(Alan

Hirsh) 등도 작은 교회를 섬기며 교회의 본질을 회복하고자 하는 것이 '선교적 교회'라는 점을 강조하는 이들이다.

'선교적 교회' 운동의 2가지 특징

이런 '선교적 교회' 흐름은 두 가지 특징을 지닌 운동으로 실천되고 있다. 먼저 '선교적 교회'의 운동이 교단이나 교파가 아니라 네트워크를 중심으로 확산되고 있다는 점이다. 유럽의 이민자들을 중심으로 미국에서 시작된 교단주의 선교는 여러 가지로 한계를 드러냈다. 선교단체와 함께 유럽에서 건너 온 북미 대륙의 신앙공동체들이 관용의 원칙을 바탕으로 '국가교회' 시스템을 거부하고 종교의 자유를 선언한 수정헌법의 채택했다. 국가가 대신하여 교단을 중심으로 전개된 선교에 열성적으로 헌신하였지만, 과도한 경쟁과 성장주의 선교정책은 본래의 순수한 선교적 동기를 약화시켰다. 선교의 본질을 '하나님의 나라'의 복음을 증언하는 공동체를 세우는 것에 두기보다는, 사람들을 끌어 모아 세속과 구분된 교회를 세우는 것으로 인식하게 되었다. 그러니 교세 확장 혹은 교단확장의 방편이 되고 성장주의, 승리주의가 선교를 지배하게 되었던 것이다. 지금 '선교적 교회' 운동은 교단이 아니라 비전과 공동의 이해를 중심으로 하는 네트워크를 통해 확산되고 있다. 예컨대, 해외의 사례를 보면, 선교적 지도자 양성을 지향하는 *Verge Network*, 선교적 교회를 개척하려는 이들을 돕는 *Exponetial*, 또 알란 허쉬가 이끄는 *Forge Missional Network* 나 알란 록스버러가 이끄는 *Missional Network* 등이 초교파를 넘어 탈교파적 성격을 띠고 있는데, 주류교단의

지역공동체와 함께 하는 교회의 새로운 도전들
- 한국적 '선교적 교회'를 향하여 -

하락세에 비해 네트워크의 상승세는 당분간 계속될 것이다.

또 한 가지 특징은, '선교적 교회'를 위한 교회개척 운동이 활발하다는 것이다. 앞서 언급한 네트워크 대부분이 교회개척을 지원하고, '선교적 교회'를 지향하는 목회자들의 연결망을 형성하고 있다. 기성교회를 변화시키는 것이 불가능한 것은 아니지만, '선교적 교회'의 개척운동은 기존 교회의 변화가능성을 낮게 보고 새로운 교회를 개척하는 것이 더 효과적이라 여긴다. 그래서 이 네트워크들은 서로 자료와 자원을 공유하고, 자신들이 공동으로 고백한 비전을 가지고 개척한 교회가 지속될 수 있도록 지원한다. 물론 컨설팅이나 실용적인 접근이 많은 미국적 상업성이 개입되어 있기는 하지만, 기존 교회에서 절망을 느끼고 새로운 교회를 개척하려는 이들에게는 큰 도움이 되고 있는 것이 사실이다.

선교적 교회개척에 있어서 영국 성공회의 교회개척 운동인 '교회의 새로운 표현들(Fresh Expressions of Church)'을 언급하지 않을 수 없다. 지역교구(perish)를 지역교회(local Church)로 전환하여 '선교형 교회(Mission Shaped Church)'를 개척하자는 이 운동은 의미 있는 결실을 맺고 있다. 성공회의 교회개척 운동의 특징은, 북미와는 달리 교단을 중심으로 전개된 탓에 신학적 의제와 교회개척의 실용성이 균형 있게 조화를 이루고 있다는 것이다. 이는 국가교회의 단일한 교단이 공식적으로 지원하는 공공성이 돋보이는 사례라고 할 수 있다. 북미의 경우 이론과 실천이 두 트랙(track), 즉 아카데미와 목회현장에서 구분되어 발전하는 경향을 나타내는 것과는 달리, 영국 성공회는 2004년까지 거의 10여 년 동안 현장실험과 조사연구를 실행하였으며, 그 결과 성육신 신학에 입각한 새로운 선교적 교회개척 프로그램을 시작하기로 결정하였다. 국가교회이며 제도화된 교단이 전개하는 공적인 프로그램인 셈인데, 이 새로운 실험이 어떻게 전개될지 기대가 된다.

한국의 '선교적 교회'의 전개와 개척운동

한국의 '선교적 교회'는 그 기원을 파악하는 것이 매우 복잡하다. 서구의 '선교적 교회'에 대한 논의는 GOCN이 『선교적 교회』(Missional Church, 1998)를 출판하면서 본격적으로 전개되었다고 대체로 인정되지만, 한국의 '선교적 교회'의 논의가 시작된 분명한 계기는 공식적으로 확인하기가 쉽지 않다. '선교적 교회'에 대한 학문적 논의는 2015년 <한국선교신학회>에서 편집한 『선교적 교회론과 한국교회』가 대표적이다. 한국의 선교학자들 대부분이 참여했는데, 학문적 논의가 담겨 있고 목회적 차원의 실천적 적용은 다루지 않았다.

이런 의미에서 <도시공동체연구소>와 <한국선교적교회네트워크(*Missional Churh Network in Korean*)>가 펴낸 『선교적 교회의 오늘과 내일』(2016)은 신학적 이론과 목회적 적용을 담은 한국교회 최초의 결과물이라고 말할 수 있다. 이 책에서 이병옥 박사가 국내 선교학자들의 논의를, 필자는 영국 성공회의 개척운동과 한국적 적용에 대해, 그리고 이대헌 박사는 북미의 선교적 교회개척 현황과 한국적 적용에 대해 다루었다. 그리고 오동섭, 송창근, 이남정, 이영우, 이도영 등의 목회자들이 저마다 섬기는 목회현장을 '선교적 교회'의 관점에서 분석하고 진술했다. 한국의 '선교적 교회'를 논함에 있어 아쉬운 점은 6년 동안 부산에서 <일상생활사역연구소>가 의미 있게 개최하였던 <미셔널 컨퍼런

지역공동체와 함께 하는 교회의 새로운 도전들
- 한국적 '선교적 교회'를 향하여 -

스>가 2015년으로 막을 내린 것이다. 서울이 아닌 곳에서 한국적인 '선교적 교회' 운동이 논의되었다는 자체가 한국의 '선교적 교회' 역사의 소중한 자산이라고 평가할 만하다.

『선교적 교회의 오늘과 내일』에서 한국교회의 선교적 개척을 위해 필자는 몇 가지 방향성을 제시했었다. 우선, 한국교회의 선교적 교회개척은 이제 '재정 지원'에서 '사역 지원'으로 변해야 한다. 보통 한국의 개척지원은 물적 자원과 인적 자원의 규모를 가장 중요한 것으로 여기고 그것을 동원하는 일에 에너지를 집중한다. 사역자가 어떤 비전을 갖추고 어떤 사역을 할 것인지에 대한 관심은 부족하다. 마치 지점이나 대리점을 세우듯, 지교회를 하나 더 세우는 것처럼 생각하는 경우가 많다. 사역자의 비전과 품성, 은사와 준비상태를 종합적으로 검토하고 개척 과정을 지원하는 방식이 필요하다. 이런 과정이 없다보니 최근에 선교적 교회개척을 한다면서 카페를 무작정 시작했다가 낭패를 보는 사역자들이 많다. 개척자가 개척에 필요한 전문사역을 준비하는 과정을 돕는 방식으로 바뀌지 않는다면, '선교적 교회'라는 이름을 쓸 수는 있지만 최신 트렌드를 따라 남다르게 개척하는 것 외에는 별 다른 의미가 없을 것이다.

2016년 신학생들과 함께 미국 워싱턴에 있는 BCMD(Baptist Convention of Maryland/Delaware)를 방문했을 때 받은 신선한 충격이 아직도 기억에 남는다. 교회개척자들을 훈련시키고 준비시키는 침례교교단의 기관인데, 안수를 받지 않은 이도 신학교에서 공부를 하지 않은 사역자도 교회개척을 준비할 수 있도록 지원한다. 무엇보다 중요하게 여기는 것은, 교회개척자의 품성과 소명의식, 그리고 은사를 점검하고 확인하는 것이다. 그래서 사역자를 구비시키고 지원하는 과정이 매우 치밀하고 오래 걸린다. 사역자 한 사람을 준비시키고 그를 통해 교회개척을 주도하시는 성령의 인도하심에 집중한다. 거의 95% 이상이 성공하고 있지만, 좌절하거나 실패하는 이들을 다시 회복시키는 프로그램도 따로 준비되어 있다. BCMD에서 하고 있는 프로그램은 한국적 상황에서 실행하기는 매우 어렵겠지만, 교회개척자에게 필요한 지원은 재정만이 아니라 사역자의 준비상태와 전문성에 대한 지원과 협력이라는 점을 분명히 보여준다. 특히 개척 후 좌절과 실패에 직면한 사역자들을 위한 지원체계가 있다는 것은 한국적 상황에서 볼 때 부럽지 않을 수 없는 장점이다. 한국의 경우 자립하지 못하면 실패라고 여긴다. 개척자가 성령님의 인도하심에 헌신하는 것이 아니라, 목회자 개인의 역량에 모든 것을 맞추고, 목회자의 생존을 위한 공동체를 만드는 경우가 태반인 것이 한국의 상황이다. 마치 선교사 파송을 위해 선교훈련을 하듯, 교회개척을 준비하는 단계에서 건물이나 생활비 지원보다는 사역자의 사역을 지원하는 방식이 마련되어야 한다.

다음으로, 건물을 중심으로 하는 교회개척에서, 지역 또는 네트워크를 중심으로 하는 개척으로 변해야 한다. '선교적 교회'는 보냄 받은 곳에서 이미 일하시는 하나님의 선교에 동참한다. 하나님이 아들을 보내시듯, 주님은 우리를 세상에 보내신다(요 20:21). 교회를 개척하는 교회와 개척된 교회가 재정적 지원 때문에 상하관계가 되면 안 된다. 그래서 건물이나 공간에 대한 관심보다는, 지역사회와 그 공동체가 참여해야 할 네트워크에 더 관심을 가져야 한다. 그 지역사회로 파송 받은 선교사로서 지역 네트워크를 어떻게 변화시킬 것인지 고민하고, 이미 선교하고 계시는 삼위일체 하나님의 일하심을 분별해야 한다. 지역사회의 필요에 능동적으로 반응하지 않는다면, 교회는 '선교적 공동체'가

되지 못하고 교회 건물 안으로 사람들을 끌어당기려고만 하는 조직이 되고 말 것이다.

지역사회에 파송된 교회의 모범사례 중 하나는 우리가 잘 아는 미국의 <세이비어 처치(the Church of Savior)>이다. '선교적 교회'라는 논의가 90년대 시작된 것을 놓고 보면, 이 교회를 '선교적 교회'라는 범주에 포함시키는 것이 부적당할지는 몰라도, 파송된 지역사회를 섬기고 교회의 선교적 본질에 충실히 응답했다는 점에서 분명 '선교적인' 교회임에 틀림없다. 최근 방문했을 때 이 교회가 초기에 시작한 사역 중 하나였던 북카페 '토기장이 집'이 예전과 전혀 다른 세련된 모습으로 변모해 있는 것을 보고 놀랐다. 이유를 물으니, 젠트리피케이션(gentrification)으로 인해 지역사회의 사회문화적 여건이 변해서, 초기에 가난한 흑인들의 거주 지역이었던 곳이 백인 중산층도 함께 거주하는 곳으로 바뀌었고, 이에 교회는 초기의 사역 정신을 살리면서도 변화된 지역사회의 영적 갈망에 응답하기 위한 고민을 했다고 한다. 무엇보다 그들의 필요를 분별하기 위해 그들과 비슷한 사회적 욕구를 가진 이들이 공동체 안으로 들어와 섬길 수 있도록 구비시키고 훈련시켰다. 지역사회의 필요에 응답하고 사역자를 세우는 매우 실제적인 사례가 아닐 수 없었다.

『선교적 교회의 오늘과 내일』에 참여한 네 명의 목회자들 역시 지역사회의 갈망에 응답하기 위해 하나님의 일하심을 분별하는 사역을 펼치고 있다. 오동섭 목사의 <미와십자가 교회>는 대학로에서 문화예술인들을 섬기며 도시선교에 헌신하고, 송창근 목사는 <블루 라이트 처치>에서 홍대의 젊은이들과 공연관련자들을 섬기며, 이남정 목사는 <바람빛 교회>에서 강남의 젊은 그리스도인들을 변화시키기 위해 분투하고, 이도영 목사는 화성의 <더불어숲 동산교회>에서 공정무역과 공정한 지역공동체를 세우기 위해 애쓰고 있다. 또 책에 소개되지는 않았지만 동네 통장으로, 서울시 주민자치예산위원으로 지역사회를 섬기는 <시냇가에 심은 나무 공간사역 및 교회>의 구은태 목사, 왕십리 거리에서 방황하는 10대 청소년들과 함께 하는 <소울 브릿지>의 반승환 목사, 키즈 카페로 개척을 하고 주로 지역사회의 젊은 부부들을 중심으로 네트워크를 형성하여 이웃이 되고자 하는 안산의 <더 행복한 스테이지 & 교회>의 손병세 목사, 또 수원에서 공간사역과 함께 지역 네트워크를 형성하고 있는 <공간 쉼플과 데이 처치>의 심준호 목사, 그리고 기성교회이지만 교회의 자원과 은사를 동원하여 문화선교를 통해 지역사회를 섬기는 일에 매진하는 분당 <성음교회>의 허대광 목사와 서울 <강남동산교회>의 고형진 목사, 동백의 <높은뜻하늘교회>의 한용 목사, 별내의 <높은뜻섬기는교회> 이영훈 목사 등 모두 전통적인 교회에서 훈련을 받은 사역자들로서 자신들이 섬기도록 파송된 공동체의 영적 갈망과 사회적 요구에 민감하다.

경직된 조직으로는 삼위일체 하나님의 먼저 일하시는 '선교적' 요구에 민감하게 반응할 수 없다. 진리이신 예수 그리스도를 주로 고백하며, 삼위일체 하나님의 선교에 동참하는 일은 모든 경계를 넘어서는 위험한 일이기도 하지만, 하나님나라를 증언하는 모험의 여정이기도 하다. 이들은 건물에 모이기보다는 지역에서 선한 이웃으로 살아가는 것이 더 중요하다고 선언한다. 그러다 보니 이런 여정에는 언제나 위기가 있다. 무엇보다 '선교적 교회'의 개척은 재정적 어려움에 직면하게 된다. 교회성장보다는 교회의 본질을 추구하는 일이기에 사람들을 끌어모으기 위한 마케팅 방식을 지양하기 때문에 교회제도와 조직에 대한 헌신은 기성교회보다 약해질 수 있다. 그러다보니 '선교적 교회'를 본질적으로 추구하고자 하는 사역자들은 재정적 어려움에 시달리는 경우가 많지만, 대부분 본인들이 선택하고 감당해야 할 기쁨으로 여기고 있다.

북미의 경우 한국처럼 임대료에 대한 사역자 개인의 부담이 크지 않다. 가족의 생계를 유지해야 하는 모든 책임이 오롯이 교회개척자에게 있다는 것은 엄청난 심리적 부담일 것이다. 영국 성공회의 경우는 교단에서 지원하는 프로그램에 의해 생계가 어느 정도 유지가 되는 경우가 많다. 한국의 경우 교회를 개척해서 자립하고 조직교회가 되는 일은 현실적으로 매우 어려운 일이다. 대형교회에서 분립을 했거나 모교회가 지원을 하는 경우에는 다를 수 있지만, 대부분의 '선교적 교회'의 개척은 그런 지원이 없는 경우가 많다. 왜냐하면 기성교회가 개척교회를 지원할 때 '선교적 교회'와 같은 방식을 선호하지 않기 때문이다.

그래서 필자는 선교적 교회개척의 지원방식이 '일방적 지원'에서 '쌍방 지원'의 형태로 바뀌어야 한다고 제안한다. 개척을 지원하는 교회와 지원을 받는 교회가 일방적인 관계를 맺는 것이 아니라, 지역을 중심으로 여력이 있는 기성교회나 전통교회가 선교적 교회들과 협력하는 방식이다. '선교적 교회'를 표방하는 작은 공동체가 특화된 사역에 집중할 수 있도록 지역의 중견 혹은 전통교회가 돕고, 또 서로의 사역에 참여하도록 개방하는 것이다. 1,000명이 넘는 교회는 교인을 관리하고 조직이 움직이도록 해야 하기 때문에, '선교적 교회'가 주장하는 것처머 지역사회에 세밀히 다가서는 '선교적 삶'에 집중하기가 상대적으로 어렵다. 결국 '선교위원회' 혹은 선교담당 사역자에게 해당 사역을 맡기게 된다. 만약 지역의 '선교적 공동체'가 기성교회와 협력할 수 있다면, 기성교회는 이를 통해 교인들을 훈련시킬 수 있는 역동적인 선교 현장을 공유할 수 있게 되는 것이다. 이는 교단 체제 안에서 노회가 할 수 있는 일이다. 지역노회에서 이런 협력구조를 만들어 낼 수 있다면, 선교적 교회개척도 새로운 가능성을 찾게 될 것이다. 하지만 현재 한국교회의 개교회주의와 경쟁적 성장지향 체제에서는 노회도 총회도 이런 협력구조를 구축하기가 대단히 어려운 것이 현실이다.

한국사회와 한국적 '선교적 교회'의 과제

마지막으로 '선교적 교회'의 한국적 실천은, 한국의 사회문화적 갈등구조에 대한 깊은 이해가 반드시 전제되어야 한다는 점을 강조하고 싶다. 필자가 해외의 학자들이나 전문가들을 만나 대화를 해 보고 느끼는 것은, 이제 그들에게서 배울 수 있는 것이 별로 남아 있지 않다는 점이다. 오히려 그들이 한국의 선교적 교회들에게서 배워야 할 사례가 더 많다는 생각이다. 한국의 몇 대형교회들은 아직도 해외의 전문가들을 불러 들여 행사를 진행하고 새로운 트렌드를 주도하려고 하는 경우가 있는데, 이제 그런 방식이 한국교회에 큰 영향을 주지 못한다. 비전의 공감 없이 형식적으로만 복제하려는 것도 문제겠지만, 그보다 더 큰 문제는 해외의 전문가들이 한국의 사회문화를 전혀 이해하지 못한 상태에서 자신들의 이야기를 하다 보니 상황적 접목이 쉽지 않다는 점이다.

상가에 입점하듯 붙어 있는 개척교회들의 속사정도 모르고, 한국사회의 빈부격차와 이념갈등에 대한 이해도 없고, 남북갈등과 통일문제에 대한 사전지식도 부족하고, 한국사회의 청년문제와 고령화에 따른 사회문제, 저출산 문제가 지역사회에 어떤 영향을 끼치고 있는지도 모르는 이들의 강의나 제안은, 다른 주제라면 모를까 '선교적 교회'를 위

지역공동체와 함께 하는 교회의 새로운 도전들
- 한국적 '선교적 교회'를 향하여 -

한 것이라면 제대로 작동할 리가 만무하다. 이런 의미에서 한국의 '선교적 교회'의 실천은 반드시 한국사회의 문제에 대한 깊은 이해를 전제로 교회의 공공성을 고려하지 않으면 안 된다. 특히나 최근 한국교회에 대한 사회적 거부감이 확산되고 있는 상황을 생각한다면, 공공성에 토대를 둔 '선교적 교회'의 실천은 빼놓아서는 안 될 요소이다.

필자는 2013년 7월 8일을 의미 있게 기억한다. 그날 한국의 '선교적 교회' 전문가들과 학자들이 '한국의 선교적 교회, 평가와 전망을 위한 토론회'를 개최하고, 함께 '선교적 교회 운동 선언문'을 채택하였다. 선언문에는 "우리는 '선교적 교회'에 대한 논의를 먼저 시작한 서구교회의 신학적 성찰을 공유하되, 이 시대에 우리를 한국에 파송하신 하나님의 거룩한 선교 명령에 응답할 것"이고, "우리는 한국의 모든 교회가 '선교적 교회 운동'에 동참할 것을 원하며, 이 운동에 동의하는 모든 교회와 연대할 것"이라고 선언했다. 물론 바람대로 모든 교회와의 연대는 쉽지 않다. 한국교회는 한국사회의 이념적, 지역적, 계급적 갈등의 분열을 그대로 답습하며 더 강화시켜 왔다. '선교적 교회'의 방향성을 두고도 비슷한 양상이 벌어지고 있음을 부인할 수 없다. 에큐메니컬 측이 '하나님의 선교, 미시오 데이(Missio Dei)'를 주장했기 때문에, 복음주의 측의 교단이나 교회에서는 '선교적 교회'에 대한 선입견과 편견이 강하다. 그래서 필자는 한국적 '선교적 교회' 운동이 분열과 경쟁이라는 구도에 막혀 그 본의를 제대로 실천하지 못하고, 또 하나의 유행처럼 스쳐 지나가게 될지도 모른다는 두려움을 종종 느낀다.

한국적인 '선교적 교회'는 어떻게 실천되어야 하는가? 그것은 "왜 우리를 다른 곳이 아닌 한국으로 파송하셨는가?"를 묻는 것이다. 과거 언더우드나 아펜젤러를 보내셨던 하나님께서 우리를 그 지역사회로,

그리고 한국사회로 보내시고 선교적 공동체로 세우기 원하시는 삼위일체 하나님의 명령을 분별하는 일이다. 한국교회의 끝없는 추락 국면에서 '선교적 교회'에의 참여는 삼위일체 하나님이 마지막으로 허락하신 회복의 초청장일지 모른다. 보내신 곳에서 보내신 분의 명령에 따라 보내신 바의 임무에 헌신하는 한국의 '선교적 교회'들이 새로운 소망이 되어야 한다.

로스 하스팅(Ross Hastings)은 *Missional God, Missional Church*(IVP, 2012)에서 오늘의 교회들이 부활하신 주님이 제자들에게 주신 '평화'와 보내심의 파송의 말씀(요한 20:19-23)을 새로운 대임명령으로 여기고 '선교적 교회'로의 부르심에 응답하자고 제안한다. 한국사회가 직면한 상황을 고려할 때, 가난의 문제가 더 이상 개인의 문제로 환원될 수 없는 모든 사람들의 문제라는 사실이 분명해질 때, 남과 북의 갈등과 한국사회의 이념 갈등으로 인해 사람들의 마음에 분노와 저주가 가득 차 있을 때, 생명의 고귀함과 한 사람의 인권이 소중하게 여겨지지 않을 때, 불평등과 부정의가 교회와 사회지도층에 가득차서 사람들이 더 이상 정의로운 과정을 신뢰하지 않을 때, 이런 때에 한국에서 '선교적 교회'를 세운다는 것은 바로 '평화'를 일구는 사람들로 세상에 파송되는 것을 말한다. 전도하고 영혼을 구원하는 일과 함께 우리는 부활하신 주님이 제자들에게 주셨던 그 '평화'를 세상에 증언하는 공동체로 파송받았음을 한국사회에서 절실히 느껴야 한다. 하나님이 주시는 '평화'를 선언하며 지역사회에서 '공동선(the Common Good)'을 위한 선한 일에 교회공동체가 참여함으로써, '하나님나라의 복음'을 증언하는 '선교적 교회'의 운동이 한국교회를 새롭게 하기를 소망한다.

제2부

지역공동체와 함께 하는 교회

제1장

'성육신 신학'과 지역공동체 선교

　　유럽의 도시에는 교회가 그 도시 중심적 위치에 놓여 있는 경우가 많다. 중세시대부터 교회는 공간적으로 지역의 중심이었으며, 사람들의 일상에서도 중심이었다. 광장을 끼고 지어진 교회는 항상 사람들 곁에 있었다. 그러나 지역과 마을의 공간적 중심성은 교회가 정치와 결탁하면서 권력과 힘을 상징하는 정치적 중심이 되었다. 지역은 가난해도 교회는 부자가 되는 현상이 나타나면서, 장소적으로는 중심이었지만 사람들의 마음으로부터는 멀어졌다.

　　으리으리하고 거대한 교회건물은 힘의 상징이 되어 성직자들의 권위를 대변했다. 교회의 크기는 곧 권력의 크기를 말했다. 결국 종교개혁은 성직자들의 권위를 성경의 권위로 대체하였고, 또 근대는 교회의 공적 권력을 사적 취향의 문제로 환원시켜버렸다. 이런 상황에서 새로 등장한 도시의 교회는 지역사회와 새로운 관계를 형성해야 했는데, 권력을 대변하는 힘이 아니라 복음 선교, 나눔과 봉사를 통해 공적 신뢰를

지역공동체와 함께 하는 교회의 새로운 도전들
- 한국적 '선교적 교회'를 향하여 -

얻어야 하는 때가 온 것이다.

새로운 신학적 논의들

서구교회는 경직된 제도화와 교권, 교파주의로 인해 후기근대에 다시 위기를 맞게 되었는데, 다원주의와 이슬람의 거센 도전 앞에서 새로운 돌파구를 모색해야만 했다. 20세기에 가톨릭은 제 2 바티칸으로, 개신교는 60-70년대 '하나님의 선교' 신학으로 교회의 공공성을 재생시키고자 했다. 90년대에 와서 개신교회는 '공공신학(public theology)'이나 '선교적 교회(missional church)' 운동 등을 통해 새로운 교회론을 모색하고 있는 상황이다.

공공신학은 기독교가 공공 영역의 모든 사안에서 '공동의 선(the Common Good)'에 기여하려는 동기를 가지고 영미계통의 신학자들을 주축으로 논의되고 있다. 기존의 사회윤리나 변혁논리와는 달리 공공신학은 교회의 주도권을 도모하지 않고, 공적 영역에서 기독교의 입장으로 대안논의에 참여하고자 한다. 정치나 경제 영역뿐만 아니라 일상생활과 직결된 문제들에 대해 응답하고 있는데, 다원사회의 공적 영역에서 책임을 다하려는 것이다.

또 '선교적 교회'는 과거 '하나님의 선교'의 정치적 논의는 축소했지만, 문화적이고 목회적인 차원에서 재해석하여 지역교회에 호소할 가능성이 더 커졌다. 선교의 주체는 교회가 아니라 하나님이며, 선교란 하나님께서 세상의 구원을 위해 일하시는 현장에 동참하는 것임을 강조한다. 그래서 지역사회에 대한 관심이 고조된다. 지역의 필요에 민감하며, 교회공동체의 선교적 삶은 지역사회에서 나눔과 봉사, 섬김으로 드러나야 한다고 고백한다.

공공신학이나 '선교적 교회'의 근원적 모델은 바로 그리스도 예수의 말씀과 사역이다. "그는 근본 하나님의 본체시나 하나님과 동등됨을 취할 것으로 여기지 아니하시고" 사람의 모습으로 오셨고 "자기를 낮추시고 죽기까지 복종"(빌 2:7-8)하신 분이시다. 개혁교회의 삼위일체 신학은 성자의 오심이 세상과 관계를 맺으신 것이며, 세상을 변화시키시는 '하나님의 선교'를 보여준다고 고백한다. 그래서 교회는 공적인 기관이며 선교적이어야 한다. 삼위일체 하나님께서 그러하니 교회 역시 그러해야 한다. 그것은 예수 그리스도의 성육신 사건으로부터 신학적이며 실제적인 근거가 주어진다. 이것은 어떤 신학적 토론이나 논쟁의 대상이 될 수 없다. 하나님은 그리스도의 성육신 사건을 통해 세상을 향한 공적인 구속 사역과 하나님이 일하시는 선교의 본성을 보여 주신다.

삼위일체 하나님이 역사 속에 개입하신 성육신 사건은 그리스도인들의 삶과 교회의 선교 활동에서도 그대로 구현되어야 원리이기도 하다. 하나님이 육신의 모습으로 오셔서 세상 가운데 거하시고 십자가를 지셨으니, 교회도 고통과 혼란 가운데 있는 이들과 함께, 또 그들을 위해 헌신하는 삶을 살아야 한다. 이것이 '선교적 교회'의 고백이다. 성육신 사건은 오늘 모든 교회가 모범으로 따르고 실천해서 여전히 현재적 사건이 되어야 한다.

한국교회의 사회적 신뢰도는 끝없이 하락하고 있고, 영향력은 전에 없이 약화되고 있다. 지역에서 가장 큰 건물이 교회인 경우가 많지만, 지역의 현실과 주민의 삶으로부터는 고립된 채 교인들만의 성으로 존재하는 경우가 허다하다. 지역의 일원으로 지역공동체에 참여하지는 않고, 끊임없이 지역주민들을 교회 안으로 동원하여 지역사회의 중심이 되는 것이 '선교' 혹은 '전도'라고 여기는 교회가 아직도 많다. 그러나 더 이상 그런 식으로는 성장할 수도 없고, 생존하기도 어렵다는 것이 많은 전문가들의 의견이다.

한국교회의 일부 지도자들은 교회의 이름으로 정치권에 압력을 행사하고, 교인들 중 사회적 영향력이 있는 이들을 활용하여 이런저런 지역문제에 개입하는 것으로 오해하는 경우가 있다. 성육신 사건을 모델로 삼는 '선교적 교회'의 목회는 권력이 있고 강한 영향력을 가진 이들이 아니라, 힘없는 이들과 소외된 이들을 돌보고 섬기는 목회이다. 성육신 사건은 교회의 공적 역할을 비움과 섬김과 존중과 배려의 영성으로 감당해야 한다는 근원적인 지침이 된다. 그래서 성육신목회를 실천하고자 하는 '선교적 교회'는 이 시대의 새로운 신학적 논의에 참여하며, 성육신 사건을 지역에서 재현하고자 하는 비전을 공유한다.

지역공동체의 일원인 교회

한국교회는 여전히 지역과 사회를 위한 선한 일을 많이 하고 있다. 복지사업이나 구제사역을 통해 지역의 어려운 이들을 돕고 재난을 당한 이들을 찾는 일에 교회가 큰 역할을 하고 있는 것은 객관적인 현실이다. 그런데 분명 선한 일을 많이 하고 있음에도 불구하고, 왜 한국교회는 지역사회로부터 분리되거나 고립되는 것일까? 그것은 지역사회의 일원으로서 나누고 섬기는 것이 아니라, 공급자의 시선으로 자선을 베풀고 구제하기 때문이라는 분석이 많다. 즉 도움을 받는 이들과의 관계 형성에 대한 고민이 부족하다는 점을 반성할 필요가 있다. 물품이나 재화만 지원하는 것을 넘어, 지역주민들과 인격적 교류를 할 수 있어야 한다.

구약은 가난한 이들과 사회적 약자들이 정당하게 도움을 받아야 할 권리가 있으며, 우리에게는 그들을 도와야 할 책임이 있다는 가르침이 많이 나온다. 이 책임은 해도 되고 안 해도 되는 책임이 아니라 하나님의 명령이다. 성육신하신 그리스도께서 이 하나님의 명령을 성실하고 책임감 있게 수행하셨다. 지역사회를 위해 의미 있는 성육신적 사역을 하기 위해서는 지역의 이웃들의 삶에 관심을 가지고 교회 공동체 안에 그들의 자리를 마련해 두어야 한다. 개방하고 지원하고 돕고 공유하는 일들이 진정으로 의미 있는 열매를 얻으려면 돕고자 하는 이들과 인격적인 관계를 맺어야 한다. 그래서 '선교적 교회'가 가장 중요하게 여기는 삶의 태도가 '경청'과 '이웃되기'라고 가르치는 이유이다.

이런 점에서 한국교회는 지역교회(local church)의 정체성을 가져야 한다. 지역사회의 일원으로서 지역적 정체성과 특수성을 공유하는 것이 '선교'의 시작점이다. 20세기는 교회가 중심이 되어 지역을 '변혁'하는 시대였다면, 21세기는 지역사회의 삶에 참여(engagement)하여 그들과 관계를 형성하는 것이 '선교적 교회'가 지향하는 방향이다.

지역사회의 일원으로서 함께 나눌 수 있는 자원 중 가장 중요한 것은 바로 교회건물의 공간이다. 지역주민들의 삶과 관계가 풍성해지면, 그로 인해 교회와 지역사회의 신뢰관계나 네트워크의 수준이 높아지고, 그러면 소위 교회가 지역사회가 동원할 '사회적 자본(social capital)'이 풍성해지게 된다. 신앙공동체와 생활공동체가 한 공간에서 만나고 소통하며, 서로의 이야기를 주고받는 사이에 우리는 일하시는 하나님

지역공동체와 함께 하는 교회의 새로운 도전들
- 한국적 '선교적 교회'를 향하여 -

께서 스스로 선교하고 계시다는 것을 알게 될 것이다.

어떻게, 무엇을 나눌 것인가?

한때 교회마다 카페를 만들고 지역사회에 개방하는 것이 유행처럼 번졌었다. 예컨대 분당의 <만나교회>는 '파구스(Pagus)'라는 자체 브랜드를 만들어 몇 개의 지점을 개설했고, 대학로에 위치한 <동숭교회>의 카페 '에츠'는 문화공간으로 지역사회에 다양하게 활용되는 등 교회의 선교적 목적으로 활용되는 카페의 대표적인 성공사례로 꼽힌다. 교인들만의 공간이 아니라 지역주민들의 만남이 일어나고 의견을 주고받는 공간이 될 것으로 기대가 되었다. 또 문화공연이나 행사를 통해 예술적 체험을 하는 공간이 되기도 했다.

그러나 교회에 카페를 두는 시도가 매번 좋은 결과만을 낳는 것은 아니다. 교회공동체의 합의나 신학적 성찰 없이 유행처럼 따랐다가 재정적 손실만 입는 경우도 많다. 또 대부분의 교회는 그렇지 않지만, 일부 교회들이 영리를 목적으로 카페를 운영하면서 주변의 유사업종업체들과 마찰을 빚는 경우도 있다. 교회들이 종교부지에서 영업행위를 하는 것은 불법이라는 점을 잘 모르기에 낭패를 보는 경우도 많다. 예컨대, 몇 해 전 강남구청에서 몇 교회의 시설물에 세금을 부과했었는데, 이로 인해 앞으로는 선교도 실정법 테두리 안에서 실행해야 한다는 반성도 있었다. 필자는 소속 교단의 요청으로 서울에 위치한 교단 소속 교회들 중 카페가 설치된 교회들을 조사했었다. 대부분의 교회들이 사업자등록을 하지 않은 상태에서 카페를 운영하고 있었는데, 이유는 인건

비 부담 때문이었다. 자원봉사를 중심으로 하다 보니, 명분과 취지는 선교적이었으나 카페의 운영과 커피의 맛이 제대로 유지되지 않아서 결국 초기의 목적을 제대로 수행하고 있는 교회가 드물었다. 교회카페라 할지라도 정식으로 영업허가를 받아 세금을 납부하면서 운영하되, 그 수익금은 지역사회와 공익을 위해 사용되도록 투명하게 운영한다면 그 선교적 정당성은 인정될 것이다.

또 교회건물에 도서관을 만들어 주민들의 문화적 삶의 질적 향상을 돕는 경우도 있다. 이미 많은 교회들이 지역도서관이나 '작은 도서관'을 만들어 지역과 함께 교회의 자원을 나누고 있는데, 특히 아동들과 부모들의 호응이 높다. 안양 <평촌교회>는 전문인 사서를 고용하여 지역주민의 독서문화를 지도하고 있다. 또 일산의 <강아지똥 도서관>은 비록 작은 규모이지만, 해당 지역의 필요를 채우는 중요한 역할을 감당하고 있다. 김성수 목사가 운영하는 <호모북커스>는 아예 도서관으로 교회를 개척한 도시선교의 또 다른 사례이다. 주 중에는 지역의 누구나 와 책을 읽을 수 있도록 개방되어 있으며, 각 종 모임과 세미나를 통해 인문학적 교제와 나눔을 갖도록 유도한다. 최근 문을 연, 광장동의 독립서점인 <책방 열음>은 교회는 아니지만, 북카페와 서점을 겸하여 지역공동체와 만나고 선한 영향력을 끼치는 것이 목적이다.

물론 이러한 비즈니스의 형태를 띤 교회들은 사역자의 자비량 선교를 위해 생활비를 충당하기 위한 필요도 없지 않다. 또 수익이 발생하고 사용자에게 비용을 수납하기 때문에 이것을 두고 '선교'라고 칭하는 것을 비판적으로 보는 이들도 있다. 하지만 대부분 주일에 예배공동체로 모이고, 자신들을 삼위일체 하나님께서 파송하신 공동체로 고백한다면, 그 형태가 무엇이든 새로운 '선교적 교회'의 교회론으로 볼 때 지지

지역공동체와 함께 하는 교회의 새로운 도전들
- 한국적 '선교적 교회'를 향하여 -

할 수 있는 양식이다.

지속가능한 지역공동체 형성을 위해

　지역사회의 일원으로서 지역공동체를 형성하고 세우는 일에 참여하기 위해서는 일회성 행사나 총동원주일과 같은 교회중심적인 소통방식으로는 부족하다. 자선과 구제를 넘어 지역사회가 더 정의롭고 더 평화로운 공동체가 되는 일에 참여하는 노력이 요청된다. 그러자면 교회의 자원을 교회의 것으로만 여기지 않고, 지역사회의 필요에 따라 함께 나누고 공유하는 일에 성도들이 훈련되어야 한다. 교회로 불러들이고 초청하는 일도 귀한 사역이지만, '선교적 교회'는 삼위일체 하나님으로부터 파송된 공동체로서, 하나님이 일하시는 현장에 찾아가고 참여하는 것이 교회가 감당해야 할 지역선교의 사명이라고 여긴다.

　이러한 일이 일회성 행사가 아니라 지속가능한 사역이 되려면, 그것을 가능하게 하는 대안적 형태에 교회의 지도자나 회중이 개방되어 있어야 한다. 카페나 도서관, 공부방, 자원봉사, 주차장 개방 등은 지역사회의 형편에 따라 선택할 수 있는 일종의 프로그램인데, 더 중요한 것은 그것을 운영하는 방식이다. 교회가 지역을 섬긴다는 명분으로 이런 프로그램을 준비한 것까지는 좋았지만, 그 운영을 교회중심적 방식으로 하다 보니 교인들만의 공간이 되어버리는 것이다. 가능하다면 지역사회의 여러 주체들이 프로그램 운영에 참여할 수 있도록 한다면, 새로운 대안이 될 것이다. 예컨대, 서울시나 지방자치단체에서 시행하고 있는 '마을 만들기' 사업과 연계하거나, 사회적 기업이나 협동조합의 형태를 도입하는 방안을 고려할 수 있다. 특히 카페, 극장, 도서관 등은 적절한 지역특성에 맞도록 특성화하여, 사회적 기업이나 협동조합의 형태로 운영한다면 지역사회에 일자리를 제공하고 지역경제에 기여하며 더 다양한 사람들이 함께 참여하는 운영이 가능하게 될 것이다.

이러한 대안적 방식이 가능하다면 교회의 물리적 자원뿐만 아니라 인적 자원의 활용폭도 넓어진다. 전도나 동원이 목적이 아니라 지역공동체를 위한 헌신이 목적이라면 성도들의 자원봉사가 더 효과적으로 영향력을 발휘하게 된다. 뉴욕의 <리디머 처치>는 <Hope For New York(HFNY)>라는 NGO를 만들어, 뉴욕에 있는 사역단체나 NGO들을 해당지역의 교인들과 연결시켜서 "우리는 사람을 돕는 사람을 돕는다."라고 선언했다. 2017년 담임목사였던 팀 켈러(Tim Keller)는 10년 전에 한 조기은퇴의 약속을 지켰고, 교회를 뉴욕의 세 곳으로 분산했으며, 이미 10여 년 동안 준비한 방식으로 뉴욕을 섬기기 위한 체계를 갖추었다.

교회의 성장이나 교인의 수적 팽창을 위한 수단으로 지역사회와의 교류나 나눔을 진행하면 곧 한계에 부딪힌다. 지속가능한 방식으로 지역과 만나려면, 회중들이 자발적으로 참여할 수 있는 프로그램을 구상해야 하며, 또 그것은 교회의 성장과 부흥이 목적이 아니라 더 좋은 세상을 만들기 위한 '하나님의 선교'의 부르심에 응답하는 것이라는 비전을 분명히 하는 것이 가장 중요하다.

제2장

'선교적 교회'와 도시선교

'선교적 교회'의 관점에서 볼 때, 도시선교는 도시를 공간으로 이해하느냐 아니면 문화적 양식으로 이해하느냐에 따라 전혀 다르게 접근할 수 있다. 21세기의 도시는 이전 세기와 다른 의미, 즉 문화적 양식으로서의 의미가 더 적절하다. 선교의 의미도 20세기 중, 후반부터 매우 주목할 만하게 변하였다. 한국교회는 이러한 변화에 직면하여 지금까지와는 다른 새로운 패러다임으로 도시선교를 실천해야 할 시기를 맞이했다.

도시 그리고 도시적 삶

도시화(urbanization)를 정치경제적이며 사회적이고 문화적인 과정이기도 하고 사회적 삶을 매개로 하는 공간의 복잡하고도 혼합과정으로 보는 데이비드 하비(David Harvey)는 *justice, Nature and Geographies of Difference*에서 도시적 삶이 자본축적과 사회적 재생산이라는 결과들과 긴장 관계에 놓인다고 본다. 그가 다른 곳에서 포스트모던 문화의 양상으로 제시하는 '시, 공간의 압축'은 도시화를 정형적 사태가 아니라 과정이라는 점을 더욱 명확히 한다. 그러므로 21세기의 인류는 거의 대부분 도시에서 살게 될 것임에 자명하다.

농촌과 도시를 지리적으로 구분하거나 행정구역으로 분리한다면 그것은 오늘날 도시가 의미하는 사회문화적 의미가 무엇인지 제대로 알지 못하는 데에서 기인한 발상이다. 도시는 도시라는 비지리적 삶의 조건, 다시 말해 삶의 양식으로 읽혀야 한다. 산업화의 필연적 결과로 도시화가 가속화되면서 사람들은 도시적 삶에 익숙해졌으며 전혀 새로운 사회적 관계를 형성하며 살아가고 있다. 도시는 그 자체로 사회적 관계를 전제하며 사사로운 삶과 공공의 작업들이 뒤섞여 있는 공간이다.

도시는 그 자체로 선하거나 악하지 않다. 온갖 편리와 화려함, 그리고 고독한 권력의 투쟁이 날마다 일어나고 있지만 그것은 그 속에서 사는 사람들의 관계를 통해 표출되는 욕망의 양상이다. 분노와 배신이 있는가하면 여전히 배려와 사랑이 큰 힘을 발휘하기도 한다. 전통적으로 교회는 도시를 부정적으로 보았다. 도시는 죄악의 도성이며 모든 악한 것들이 모여 있는 소굴이었다. 소돔과고모라는 성적 타락의 대명사며 예루살렘은 신을 반역한 영적 타락의 상징이고 로마는 타락한 권력을 대표한다. 첫 도시였던 바벨탑 역시 신에 맞서려는 교만의 상징처럼 나타난다.

그러나 사도들이 수행한 최초의 선교는 도시를 중심으로 발전했으며 19세기로부터 20세기에 이르는 현대의 선교 역시 도시를 거점으로 전개되었다. 특히 20세기 중, 후반부터 이른바 '도시선교(urban mission)'라는 새로운 이해가 확산되었는데 도시의 문제, 즉 도시적 삶과 사람들의 관계에서 나타나는 왜곡을 바로잡고 보다 올바른 공동체를 형성하도록 도우려 했다. 그 일을 위해 도시의 다양한 인프라를 활용하고 재구조화하는 일도 포함되면서 도시선교는 단지 종교적 의미에만 머물지 않고 인간의 본질적 삶을 개선하고 변화시키는 것으로 초점이 옮겨가게 되었다.

21세기 도시선교의 새로운 패러다임

도시를 연구하는 레이 베이케(Ray Bakke) 교수는 우리가 도시선교에 관심을 가져야 하는 몇 가지 이유에 대해 자신의 주저인 *A theology as big as the city* 에서 다음과 같이 설명한다. 첫째는 인구학적 문제다. 앞으로 더 많은 사람들이 도시에 살게 되므로 도시선교에 관심을 갖게 되는 것은 당연한 것이다. 특히 아시아 지역을 포함하는 환태평양 지역의 도시화가 가장 빠르게 진전될 것이다. 둘째는 선교학적으로 문제가 되는 것인데, 많은 이민자들과 더불어 도시에 함께 살게 되면서 선교 대상자가 먼 다른 나라에 있는 것이 아니라 한 도시에 공존하고 있는 타문화권 사람이라는 점이다. 우리의 주거 문화가 민족 국가에서 다문화 도시로 변화하고 있는 상황이 우리를 도시선교에 더욱 관심을 갖도록 요구한다. 셋째, 교회론적 도전이다. 너무나 다양하고 다층, 다원적인 요구에 응답하기 위해서는 마치 24시간 편의점과 같이 한 도시에 존재하는 모든 언어, 문화, 집단, 특성에 맞는 사역이 필요한 것이다.

그는 이 모든 이유들의 근원적 도전은 바로 신학적인 것이라고 말한다. 도시의 교회는 도시적 삶의 관점에서 성경을 재해석하고 도시의 가장 강력한 세력과 가장 연약한 세력 모두에게 동일한 방식으로 복음을 전달하기 위한 노력을 전개해야 한다는 것이다. 그러면 여기서 더욱 확장된 도시선교의 지향점을 유추하게 된다. 도시의 교회, 도시의 그리스도인, 도시의 선교는 도시의 삶과 도시의 사람들에게 하나님의 말씀을 전달하기 위해 노력해야 하며, 도시의 문제와 가능성에 대해 깊은 연구와 탐색을 진행해야 한다.

20세기의 도시선교는 주로 도시의 어두운 면에 집중하여 도시의 불공평한 삶, 부당한 제도로 인해 피해를 입은 약자들의 권리를 보호하고 가난과 빈곤을 해결하려는 사역으로 부각되었다. 화려한 거리의 뒷골목에서 고통당하는 사회적 약자에 대한 배려를 실천하는 것이 도시선교의 큰 과제였다. 정치적 핍박을 피해 도망 다니는 이들을 보호하고 정의를 위해 대변하는 것도 도시선교의 영역 안에 포함되는 경우가 많았고 사회의 민주적 발전에 상당 부분 기여한 것도 사실이다. 20세기 도시선교의 주제들은 21세기에도 여전히 그 중요성이 약화되지는 않았다. 고립, 외로움, 관계의 파괴, 경쟁, 소외 등의 문제들도 여전하고 특히 빈부격차가 날이 갈수록 심화되면서 가난한 이들을 돕고 지원하는 일은 도시선교의 중요한 과제로 남아 있다.

그런데 최근 21세기의 새로운 도시선교의 윤곽이 드러나고 있다. 앞서 강조한 대로 도시에 대한 새로운 이해에 근거하여 도시선교도 단지 신학적 작업만이 아니라 도시를 다루는 다양한 학문들과 연계하여 도시적 삶 자체의 변혁(transformation)을 지향하는 것이다. 20세기의 도시선교가 여전히 전통적인 선교 신학적 패러다임을 가지고 있어서 교회 중심으로 실천되었다면 21세기의 새로운 도시선교는 교회의 사역 혹은 목회자의 목회라는 경계를 넘어서 도시의 사회적관계망을 새롭게 재편하려는 전 사회적, 전 지구적 노력에 보조를 맞추려고 한다.

물론 선교학적으로 볼 때, 20세기의 '하나님의 선교(Missio Dei)'나 변혁적 선교론 등에 영향을 받고 있으며, 교회론적으로는 '선교적 교회론(Missional Church)'에 또한 빚을 지고 있다 하더라도 21세기에 새롭게 형성되고 있는 도시선교는 신학적 성찰과 사회문화적 성찰 모두에 의존하면서 도시의 새로운 의미를 신학적으로 재해석하려는 시도라고 봐야 한다. 이러한 신학적 논의들보다 간접적이기는 하지만 더 큰 동기를 제공하는 것은 20세기 후반부터 큰 호응을 받아 온 '공적신학(public theology)'이라고 해야 할 것이다. 이 신학이 도시적 삶의 일상적인 모든 사안에 대해 신학적 응답을 시도하려고 하는 것처럼, 21세기의 도시선교역시 도시 사람들의 일상생활에 나타나는 다양한 삶의 스펙트럼에 주목하게 된다.

도시선교의 새로운 패러다임을 정립하려는 노력을 모범적으로 보여주는 영국 성공회는 80년대 중반 '도시 안에서의 믿음(faith in the city)', 그리고 이를 바탕으로 최근에는 '신실한 도시(faithful cities)'와 2012년까지 10년을 이어 온 런던교구의 '런던의 새로운 도전(London Challenge2012)' 등을 통해 도시에 대한 새로운 이해를 도시선교 정책안에 전면 수용하고 있다. 예컨대 도시계획과 설계, 지역공동체 형성, 지구화에 따른 도시 간 상호작용, 좋은(good) 도시와 도덕적 정책 등의 이슈를 정책에 반영하면서 도시선교의 과제를 도시공동체의 문제(problem of the city)가 아니라 도시공동체 '안에 있는(in the city)' 모든 사안들에 대해 총체적으로 다뤄야 함을 주장하고 있다. 이는 최근 영국

이 도시재생과 사회혁신과 관련하여 탁월한 모범사례를 보여주고 있다
는 점과 무관하지 않다.

21세기 도시선교와 지역공동체

이렇게 도시에 대한 총체적 접근은 교회와 사회의 구체적인협력을
유도하며 특히 시민사회나 NGO들과의 적극적인 연대를 모색하도록
한다. 도시선교의 과제가 도시의 관계에서 나타나는 일상적 문제들에
대해 총체적으로 접근하여 응답하는 것이라면 그것은 당연히 교회만의
힘으로는 감당하기 어려운 것들이다. 그래서 도시선교는 지역과 시민
사회의 선의의 주체들과 협력하고 연대하는 네트워크 형성을 중요하게
고려해야 한다.

그것은 21세기 도시선교의 최대 화두라 할 수 있는 공동체
(community) 형성에 결정적인 요소이기도 하다. 개개인의 고통과 필요
를 채워주던 과거의 방식은 구제나 자선의 차원에 머물러 근본적인 문
제를 해결하기 어렵다. 지역의 필요를 공공의 방식으로 접근함으로써
지역 주체들이 스스로 문제를 해결할 수 있도록 유도하는 것이 근본적
이고 총체적인 해결을 가능하게 한다. 그러자면 교회가 지역의 한 구성
원으로서 지역의 다양한 주체들과 협력하고 연대하여 선한 네트워크를
형성하는 일이 매우 중요한 것이다.

최근 도시선교에 중대한 과제 중 하나로 부각되는 것은 지역의공공
보건 체계이다. 빈곤층이 쉽게 접근할 수 있는 의료서비스를 제공할 뿐
만 아니라 전반적인 영양불균형과 성인병에 시달리는 도시 사람들의

지역공동체와 함께 하는 교회의 새로운 도전들
- 한국적 '선교적 교회'를 향하여 -

건강관리를 공동체적 관점에서 접근하고자 한다. 또 도시의 복잡한 교통체계를 개선하여 환경오염도 줄이고 사람들의 건강도 보전하기 위해 자전거 타기를 활성하자는 캠페인도 벌인다. 도시선교는 이러한 사회개선 혹은 혁신을 위한 프로그램과도 함께 협력할 수 있다. 교회가 지역의 단체나 공적 자산들과 협력하면 정책과 여론을 변경할 수 있기 때문에 교회 고유의 도덕적 지도력을 발휘할 수 있는 좋은 기회가 되기도 한다.

뉴욕에 위치한 <리디머 처치(the Redeemer church)>는 한 걸음 더 나아가 자체적으로 NGO를 만들어 이러한 지역사회 네트워크 사역을 통한 도시선교를 전담하고 있다. HFNY(Hope For New York)의 표어는 "사람을 돕는 이들을 돕는 것"이다. 뉴욕과 같은 세계 최고의 도시에서 공동체적 삶을 유도하기 위해 이 단체는 도시의 많은 시민단체와 연대하여 인적, 물적 자원을 지원하고 돕는다. 각 지역에 흩어진 회중들은 지역사회에서 연계된 단체들과 협력하도록 권유된다. 런던 동부의 <브롬리 바이 보우 교회(Bromley by Bow Church)>가 운영하는 BBCC 센터는 지역의 다양한 전문가들과 정부와 협력하여 가난한 이들이 스스로 물품을 제작하고 판매할 수 있도록 지원하고 건강센터를 운영하는데 놀랍게도 주 고객은 대부분 이슬람교도들이다(인도네시아 이주민 지역이다). 이 교회는 여러 사회적 기업과도 연계되어 있으며 이들의 비즈니스를 통해 지역공동체에 유익한 서비스가 제공되면서도 공적인 자금을 마련하는 일에 도움을 받고 있다.

최근 지역사회의 공동체적 발전을 위해 지역적 자산을 기반으로 하는 사회적 기업을 육성하고 커뮤니티 비즈니스를 권장하여 지역의 재원들이 외부로 빠져 나가는 정도를 최소화하며 지역 내부의 유대를 강화하기 위해 주민참여형 지역개발을 협동조합 형태로 진행하는 경우도 많다. 이 경우 지역교회는 지역 연고의 공적 자산들의 네트워크를 지원할 수 있으며 지역공동체 형성에 중심적인 역할을 감당할 수 있을 것이다. 장기적으로 볼 때 도시선교의 의미를 이렇게 확대하여 실천하면 전통적인 선교라는 의미에 있어서도 훨씬 큰 효과를 가져올 것이다.

한국의 도시, 그리고 도시선교

한국에서 현대적 의미의 도시는 일제의 식민지와 전쟁을 겪은 후 국가주도의 경제발전 계획에 따라 산업화가 진행되면서 본격적으로 형성되었다. 출세와 성공의 욕망을 안고 도시로 몰려 든 사람들은 열악하고 고된 삶을 견디면서 의미할 곳을 찾게 되었다. 혈연공동체를 떠나 도시로 나온 이들에게 교회는 유일한 공동체로 휴식과 위로를 제공받을 수 있었을 것이다. 대부분의 대형교회들이 이 시기에 성장하기 시작했고 이 교회들을 중심으로 구제를 중심으로 하는 도시선교가 전개되었다.

그러나 도시로 몰려 든 노동자들의 인권이나 권리를 보호하려는 노력은 진보적인 작은 교회들이 주로 나서게 되었다. 이들의 도시선교는 노동자선교, 산업선교로 칭하면서 도시빈민들의 변호와 부정한 권력에 대항하는 것이었다. 신학적 차이와 분열적 이권다툼으로 인해 이 시기 한국교회의 도시선교는 양극단의 평행선을 달렸다. 양 측이 나름대로의 성과를 걷었지만 이 영향으로 인해 21세기의 변화된 지금까지도 도시의 문제를 총체적으로 접근하여 새로운 패러다임의 도시선교 정책 수립이 쉽지 않은 실정이다.

지역공동체와 함께 하는 교회의 새로운 도전들
- 한국적 '선교적 교회'를 향하여 -

다행히 국가 정책이나 시민사회에서 도시에서도 공동체적 삶의 중요성을 강조하여 '마을 만들기'나 공공 영역의 확대를 지향하고 있으니 지금에라도 한국교회가 도시의 문제에 새로운 시각으로 접근해서 교회가 성장과 숫자에 집착하지 않고 지역의 필요에 책임적으로 답하는 선교를 펴 나가야 한다. 도시형 교회로서 몇몇 창조적인 새로운 모델을 보게 된다. 카페를 만들어 지역의 쉼터로 개방하고 도서관을 지어서 지역공동체의 문화적 질을 높이려는 교회들도 많다. 심지어는 아예 카페나 도서관으로 교회를 개척하여 처음부터 지역의 공적 역할을 감당하려는 교회도 있다.

21세기의 도시선교는 문화선교, 지역공동체 선교, 일상생활을 변화시키는 선교, 소통하고 협력하는 선교이다. 21세기의 도시선교는 도시와 지역의 이미지를 변화시키는 것이다. 하나님나라의 가치와 공의가 실현되는 지역사회를 만들기 위해 선한 이들과 네트워크를 형성하여 함께 노력하는 것이다. 더 나은 사회, 더 의미 있는 삶을 지향하도록 도시의 사람들에게 자극을 주며 돕는 것이다. 이렇게 하면 그들이 우리의 착한행실을 보고 하나님께 영광을 돌릴 것이다(마 5:16).

제3장

지역공동체를 섬기는 미국의 '세이비어 교회'

2013년 3월 20일, '세이비어 처치(the Church of the Saviour)'의 창립자요, 20세기 가장 강력한 기독교 활동가로 깊은 영적, 사회적 영향력을 끼쳤던 고든 코스비(Gordon Cosby) 목사가 영원한 안식을 맞이했다. 1946년 워싱턴 D. C. 아담스 모건 지역에 자리를 잡은 후 1947년 교회를 개척한 이래 그의 나이 향년 95세에 생을 마감하기까지 65여 년을 한 결같이 그리스도의 참 제자의 삶을, 그 공동체를 역동적으로 보여주었다.

지금이야 복음의 새로운 표현들이 그리 새롭게 보이지 않는 상황이 되었지만 그가 처음 교회를 개척하고 사역을 전개할 당시만 해도 <세이비어 처치>는 매우 특이하고 급진적인 교회처럼 인식되었다. 가난한 흑인들을 위해 설립된 이 교회의 사역은 당시로서도 매우 파격적이었다. 최근 북미에서 활발하게 전개되고 있는 '선교적 교회(Missional Church)' 운동이 90년대 중반에 본격적으로 시작된 것을 놓고 볼 때, <세비이버 처치>는 이미 그 시작부터 '선교적 교회' 운동의 주장 대부분을 고백해

지역공동체와 함께 하는 교회의 새로운 도전들
– 한국적 '선교적 교회'를 향하여 –

왔다는 점에서 이 운동의 중요 선행사례로서도 손색이 없다.

고든 코스비도 목회 초년생 때에는 큰 교회를 일구겠다는 포부가 있었다. 그러나 2차 세계대전 중 군목으로 경험한 몇 가지 일들에서 진정한 그리스도인에 대해 성찰할 계기가 있었고, 또 결정적으로 교회건축자금 모금에 실패하면서 고민에 빠지게 되었다. 그때 그는 아내 매리 코스비와 함께 워싱턴의 가난한 동네에서 진정한 그리스도인의 소규모 공동체를 세워 복음의 가치를 제대로 실현하고 지역과 이웃을 섬기는 교회를 꿈꾸게 되었다. 90년대 중반 쯤 필자와 함께 이 교회를 처음 알게 된 몇 몇의 한국교회 목사들이 놀랐던 것은, 당시 150명밖에 안 되는 교인들이 지금까지 75개 이상의 독립적 사역과 교회들을 세웠으며 한 해 100억 정도의 기금을 조성하고 있다는 이야기 때문이었다. 모두 '150명'과 '100억'이라는 두 숫자의 부조화에 의구심을 가질 수밖에 없었다. 그러나 이 교회의 독특한 사역구조와 훈련방식을 자세히 알고 난 후에 필자는 '선교적 교회'를 말할 때 이 교회를 빼 놓고 이야기하기가 어렵게 되었다.

사회정의와 가난한 자들을 위한 도시선교 사역

한국에도 잘 알려져 있는 짐 월리스(Jim Wallice)는 종종 1975년 그가 대표인 기독교복음주의 운동단체 '소저너(Sojourner)'를 워싱턴 D.C.로 이전한 가장 중요한 이유 중 하나가 바로 고든 코스비와 그의 교회 때문이었다고 말할 정도로 <세이비어 처치>는 사회정의를 세우는 사회선교에 탁월한 모범을 주어 주었다. 코스비 목사는 처음 교회를 세울 때부터 에큐메니컬 정신과 사회적 변혁을 추구하는 영성을 모토로 삼았다.

할레이(William R. L. Haley)가 정리한 <세이비어 처치>의 급진적 비전(*the radical vision of the Church of the Saviour*)'에 의하면 이 교회에서 시작된 독특한 여러 사역들은 대부분 얼마 되지 않는 교인들의 주도로 시작되었다. 그들은 새로운 일을 시작하면서 코스비가 습관처럼 말하는 이 구절을 인용했다고 한다. "가장 도움이 되는 실험들은 너무 순진해서 자신들이 결국 어떤 일을 만나게 될지 전혀 모르는 이들에 의해 주도되어 성취되는 것이다."

이런 생각으로 그들이 처음 눈을 돌렸던 곳은 바로 교회 근처에 있던 도시빈민들이었다. 그들에게 가장 절실하게 필요한 것이 무엇인지 생각하다가 시작한 것이 바로 낡은 아파트를 구입하여 리모델링한 후 사용하게 된 지금의 <주빌리 하우스>(Jubilee Housing)였다. 지금은 그곳에서 800명이 넘는 저소득층이 거주하고 있다. 다른 사역들도 대게 이와 비슷한 방식으로 도시에 거주하는 가난한 이웃들의 필요를 채우면서 시작되었다.

코스비 목사는 새로운 사역이 필요하다며 자문을 요청하는 성도가 있으면, "그것은 성령께서 당신에게 주신 마음이니 당신이 해 보세요."라고 권하고 자신은 결코 전면에 나서지 않았다고 한다. <세이비어 처치>에 출석했던 지인에 따르면, 94년에 교회의 모든 사역을 법적으로 독립시켰는데 코스비는 그 어떤 이사회에도 자리를 차지하지 않았다고 한다. 사실 그의 이러한 사역 스타일은 그가 늘 말하던 '서번트 리더십(servant leadership)'의 전형이다.

의사였던 데이비드 힐피커와 그의 아내는 AIDS 환자들이 편안한

지역공동체와 함께 하는 교회의 새로운 도전들
- 한국적 '선교적 교회'를 향하여 -

말년을 보낼 수 있도록 돕고 지원하는 <요셉의 집(Joshep's house)>을 운영한다. 이들은 더 좋은 조건을 제시한 직장을 포기하고 코스비 목사의 도전에 감동을 받아 헌신했다. 이외에도 미혼모들을 위한 시설, 직업을 찾도록 돕는 기관, 양로원 등이 많은 사역이 자발적인 헌신과 참여로 시작되었다. 제 3세계로 가려던 의사 자넬(Janelle Goetcheus)도 방향을 바꾸어 <세이비어 처치>로 와서 노숙자들을 위한 시설을 시작한 것이 <크라이스트 하우스(the Christ House)>가 되었다.

무엇보다 특이한 사역은 <토기장이의 집(the potter's house)>이다. 당시로서는 미국 어느 곳에서도 볼 수 없던 북카페였다. 필자가 처음 이곳을 방문했을 때 한 구석에서 소박하게 식사하며 사람들과 담소를 나누던 코스비 목사를 기억한다. 이곳은 종교와 관계없이 누구에게나 개방되며, 또 종교적인 질문이나 대화를 원하면 나눌 수 있는 공론장의 역할을 해 왔다. 이곳에서는 간단한 식사를 저렴하게 제공받을 수 있고, 책을 구입할 수 있는데 대부분 신학적 내용의 책들이다. 코스비 목사가 교회의 지역선교, 사회선교 프로그램을 이처럼 폭넓은 스펙트럼을 가지고 전개할 수 있었던 이유 중 가장 하나는 그가 젊은 시절 라인홀드 니버(Reinhold Neibuhr)나 조지 버트릭(George Buttrick)과 같은 신학자들로부터 영향을 받은 탓으로 보인다. 미국의 흑인운동 시기에 마틴 루터 킹 목사를 지지하고 사회정의에 대한 각별한 관심을 갖게 된 것도 그러한 영향이 큰 것으로 추측할 수 있다.

제자도를 향한 내적 영성훈련

<세이비어 처치>에 공식적인 출석 교인이 150명 내외에 머무는 이유 중 하나는 아마도 이 교회의 구성원이 되기 위해서 거쳐야 하는 훈련이 매우 까다롭기 때문일 것이다. 기존 구성원들에게도 하루 한 시간의 기도생활을 요구하고 있는데, 입회 교인이 되려면 신학과정, 영성훈련과정, 사역훈련과정 등을 거쳐야 한다. 코스비 목사는 본회퍼의 말처럼 '값싼 은혜'의 교인은 의미가 없다고 생각했다.

<세이비어 처치>의 창립자가 코스비 부부라면, 이 교회의 신학과 정신을 잘 정리하여 세상에 알린 이는 엘리자베스 오코노(Elizabeth O'Connor)이다. 그녀가 쓴 *Call to Commitment*(2003)에 따르면, 1952년 누군가가 교회공동체가 함께 교외로 나가 피정(retreat)을 할 수 있는 공간이 있으면 좋겠다고 말한 후 이 아이디어가 본격화되어 영성훈련센터인 <데이 스프링(Dayspring)>이 존재하게 되었다고 한다. 세이비어 교인들은 이곳에서 정기적으로 영적 훈련을 갖는다. 코스비 목사는 죽기까지 이곳을 섬겼다.

<세이비어 처치>의 영성 훈련은 관상 묵상이나 기도 훈련을 포함하여 그리스도의 제자가 지녀야 할 영성이 결코 개인적인 것이 아니라 공동체적인 것이라는 점을 분명하게 고백하도록 하는 훈련도 중요했다. 조직이나 개인의 안녕을 위한 영성이 아니라, 그리스도의 삶에 집중하고 그 삶을 본받아 살아가기 위한 영적 삶을 요구하였다. 도시선교나 사회선교도 그 목적에서 벗어난다면 별 의미가 없는 것이라고 코스비는 늘 말했다고 한다.

<세이비어 처치>가 강조하는 영성은 항상 공동체적 영성, 관계적

영성을 배울 수 있도록 진행되는데, 그래서 아마도 <세이비어 처치>는 규모를 키울 필요가 없는 것일 것이다. <세이비어 처치>는 자신들의 내적 영성을 유지하기 위해서라도 소규모 공동체를 원한다. 생전에 코스비 목사는 많은 사람이 모이면 필연적으로 조직화와 제도화가 나타나고 그러면 그리스도의 제자의 삶에 헌신하는 정신을 제대로 실현하기가 어렵다고 말해왔다.

그리스도인이 현대 문화를 거스르는 영성을 지녀야 한다고 주장한 코스비의 참 뜻은 세상에서 벗어나는 것이 아니라 세속주의, 맘몬주의, 소비주의, 성공주의 등가 타협하지 않아야 한다는 것이었다. <세이비어 처치>가 추구하는 영성은 돈과 권력에 대한 유혹에서 벗어나 온전히 그리스도의 부르심에 응답하는 삶을 사는 것이었다. 그러니 제대로 헌신된 소규모 그리스도 제자들의 공동체가 영적 훈련을 하기 가장 적합했을 것이다.

교회 창립 10년이 지난 후, 고든 코스비 목사는 이렇게 말했다고 한다. "우리 교회가 지금 처음보다 큰 위험에 놓여 있다고 확신합니다. 수도원 운동에 이런 말들이 있다는 것을 아시지요? 훈련이 풍요를 낳고 풍요는 영적 훈련을 망친다... 지금 우리가 매우 조심하지 않으면 우리는 우리가 추구하려고 했던 처음 정신을 잃어버리기 쉬운 때입니다." 코스비 목사와 세이비어 공동체는 철저하게 그리스도의 제자로서의 부르심에 집중하려고 했던 것이다.

〈세이비어 처치〉와 한국교회

세이비어 공동체는 94년에 9개의 '흩어진 교회들'로 분립했다. 하지만 이후에도 같은 가치와 비전을 공유하며 여전히 역동적인 사역을 하고 있는 이 교회의 사례는 오늘 위기에 놓인 한국교회의 상황을 볼 때 강력한 교훈을 준다. 적은 수의 성도가 많은 일을 했기 때문만이 아니라, 〈세이비어 처치〉의 방향성이 그 동안 성장에만 매달렸던 한국교회가 진지하게 고민하지 못했던 본질적인 질문들을 제기하기 때문이다.

교회의 웹사이트에 의하면, 코스비는 '제자로의 부르심'을 두 가지로 해석한다. 첫째는 하나님, 자기 자신, 타자에 대한 사랑 속에서 성장하는 내적 여정이고, 둘째는 왜곡된 창조세계를 고치는 것이다. 바로 그 비전에 영감을 받아 그 교회의 신자들은 도시의 가난한 이웃을 위한 사역에 참여하면서 신앙을 바탕으로 한 혁명적인 행동을 감행할 수 있었다는 것이다. 이 두 가지 제자의 삶은 오늘날 '선교적 교회' 운동에서 강조하는 '선교적 삶'과 그대로 일치한다.   또 코스비 목사의 목회철학과 〈세이비어 처치〉의 사역을 통해 한국교회가 도전받아야 할 부분은 규모의 논리에 현혹되지 않았다는 것이다. 어떤 목회자는 이렇게 말하기도 한다. "큰 교회가 할 일이 따로 있고, 작은 교회가 할 일이 따로 있다." 그러나 〈세이비어 처치〉는 아마도 "진정한 그리스도의 제자가 있고, 가짜로 흉내만 내는 교회출석자들의 모임이 있다."고 말할 것이다. 교회의 힘은 규모가 아니라 제자로서의 진정성에서 온다.

이는 숫자와 교회의 진정성은 상관이 없다는 것을 의미하는 것이 아니다. 오히려 큰 상관성 때문에 진정한 제자공동체가 되려면 규모가 많은 공동체는 지양해야 한다고 주장하는 것이다. 〈세이비어 처치〉를 두

지역공동체와 함께 하는 교회의 새로운 도전들
- 한국적 '선교적 교회'를 향하여 -

고 어떤 이들은 너무 급진적이어서 일반적인 모델로 권장하기 어렵다고 말한다. 그러나 진정한 교회라면 일반적인 교회가 되어야 할 필요가 있는가? 세이비어 교회는 또 하나의 조직(organization)이 되고 싶지 않았던 것이다.

　　최근에 한국에서도 작은 교회들이 복음의 순수성을 유지하면서 온전한 제자공동체가 되기 위해 애쓰는 사례들이 많이 나타나고 있다. 북미에서 시작된 이른바 '선교적 교회' 운동이 한국에서도 대안으로 논의되고 있는 것이다. 놀라운 것은 이미 <세이비어 처치>가 50년 전부터 지금 '선교적 교회'가 지향하는 것을 탁월하게 해 왔다는 것이다. 카페를 지역사회의 공론장으로 만들었고, 도시선교의 새로운 모범을 보여주면서 가난한 자들에 대한 선교가 왜 사회적 정의와 관련이 있는지 분명히 보여주었다.

　　'선교적 교회'를 지향하는 교회가 <세이비어 처치>로부터 배워야 할 점 중 한 가지는 바로 리더십과 관련된 것이다. 목회자가 전권을 쥐고 흔드는 것이 아니라 전문가나 평신도 사역자가 리더십을 발휘하는 공동체가 요구된다. 목회자는 소명을 일깨우고 영적 가이드 역할에 충실하고, 평신도 전문가들이 성령의 감동에 따라 사역하도록 격려한다는 것이다. 한국교회도 평신도 헌신자들이 주도하는 사역공동체로 변모해야 한다.

세상을 아름답게 변화시키는 공동체

　　오늘날 한국교회의 위기는 신앙의 사사화로부터 비롯된 세속주의와의 타협에서 비롯되었다. 즉 신앙의 공공성을 상실하고 개인과 가족, 내 교회의 부흥과 개인의 성공만을 신앙의 척도로 여긴 반면, 신앙이 요구하는 이웃과 사회와 세계를 향한 공적 책임에 대해서 민감하지 못했기에 개인주의와 성공주의와 같은 세속적 가치들을 그대로 수용하게 되었던 것이다. 필자가 '선교적 교회'의 한국적 실천을 교회의 공공성을 증언하는 것이라 주장하는 이유이다.

예수 그리스도의 제자로 살아간다는 것은 예수님처럼 가난하고 소외된 이웃들을 향해 책임감을 가지고 살아간다는 의미이다. 목마른 이들과 고통 받는 이들을 외면하고 사회의 불의와 불공평에 눈을 감는다면 아무리 개인적인 영적 훈련을 받아도 제자로 성숙한 그리스도인 되기란 어려운 일이다. <세이비어 처치>는 이런 점에서 개인의 신앙의 진정성을 사회적 관계성 속에서 실천한 매우 귀중한 '선교적 교회'의 오래된 사례라고 말할 수 있다.

한국교회에서 볼 수 있는 영적 훈련은 대부분 개인적인 영성에 집중한다. 피정을 가서도 오로지 개인적인 문제에 골몰한다. 자신의 죄를 뉘우치고 하나님 앞에서 거룩하고 순전한 삶을 살고자 기도한다. 모두 필요하고 또 반드시 해야 할 훈련들이지만, 이러한 훈련들이 진정한 제자의 삶을 보증하는 것은 아니다. <세이비어 처치>의 영적 훈련들이 기도와 묵상으로 이뤄져 있다 하더라도 그것은 그들의 세상을 향한 사역의 영적 기반을 놓치지 않기 위함이다.

세상을 아름답게 변화시키는 '선교적 교회'는 깊어진 영적 훈련의 실천이 이웃과 지역과 사회 속에서 진정성 있게 실천하는 공동체이다. 자신들이 하고 싶은 사역을 하는 공동체가 아니라 이웃이 절실하게 필요로 하는 일들에 관심을 갖고 응답하는 공동체이다. <세이비어 처치>

지역공동체와 함께 하는 교회의 새로운 도전들
- 한국적 '선교적 교회'를 향하여 -

는 철저히 지역사회의 필요에 따라 사역을 전개하였다. 그것이 그들이 존재하는 목적이었다. 그들은 하나님의 부르심을 지역사회와 이웃의 아픔의 현장을 선교의 현장으로 삼았다.

필자는 2016년 여름에 학생들과 함께 <세비이버 처치>를 네 번째 방문했었다. 꽤 오랜만에 방문한 것인데, 코스비 목사님이 하나님 품으로 가신 후 첫 방문이어서 어떤 변화가 있는지 궁금했다. 가장 충격적인 것은, <토기장이의 집>이 마치 프랜차이즈 카페처럼 바뀌고 예전의 소박한 모습은 사라졌다는 것이다. 코스비 목사님이 안 계셔서 혹시나 첫 마음이 변질되었나 싶었지만, 그 지역이 극빈층에서 중산층이 사는 곳으로 변화되어 새로운 환경에 맞게 선교적 응답을 시도한 것이었다. 또 대표 목회자가 없이 서로 협의하여 공론화를 통해 일을 결정하는 민주적 시스템 또한 인상 깊었다. 모든 구성원이 여전히 힘쓰고 있는 영성훈련은 이 공동체의 토대가 되고 있었다. 변화된 상황에 따라 새로운 선교적 교회의 표현을 적극적으로 모색하면서도 복음에 기초한 영성의 깊이를 포기하지 않는 아름다운 세이비어 공동체와 같은 한국교회가 많아지기를 바란다.

제4장

도시공동체를 세우는 영국의 도시선교

　'선교적 교회(missional church)'에 대한 논의가 학계에서 활발하다. 에큐메니컬 운동의 선교에서 오래 전부터 '하나님의 선교(Missio Dei)'를 주장했을 때와 비교하면, 지금은 선교 환경도 꽤 다르고 배경도 다르지만 '선교적 교회'에 대한 토론을 주도하는 이들 대부분이 '하나님의 선교'를 신학적 근거로 인용하고 있어서 그 방향성은 크게 다르지 않다. '선교적 교회' 운동은, 선교의 주체가 교회가 아니라 바로 삼위일체 하나님이라고 선언한다. 하나님은 '선교적'이시기 때문이다. 하나님은 세상의 구속을 위해 아들을 보내시고, 아버지와 아들은 보혜사 성령을 보내시어 구원 사역을 지금도 지속하신다. '하나님의 선교'가 그랬듯이 '선교적 교회'도 삼위일체 신학에 근거를 둘 때 그 신학적 정당성을 확보할 수 있다.

　하나님께서 선교적인 분이시기에 교회 역시 선교적이어야 한다. 교회는 하나님으로부터 선교적 사명을 받고 세상에 파송 받은 공동체이다. 교회는 다양한 프로그램과 의식 행위들에 의해서 정의되는 것이 아니라, 그 공동체가 어떤 선교적 삶을 실천하는지에 의해서 그 성격이 정의된다. 교회가 선교사를 파송하거나 보내는 주체가 아니라, 교회 역시 '파송된(the sent)' 이들의 공동체이다. 그러므로 교회의 구성원들은 자신들이 파송된 곳에서 요청받는 선교적 과제에 응답할 수 있어야 한다.

'하나님의 선교'는 60-70년대 당시 여러 나라의 억압적인 정치 상황과 고통스러운 현실에 응답하였고, 하나님의 공의와 평화를 증언하며 교회가 성육신해야 한다는 점을 많이 강조했다. 한편, 북미를 기반으로 전개되고 있는 '선교적 교회' 운동은 교회성장론에 치중되고 기업화된 교회론을 수정하고 새롭게 정립하는 일에 더 많은 에너지를 쏟고 있다. 교회가 파송 받은 공동체이지 파송의 주체가 아니라는 인식은 중요한 전환이지만, 여전히 '교회'에 대해 고민한다는 점에서 '하나님의 선교'가 제기하는 구체적인 역사적 변혁을 고민해야 한다.

성장과 동원 논리로 교회를 대형화하고 세력을 확장하는 것이 교회의 소명이거나 선교라고 여겼던 북미의 신학자들과 교회들이 20세기 후반부터 자신들이 주류 혹은 다수가 아닌 종교적 상황을 맞이하면서 다양한 대안을 모색하게 되었다. 한때 새로운 문화적 도전에 응답하려던 '이머징 처치'가 강력한 영향력을 발휘했지만, 근본적인 신학적 성찰이 동반되지 못한 채 사그라지고 말았다. 문화적 유연성을 강조하고 포스트모던 시대의 구도자들을 대상으로 '구도자 예배'를 기획하기도 했지만, 여전히 교회를 동심원 중심에 놓고 사람들을 동원하는 프로그램을 기획하면서 한계를 드러냈던 것이다. 결국 북미의 '선교적 교회' 운동은 "도대체 교회는 무엇을 하는 곳인가?"라는 질문에서 "도대체 교회는 왜 존재하는가?"로 방향을 전환하게 된다.

'선교적 교회'에서 주장하는 교회론은 아직 명확하게 정립되지는 않았다. 영미 신학의 특성 상 다양한 논의를 하나의 신학적 패턴으로 집중시키기가 쉽지 않다. 그럼에도 불구하고 '선교적 교회' 운동과 신학적 논의는 중대한 인식전환임에 틀림없기에 지역교회들이 이 논의를 어떻게 수용할 수 있을지 고민해야 한다. 지역목회자들이 '선교적 교회'를 또 다른 교회성장의 프로그램으로 인식하지 않도록 교육해야 한다. 그러자면 '선교적 교회' 운동에 참여하는 새로운 교회의 표현들이 다양한 현장의 '이야기들'이 증언될 수 있어야 한다.

이런 점에서 북미의 '선교적 교회' 운동과는 전혀 다른 방식으로 전개되는 '선교적 교회'가 얼마든지 있을 수 있을 것이다. 또 '선교적 교회'를 표방하는 교회가 아닐지라도 그 교회 구성원들의 선교적 삶, 그리고 교회의 사역내용과 실천에 따라 '선교적 교회'로 새롭게 조명될 수 있을 것이다. 따라서 '선교적 교회'가 지향하는 삶과 사역을 이미 실천하고 있는 기성 교회들도 '선교적 교회' 운동에 얼마든지 동참할 수 있다. 사회적인 책임을 다하려는 교회, 지역사회와 함께 공동체를 형성하는 교회, 건물이 없이 다양한 형태의 공동체로 존재하는 교회 등 모두가 '선교적 교회'의 신학과 정신을 공유할 수 있다.

그래서 특정 형태의 교회만을 '선교적 교회'의 모델로 제시하는 것은 적절치 않다. 예컨대 필자가 2012년 연구차 방문하여 살펴 본 영국의 몇 몇 교회들은 사회적 의제에 민감하게 반응하며 교회의 선교적 역할에 집중하고, 제도권 교회와는 다른 방식으로 대안을 제시하는 경우가 많았다. 성공회가 전개하고 있는 이른바 '선교형 교회(Mission Shaped Church)'와 연관되어 있는 것은 아니지만, 여기서는 런던의 도시교회들 새로운 선교 전략으로 지역사회의 발전에 기여하거나 커뮤니티 비즈니

지역공동체와 함께 하는 교회의 새로운 도전들
- 한국적 '선교적 교회'를 향하여 -

스를 통해 지역의 복지에 기여하는 교회들을 중심으로 '선교적 교회'의 관점에서 소개 한다.

성공회 런던교구의 새로운 도시선교

북미의 교회들은 문화적 다양성을 수용하며 변화를 모색했는데, 영국 성공회는 20세기 후반부터 도시선교와 도시의 신학을 깊이 있게 연구하였다. 신학적 반성과 조사를 통해 전개된 새로운 노력들은 도시공동체를 형성하고 도시의 사회문제에 적극적으로 대처하며 대안을 제시했다. 1985년 채택된 "도시의 신앙(Faith in the City: A Call to Action by Church and Nation)", 2006년 '도시적 삶과 신앙 위원회(the Commission on Urban Life and Faith)'에서 시작한 "신앙의 도시(*Faithful Cities: A call for celebration, vision, and justice*)" 프로젝트는 도시선교가 어떻게 도시인의 삶과 도시의 공간을 변화시켜나가야 하는지에 신학적 근거를 제시하고 있다. 다문화 사회, 다종교 사회, 다양화 사회에 대한 새로운 기독교적 비전을 담고 있는 이 문서는, 21세기 도시선교가 지향해야 할 방향, 다양한 시민사회의 주체들과 협력방안, 사회적 기업 등 커뮤니티 비즈니스와의 협력, 지역공동체의 문화복지 강화 등의 폭넓은 내용들을 망라하고 있다. 이 프로젝트는 이 모든 문제를 도시의 정의를 실현하는 것으로 요약한다.

영국 성공회 런던 교구는 2002년부터 2012년까지 10년 동안 <London Challenge 2012>라는 프로젝트를 수행했다. 재정 감소, 교인 감소, 성직자 감소 등 위기에 놓였던 런던 교구는 이 프로젝트로 새로운 도시선교를 모색했다. 런던 교구의 이 프로젝트는 교구의 부흥과 발전을 모색하기도 하는 것이지만 복음과 선교에 대한 열정이 다시 점화되도록 하자는 비전을 담고 있었다. 특히 2012년 런던 올림픽을 맞아 런던 전역에서 도시재생이 활발하게 일어났던 시기에 발맞춰 도시선교의 새로운 전략을 찾고자 했던 것이었다. 본래부터 런던은 문화도시의 이미지가 강한 도시였다. 1998년부터 대부분의 선진국에서 산업성장의 정체를 겪는 중에도 런던은 창조산업으로서 광고, 건축, 미술, 골동품, 패션, 디자인, 영화, 사진, 음악, 게임 등에 주력해왔다. 또 런던은 2004년 이후 '세계문화수도 런던'의 기치 탁월성(excellence), 창조성(creativity), 가치(value)의 전략적 목표 아래 12개 과제로 추진하였고, 그 결과 세계 최초로 정부에 '창조산업지원단(creative industries observatory)'을 설치하였는데 이는 한국을 비롯하여 여러 나라에서 비슷한 방식으로 따라하게 되는 모델이 되었다.

시민단체나 런던의 활동가들은 이러한 관의 혁신적 분위기에 합류하여 '사회혁신(social innovation)'에 대한 열정적으로 토론했고, 교회 역시 바로 그러한 사회적 분위기와 보조를 같이 하여 도시선교의 새로운 장을 열고자 했던 것이다. 그들은 21세기의 런던에서도 그리스도의 복음이 전파되어야 한다고 주장하고, 이를 위해 헌신할 사람들을 구비시키며 지역교회들이 가난한 이들과 돌봄이 필요한 이들에게 구체적인 도움이 될 수 있는 방법을 찾아야 한다고 선언했다. 또 2012년 런던 교구는 공정한 무역과 정의로운 경제를 세우기 위한 노력, 인종을 배려하고 그들의 특수성을 이해하는 기독교가 되기 위한 노력, 환경문제에 적극적으로 대처하는 노력, 테러지역에서 평화와 화해의 사역을 하기 위한 노력 등으로 인해 수적으로 뿐만 아니라 재정적인 성장도 가능했다.

그런데 이 <London Challenge 2012> 프로젝트를 통해 지향하고자 한 교회의 모습이 로버트 워렌(Robert Warren)의 *The Healthy Churches Handbook*(2004)에 담겨 있다고 담당자들은 알려 주었다. 워렌은 대부분의 사람들이 교회를 떠 올릴 때 "교회=건물+사제+일요일 출석(예배)"으로 생각하고 있다고 보았다. 그러나 건강한 교회는 "교회=공동체+신앙+행동"으로 그 이미지가 변경되어야 한다고 주장한다. 런던 교구가 본 프로젝트를 진행하면서 제시한 교회의 모습이므로 조금 자세히 살피고, 이에 대한 '선교적 교회론'의 입장에서 점검해 보는 것이 필요하다.

워렌은 건강한 교회를 지향한다고 알려져 있는 NCD(Natural Church Development)와 같은 프로그램도 실상 교회성장을 위한 동기가 분명하기에 우리 사회에 산적한 정의의 문제에 무심하며 또 다양한 문화적 도전을 무시하며 하나의 행동수칙만을 제시한다고 지적한다. 교회는 특정한 전략이나 행동수칙에 의해 동기부여가 되기보다는, 교회의 본질에 대한 문제임을 분명히 한다. 그가 말하는 첫 번째 건강한 교회의 특징은 오직 신앙에 의해서만 동기화되는 교회이어야 한다. 두 번째, "외부의 필요에 집중하는 교회"이다. 자신들의 삶이나 관심에 초점이 있는 것이 아니라, 우리가 살아가는 지역에서 전체적인 삶의 양상에 대한 실제적인 돌봄에 집중하는 것이다. "그러한 교회들의 특징은 우리가 살아가는 세상에서 고통스럽게 노력하는 이들의 아픔을 함께 느끼고 함께 기쁨을 누리는 능력이 된다."고 말한다.

세 번째, 여기서 말하는 건강한 교회란 하나님이 원하시는 것을 찾아 나서는 교회이다. 개인의 욕망이나 소비욕구를 추구하는 것이 아니라, 온전히 하나님의 거룩한 목적을 찾는 것이다. 네 번째, 변화와 발전을 위해 필요한 비용을 기꺼이 지불할 수 있는 교회들이다. 다섯 번째, 그저 믿는 일에만 하나가 되는 것이 아니라 서로 은사와 달란트를 발휘하고 참여할 수 있도록 가족과 같은 관계를 형성하는 공동체적 교회이다. 여섯째, 이런 교회들은 그들의 가치나 신념이 중요한 만큼 타자의 그것을 존중한다. 새로운 구성원이 단지 예배에 참석하는 것을 환영하는 것이 아니라, 자신들의 삶의 일부로 받아들인다. 일곱 번째, 이런 교회들은 의미 있고 가치 있는 직업 혹은 작업들을 열심히 하고 즐길 줄 안다. 자신들에게 주어진 시간과 공간 속에서 하나님께서 부여하신 목적을 위해 열심히 살아간다.

이상의 논의로 볼 때 이러한 교회의 비전은 '선교적 교회'의 비전과 다르지 않음을 알 수 있다. 앞서 언급한 *Faithful Cities*의 경우에도 도시와 지역에서 사람들의 공동선(the Common Good) 및 행복을 증진시키는 일에 교회와 신앙이 여전히 강력한 자산이 될 수 있으며, 중대한 자원임을 선언하고 그러한 시대적 필요에 책임적으로 임해야 한다고 주장함으로서 선교적 비전을 분명히 하고 있다. 그래서 선교적 관점에서 도시선교는 '더 좋은 사회', '선한 도시'를 만들려는 영국 시민사회의 '사회혁신' 프로그램들과 깊은 협력을 모색해야 한다는 것이다.

성 마틴 인 더 필즈 교회(St. Martins in the fields Church)의 도시선교

런던 중심부 '내셔널 갤러리(National Gallery)' 옆에 위치한 성공회 교회 <성 마틴 인 더 필즈 교회(St. Martin-in-the-Fields)>는 300년이 넘은 오래된 교회이다. 성공회 소속인 이 전통적인 교회의 지하에는 매우 훌륭한 식당과 갤러리, 상점이 위치해 있는데 지역의 어르신들과 유색 인종들에게 매우 인기가 높다. 현재 중국 공동체를 위한 예배도 병행하고 있는 이곳에서는 점심과 저녁 시간에 본당에서 수준 높은 음악회가 거의 매일 열린다. 이 모든 수입은 오래된 교회의 유지, 보수를 위해서도 사용되지만, NGO들과 협력하여 지역의 가난한 이들과 노숙자들을 돕는 일과 영어교육이나 저소득 층 자녀들에 대한 문화 활동 지원 등에 사용된다.

홈페이지에서 밝히는 교회의 비전은 "개방되고 수용적인 교회, 그래서 예수 그리스도의 진정한 의미를 사람들이 스스로 발견하고 질문할 수 있도록 하는 교회로 존재함으로써 하나님께 영광을 돌리는 것"이라고 말한다. 이 교회는 성도와 헌금이 계속 줄어들자 새로운 모색을 시도했는데 바로 유한기업(Ltd)을 설립하고 런던의 사회혁신 흐름을 따라 사회적 기업을 도입했다. 지역에 저렴한 비용으로 고급문화를 접할 수 있는 서비스를 제공함으로서 복지에서 소외되는 사람이 없도록 하고자 한다. 교회 주변에는 상시로 정의, 평화, 생명 등의 주제로 사진전이 진행되고 있다. 보고서는 이러한 사역들을 종합하면서 2011년을 매우 성공적인 해로 자평했고, 교회가 다양한 사람들에게 아름답고 환영받는 장소가 되었음을 확인하고 있다.

이 교회는 비즈니스를 도입하여 그 수익금으로 도시의 방문객과 거주자들에게 의미 있는 문화적 복지를 제공하고 있을 뿐만 아니라, 도시에서 발생하는 다양한 문제들과 사회적 현안에 대해 선교적 관점에서 대안을 제시하고자 노력하고 있다. 특히 문화적 소통능력을 발휘함으로써 런던의 사람들에게 복음을 간접적으로 증언하는 도시선교의 새로운 대안으로 평가할 만하다. 또 이 교회와 같이 오래되고 전통적인 교회들이 비즈니스 모델을 적극적으로 도입하고, 그 자원으로 지역과 사회를 위해 다양한 사역을 전개하면서 지역발전과 문화복지에 기여하는 것은 '선교적 교회'의 사례로 주목할 만하다.

사회적 기업으로 지역을 변화시킨 BBBC(Bromley by Bow Center & Church)

지역사회에서 관이나 시민단체보다 앞서 교회가 지역공동체를 형성하며 공적 역할을 감당한 가장 모범적 사례로서 런던 동부지역의 '브롬리 바이 보우 교회와 센터(Bromley by Bow Church & Center)'은 손색이 없을 것이다. 거주자가 대부분 아시아 이민자들이며, 가난하고 교육수준이 낮은 곳에 위치한 이 교회는 1984년 URC(United Reformed Church) 소속의 앤드류 모슨(Andrew Mawson) 목사 일행이 개척한 교회였다. 지역의 열악한 상황을 보면서 이들은 지역에서 가장 필요한 것이 무엇인지를 질문했다. 이 지역의 사람들에게 보육, 탁아, 건강 등이 가장 시급하다고 판단한 교회는 예배당의 한편을 아이들의 탁아 공간으로 내어 놓았다. 개신교회로서 무슬림들과 공간을 공유한 것은 매우 파격적인 시도였으나 지역사회의 필요를 우선적으로 배려한다는 교회의 목적을 실천한 것이었다. 현재는 주일에 기독교 예배당으로, 평소에는 보육시설이나 집회 장소로, 또 특별한 때는 갤러리나 행사장소로 개방되거나 공유되는 복합공간이 되었다.

앤드류 모슨 목사는 어떻게 하면 지역사회의 복지를 향상시키고 건

지역공동체와 함께 하는 교회의 새로운 도전들
- 한국적 '선교적 교회'를 향하여 -

강한 공동체를 만들 수 있을지 고민했는데, 신자유주의 정책 이후 영국의 의료체계는 이미 대부분 민영화 되어 가난한 이들은 제대로 된 건강관리나 의료혜택을 받지 못한다는 현실을 안타깝게 여기고 무료이거나 아주 적은 회비로 운영되는 건강센터와 진료소를 1997년 개설했다. 이는 국가가 아닌 지역공동체가 국민건강서비스의 초기 의료센터를 만든 영국의 첫 번째 사례로 알려져 있다.

지역의 아주 작은 교회가 할 일이었지만, 런던 전역에서 주목받게 되었고 당시 블레어 총리의 지원을 끌어 올 수 있었다. 그들은 교회 옆의 공원을 관리하는 사회적 기업을 만들어 지역주민들의 일자리를 만들고 자력갱생의 대안을 찾아 나갔다. 장애인들을 위한 돌봄 서비스, 카페와 도서관 개설, 또 지역의 예술가나 문화인들에게 지역주민들을 교육하도록 하여 지금은 꽤 훌륭한 작품들이 생산되고 있기도 하다. 이 중 몇 몇은 사회적 기업으로 전환되었고 지역주민 중 희망자들에게 사회적 기업 학위를 취득할 수 있는 교육과정도 운영하고 있다. 이렇게 확대된 사회적 기업을 통한 주민역량강화사업은 런던 시내에 두 곳의 '사회적 기업 지원센터'를 세우는 성과를 내게 된다. CAN(Community Action Network)이라 명명된 이 센터는 초기에 영국 전역의 기독교 청년과 사역자들과 전문가들을 사회적 기업가로 훈련하고 교육하고 프로젝트를 지원했다. 최근에 필자가 다시 방문했을 때는, BBBC에서 태동된 정신을 이어받고 있지만, 현재 기독교에 국한하지 않고 다양한 사회혁신 단체들을 지원하고 협력하는 허브 역할을 감당하고 있다.

BBBC의 사역은 단순히 구제나 복지를 제공하는 공급자 입장만을 내세우지 않았다. 필자가 최초 방문 당시, <2010/11 보고서>에 따르면, 지난 6년 간 새로운 30여 개의 사회적 사업이 창출되었고, 이로 인해

200개의 새로운 직업이 만들어졌고 3백만 파운드의 혜택이 지역공동체로 돌아갔다. 1000여명의 사람들이 한 해 동안 진행된 프로젝트에 참여했는데, 공적 기금인 CAN DO PROJECT으로부터 지원받아 지역의 가정과 아이들의 건강을 향상시키는 문화복지에 집중하였다. 교육에 있어서도 이 센터를 통해 2010년 22명이 사회적 기업의 전문학사를 취득했으며 4명의 학생이 자신들의 사회적 기업을 설립하였다. 개 교회가 감당하는 사역으로는 대단한 결과가 아닐 수 없다. 필자가 2017년 여름에 다시 방문했을 때, 사역은 더욱 전문화되어 있었으며, 자원봉사자만 100여 명이 활동하는 규모가 되었다.

니시야마 야스오와 니시야마 야에코는 이 교회와 센터의 사역을 『영국의 거버넌스형 마을 만들기: 사회적 기업에 의한 도시재생』에서 평가하는데, "지역에 잠자고 있는 자원(교회, 공원, 지역주민)을 이용하여 사회적 기업을 일으키고 그 사업수익으로 지역의 복합적 빈곤이라는 문제를 해결하며 물적 공간의 개선과 사회 서비스를 제공하는 종합적인 지역재생을 지향하고 있다."고 평가하며 이러한 노력들은 "지역사회에 뿌리를 두고 지역 주민에게 살아갈 힘과 잠재적 능력을 키워나가는, 말 그대로 로컬리티를 창조하는 사업"이라고 의미를 부여했다.

그런데 이들은 이 교회의 사업이 다른 사회적 기업이나 마을 만들기 사례와 본질적인 차이가 있다고 보았다. 이들은 이 교회의 사역에는 "기독교가 현대 사회가 안고 있는 문제에 대해 무엇을 할 수 있을까라는 문제의식이 저변에 깔려 있다."고 보면서 구제나 자선이 아니라 주민 스스로 자립할 수 있도록 돕는 것이 교회의 과제임을 명확하게 인식했던 것이 다른 단체나 관의 사업과 다른 결과를 낳았던 탁월한 요소라고 보았다.

이 교회는 지역공동체를 형성하는 도시선교의 매우 모범적인 사례를 보여준다. '선교적 교회'가 주장하는 '하나님의 선교'가 구체적인 상황과 공간 속에서 어떻게 실천되어야 하는지, 또 지역사회와 공동체적 관계를 형성하고 지역의 네트워크를 어떻게 구축해야 하는지 모범적인 방안을 제시하고 있다. BBBC는 지역사회의 필요에 민감하게 반응했고 지역의 자원들을 선교적 관점에서 바라보았다. 예배당 공간을 지역사회와 공유함으로써 건물중심의 교회론으로부터 벗어났으며, 오히려 지역사회 전체를 선교의 현장으로 인식하였다. 하나님이 자신들을 그곳에 보내셨다고 고백했던 이 공동체는 필자가 2012년 처음 방문했을 때도 불과 11명 정도가 모여 주일예배를 드렸는데, 2017년 여름에 방문했을 때 역시 20여 명 정도가 주일 예배를 드리고 있었다. 앤드류 목사는 이미 은퇴해서 새로운 담임목사가 목회를 하고 있었다. 비록 적은 수가 기독교 예배를 드리고 있지만, 이 교회는 이 지역에서 없어서는 안 될 중요한 존재가 되었으며 지역주민들은 종교와 관계없이 이 교회를 자신들의 삶과 함께 하는 공동체로 인정하고 있다. '선교적 교회'는 건물이 아니고 숫자도 아니다. 하나님께서 자신들을 파송한 그곳에서 하나님의 선교에 동참하는 공동체이다. 이런 점에서 BBBC의 사역은 '선교적 교회'가 가야 할 방향을 잘 보여주고 있다.

제5장

'후기세속도시(post-secular city)'와 새로운 선교의 비전

몇 해 전 서울의 인구가 1,000만 명 이하로 떨어졌다는 보도가 있었다. 서울시는 "신도시 개발, 광역 교통 인프라 확충, 공공기관 지방 이전 등 그 동안 정부가 추진해 온 정책들의 사업효과가 가시화되고 있음을 보여주는 것"이라고 밝혔다. 서울시의 인구 감소에 대해 전문가들이 가장 큰 원인으로 '주거비 부담'을 꼽은 것과는 다소 다른 판단이었다. 한편 제주도와 같은 특색이 있거나 세종시나 송도 등 신도시의 인구는 꾸준히 늘어났다. 서울시의 주장대로 정책의 실효로 볼 수도 있겠지만, 대부분의 언론과 전문가들은 서울과 같은 대도시의 주거비 부담이 지나치게 높아져서 도심지 인구가 줄어드는 현상이 발생한다고 분석한다. 물론 대도시의 주거비 부담은 서울만의 문제는 아니다. 대도시의 부동산 가격 상승 곡선은 OECD 국가 대부분에서 나타난다. 하지만 우리나라의 수도 서울은 다른 나라에 비해 인구밀도나 자원의 집중도가 매우 높은 곳이라서 서울을 중심으로 전개되던 각종 도시정책의 변화가 불가피해 보인다. 이와 함께 교회도 이러한 변화에 대응해서 새로운 선교 전략을 고민해야 할 것이다.

도시에 대한 두 가지 시각: 도시의 사회학

도시의 변화에 대응하는 선교적인 논의가 제대로 진행되려면, 우선 도시에 대한 기본적인 이해가 필요하다. 도시를 지리적 개념으로만 보기보다는 도시에서 살아가는 사람들의 문화적 양식에 더 진지한 관심을 가져야 한다. 도시는 단지 건물이거나 도로가 아니라, 사람들이 살아가는 방식을 규정하고 그 사람들 사이의 관계들을 통제하기 때문이다. 도시는 인간들이 만들어 낸 인공물이지만, 건축가 유현준은 『도시는 무엇으로 사는가: 도시를 보는 열다섯 가지 인문적 시선』에서 "도시는 실제로 도시설계자의 의도대로가 아니라 자연발생적인 방식에 의해서 오랜 시간에 걸쳐 진화해 왔다는 면에서... 자생적인 유기체"라고 보았다. 그래서 도시문제는 인간의 의도를 넘어 도시 자체가 자율적 진화를 하면서 발생한 것들이다. 도시학의 방점이 도시설계와 건축에서 도시생태학이나 도시공동체론으로 옮겨가는 이유가 그러하다. 도시를 공간으로만 이해하면 공간의 배치를 통해 사람들의 삶을 통제하려는 욕망이 투영된다. 반면, 사람들 간의 관계망이 도시의 실체로 인정하면 도시가 인간의 삶에 어떻게 봉사하는지에 대해 비판적으로 평가할 수 있게 되는 것이다.

이런 점에서 이미 19세기 말에 발터 벤야민(Walter Benjamin)이 『도시의 산책자』(*Arcade Project*)에서 도시가 거대한 쇼핑 아케이드처럼 변하고 있다고 비판하고, 도시의 사람들이 '방랑자'가 아니라 성찰하는 '산책자'가 되어야 한다고 주장한 것은 대단한 통찰력이었다. 산책자는 "항상 자기 개성을 충분히 확보하고" 반면 "구경꾼은 외부 세계에 열광하고 도취되기 때문에 그들의 개성은 외부 세계에 흡수되어 사라지고 만다." 그래서 "구경거리에 정신을 빼앗긴 구경꾼은 비인격적인 존재가 된다." 그런 사람은 그저 군중에 머물러 있을 수밖에 없다. 산책자는 건물이나 거리에서 호객하는 소비의 욕구에 압도되지 않고 구석구석에서 성찰과 미학의 흔적들을 발견하고 군중이 아니라 시민으로서 자신의 존재를 인식한다.

필자는 얼마 전 남양주에 들어 선 중소규모의 신도시로 이주했다. 이곳은 미리 계획된 도시이다. 주거와 거리가 보기 좋게 구분되어 있다. 그러나 초기에 한산했던 모습과는 달리 금방 소비의 욕망이 거리거리를 채워나갔다. 보기 좋게 계획되었던 거리는 부동산 사무실과 온갖 자영업자들의 가게로 채워졌고, 사람들은 서서히 군중으로 변모해 가고 있다. 자동차와 간판은 자연녹지와 시야를 점령해 버렸다. 점차 시민의 삶은 사라지고 소비를 위한 관객으로만 거리를 활보하게 될 것이다. 한국의 신도시는 이런 식으로 사람들의 삶보다는 건물과 공간으로 채워지는 경우가 많다.

최근 심심치 않게 보게 되는 도심 속 다툼들이 있다. 새로 들어 선 아파트 단지인 일반 분양 아파트 세대와 상대적으로 저소득층이 거주하는 임대 아프트 세대 간의 갈등과 다툼은 대도시의 삶이 무엇을 의미하는지 전형적으로 보여주는 사건이 아닌가 싶다. 이런 갈등을 당사자들이 원한 것은 아닐 것이다. 도시의 폭력적 구조가 도시에 사는 사람들을

지역공동체와 함께 하는 교회의 새로운 도전들
- 한국적 '선교적 교회'를 향하여 -

그렇게 살도록 강요하는 측면이 있다. 거주자 중심의 도시가 아니라 이윤과 욕망의 도시가 되어버린 것이다.

　이런 점에서 다소 거칠고 급진적이기는 하지만, '포스트모더니티' 담론으로 잘 알려진 데이비드 하비(David Harvey)가 주장하는 '도시권'에 대해 곰곰이 생각해 볼 필요가 있다. 『반란의 도시』(*Rebel Cities*)에서 하비는 도시를 고정되고 완성된 공간 혹은 지리의 개념으로 이해하지 않고, 도시화의 과정으로 이해해야 한다고 말한다. 그래서 도시는 계속 형성되고 있는 과정에 놓여 있다. 도시공간의 형성은 도시 공유재를 영속적으로 생산하는 과정인 동시에 사적 이익집단이 도시 공유재를 끊임없이 사유화하고 파괴하는 과정이기도 하다. 이렇게 질문할 수 있다. "도시의 주인은 누구일까?" 따지고 보면, 도시의 기간시설은 모두 세금으로 건설된다. 애초에 공유재인 도로나 거리나 공원을 특정 이익집단이나 구조가 사유화하면서 도시의 공공재를 개인의 소유로 둔갑시키는 일들을 그는 비판하고 있다. 다 함께 누릴 수 있어야 사람들이 만나고 관계를 맺으며 공동체 삶이 형성되리라는 기대는 여지없이 무너지고 경제적 계급에 따라 거주영역과 공유영역이 구분되고 구별되는 것이다. 그래서 하비는 '도시권'을 "도시를 우리의 마음 속 기대에 가깝게 바꿔나가고 재창조할 권리"라고 보고, 그것은 개인적 권리가 아닌 집단적 권리라고 주장한다. 즉 도시에서 살아가기 위해 필수적으로 보장받아야 할 권리를 요구하고 그것을 지켜내기 위해 공동체가 함께 노력해야 한다고 보는 것이다. 고립되는 삶을 당연한 것으로 받아들이거나 배제하는 삶의 방식을 그대로 인정한다면, 도시는 더 이상 사람들이 함께 살아갈 수 있는 공간이 될 수 없다.

　그래서 최근에 많이 이슈가 되고 있는 '젠트리피케이션(gentrification)'

현상이 위에서 제기한 도시권의 문제를 단적으로 보여주는 사례이다. 이 현상은 중산층이상의 계층이 도심 지역의 노후한 주택 등으로 이사 가면서 기존의 저소득층 주민을 대체하는 현상을 말한다. 본래는 외부인이 들어와 지역이 활성화되는 것을 뜻했지만, 지금은 그 지역에 거주하던 원주민이 타지역으로 밀려나는 현상을 뜻한다. 서울에서도 경리단 거리나 홍대 거리, 이태원 등에서 이런 문제로 크고 작은 갈등이 벌어지고 있다. 실정법에 따라 법적인 하자가 없다 하더라도, 거주자나 세입자의 권리보다는 건물주나 집주인의 소유권을 훨씬 더 지지하는 우리의 제도는 보완, 수정되어야 할 필요가 있다는 것이 전문가들의 시각이다.

도시에서 사람들이 살아가는 방식의 근본적인 변화가 필요하다. 도시는 사람들이 사는 '생활 관계망'이 그 실체이지 시멘트 덩이로 채워진 건물이 실체가 아니다. 그런데 그 관계망이 무시되면서 공적 공간이 점차 사라지고, 오로지 경제적 부와 소비의 욕망에 압도당한 사유화 현상으로 인해 갈등과 충돌이 멈추지 않는다.

그런가 하면, 도시의 삶을 부정적으로만 평가하지 않고 오히려 문명의 발전을 상징하는 것으로 보는 견해도 분명히 있다. 하버드 대학교 경제학과 교수인 에드워드 글레이저(Edward Glaeser)는 『도시의 승리』(Triumph of the City)에서 "도시는 어떻게 인간을 더 풍요롭고 더 행복하게 만들었나?"라고 묻는다. 물론 그도 도시가 점차 쇠퇴하거나 갈등의 현장이 되고 있다는 사실을 무시하지는 않는다. 다만 도시는 얼마든지 그런 문제들을 해결할 수 있는 자원과 창조적 힘이 있다고 생각한다. 일례로 그는 뉴욕에 거주자들의 수명이 다른 도시보다 더 길다는 통계를 제시하면서, 공공부문의 투자가 강화되고 치안과 안전에 특별한 정책이 마련되면 "대도시들이 더 이상 '죽음의 뜰'"이 되지 않을 수 있다고 본다. 궁극적으로 현재 우리가 직면한 여러 문제들은 "도시의 성공을 가로막는 넘지 못할 장애물은 아니다. 더 살기 좋은 곳으로 만들기 위해 싸우는 수호자들을 자체적으로 생산하고 있다. 인재들은 도시를 생산적으로 만드는 데 그치지 않고 도시를 즐겁게 만들기도 한다."며 긍정적인 전망을 제시한다. 그래서 녹색도시, 창조도시를 향한 도전은 도시가 지금까지 인류 문명에게 선물한 혜택들을 더 개선시킬 것으로 기대하며, 도시의 '승리'는 멈추지 않을 것이라고 단언한다.

대한민국의 수도, 서울

우리의 도시, 특히 서울은 이런 두 가지 관점으로 볼 때 어떤 평가가 더 적합할까? 양면성이 있다는 것에는 동의할 수 있다. 그러나 최근 벌어진 인구감소 상황을 고려컨대, 과연 서울이 승리하고 있는지 의문을 제기할 수밖에 없다. 서울에 사는 사람들은 행복한가? 세계적으로 유명해진 서울에서 사는 사람들은 '강남 스타일'을 자랑하며 서울이 선물하는 삶을 축복으로 여기고 있을까? 서울시민으로 살기 위해서는 직장이나 교육환경 등을 고려할 때 그에 맞는 경제적 수준이 뒷받침되어야 한다. 예컨대 강남과 강북의 차이만 봐도 서울살이가 지역마다 그 삶의 조건이 다르다는 것을 알게 된다. 가수 싸이가 찬양한 '강남 스타일'을 누리려면 엄청난 거주비용과 생활비를 지불해야 한다.

서울의 인구가 감소한 가장 큰 요인은, 위계적 공간구조화에 따른 배제의 논리가 작동된 까닭이다. 사실 정도전이 한양을 조선의 도읍지로 정하여 건설할 때부터 이런 위계적 구조를 가지고 있었다. 유승희는 "조선시대 한양 도시구획과 공간의 위계화"(『도시공간의 형성 원리와 도시민의 삶』)에서 "사대의 예와 신분의 예에 따라 도시공간의 위계를 구분하고 공간이 분리되어 구조화되었다."고 분석했다. 서울의 출발 자체가 위계적 구조화를 정치적으로 정당화했는데, 대한민국 서울은 70년대에 다시 이런 정치적 영향력에 의해서 강남과 강북의 위계적 질서를 공간적으로 재배치했다. 경제개발 정책과 함께 정치적 위계가 경제적 위계로 변화되었던 것이다. 영화 <1970>은 당시 정치적 권력과 경제적 욕망의 결탁의 결과로 강남이 탄생했음을 잘 보여준다. 서울인구의 감소 현상은 이러한 경제적 위계구조에서 탈락한 이들이 배제되는 과정으로도 볼 수 있고, 동시에 서울을 벗어나 새로운 관계와 삶을 선택하고 싶은 이들의 자발적인 탈서울 현상으로도 볼 수가 있다. 어쨌든 수도 서울의 위계적 구조에 대한 사람들의 관계망이 대응하는 현상임에는 틀림없다.

'후기세속도시(post-secular city)'로서의 서울, 도시선교의 거점으로 바라보기

서울의 인구감소 현상이 상징하는 바는 다의적이다. 이 문제를 선교적으로 다룰 때 서울이라는 도시를 단지 공간이나 건축물로 다루는 것이 아니라 무수한 자원들과 함께 사람들의 삶이 형성되는 관계망으로 접근해야 한다. 그 관계망이 어떻게 형성되며, 지금 작동하고 있는 관계망 형성방식이 기독교적 관점에서 바람직한 것인지 비판적으로 살펴야 한다. 도시선교의 비전에 있어서, 20세기가 '성시화'의 시대였다면, 21세기는 '선교적 거점화'로 그 관점을 전환해야 한다. 도시를 죄악의 소굴 혹은 악의 도성으로 규정하면, 도시의 권력자들이 정당화하고 있는 정치적, 경제적 계급구조를 변화시키기 어렵다. 왜냐하면 교회는 그 구조로부터 벗어나려고만 하려고 할 것이기 때문이다.

종교개혁의 지도자들은 도시를 선교의 자원으로 인식했다. 루터의 종교개혁이 독일에서 가능했던 것은, 다른 나라보다 도시가 발달해 있었고 그에 따라 재정적인 여유가 있었기 때문이었다. 그 탓에 로마와 교황에 저항하며 제후들과 귀족들은 루터를 지지하였고, 도시를 중심으로 하는 인쇄술 보급과 중산층의 성장에 따른 도시들의 자원들이 종교개혁의 주요한 인프라가 되어 주었다. 또 깔뱅의 스위스 종교개혁은 어떠한가? 제네바 시를 배경으로 한 그의 개혁과 목회는 중세의 도시가 근대의 도시로 탈바꿈하는 계기가 되었다. 종교개혁은 당시의 세속적 도시를 그리스도인의 소명이 실천되는 공간으로 인정함으로써 도시의 발전과 자원들의 공공화를 가속화시켰던 것이다.

종교개혁의 후예들은 도시와 산업을 발전시켰지만, 나중에는 자본주의와 소비주의의 거친 압력에 타협하고 말았다. 그래서 신앙의 정체성을 지키기 원하는 이들은 도시의 죄악성을 고발하는 보수적인 도시선교의 전망을 갖게 되었다. 그들은 도시의 소비문화와 성적 타락을 고발했고, 사람들은 이들을 반문화적이거나 배타적인 집단으로 인식했다. 20세기의 번성했던 도시선교는 도시를 거룩한 도성으로 만들기 위해 교회를 도시에 존재하는 '구원의 방주'로 선언했다. 초기에는 그런 주장이 교회를 부흥시키는 역할을 했지만, 20세기 후반부터 지구화 국면에서 교회의 이런 전략은 오히려 교회를 도시로부터 고립시키는 결과를 낳았다. 이제 21세기의 네트워크 환경은 새로운 도시선교의 비전을 요구하고 있다. '구원의 방주'로서 섬처럼 존재하는 교회 모델은 변화되어야 한다. 서울과 같은 거대 도시에서 교회는 도시의 각종 인프라와 시설과 자원을 공공재로 인식하고 선교적 네트워크로 연결하는 새로운 접근을 모색해야 한다.

근대시기에 당연시 되었던 '세속화 이론'은 20세기 후반에 잘못된 예측이었음이 분명해졌다. 세계적으로 종교적 부흥 현상을 볼 수 있고, 지구의 여러 분쟁들은 대부분 종교적 배경을 가지고 있어서 종교가 개입하지 않으면 해결될 수 없는 상황을 맞이했다. 또 파편화되고 분열된 도시에서 인간들이 겪고 있는 고독과 고립의 문제는 종교와 같이 공동체적 삶을 지향하는 사회제도의 공적 역할을 강력히 요청하고 있기도 하다. 21세기는 인간의 합리성, 기술의 진보, 도시화 등에 찬사를 보냈던 20세기의 발전에 의문을 제기하고, 종교의 공적, 문화적 의미를 제고해야 한다는 의견이 널리 퍼져있다. 20세기의 '세속도시'와는 달리 21세기의 도시에서는 새로운 문화적 의미를 생산해 낼 가장 중요한 자원으로서 '종교'의 역할이 중요하다. 그것은 곧 '공동선(the Common Good)'에 헌신하는 새로운 교회의 등장을 요청한다.

서울은 정치, 경제의 수도이면서, 선교적으로 볼 때는 그야말로 선교적 자원의 보고이다. 서울에 위치한 한국교회의 문화적 자원은 세계 어디에 내 놓아도 부럽지 않을 만큼 다양하고 수준이 높다. 만약 서울의 교회들과 그리스도인들이 서울이 안고 있는 20세기적 병폐들을 치료하고, 새로운 삶의 양식을 제시하는 일에 헌신한다면, 서울은 21세기의 '선교적 거점(missional platform)'으로서 손색이 없을 것이다. 혁신적이며 창조적인 서울의 이미지는 단지 문화적 이미지일 뿐만 아니라, 위계

지역공동체와 함께 하는 교회의 새로운 도전들
- 한국적 '선교적 교회'를 향하여 -

적 구조를 변화시키기 위해서 동원해야 할 가장 중대한 윤리적 이미지이다. 서울은 또 전통과 현대, 자연미와 인공미가 적절히 조화를 이루고 있다. 이러한 조화를 부의 축적과 소비의 욕망을 위해서 소모되지 않도록 하고 사람들의 관계를 풍요롭게 만드는 일에 동원되도록 하는 것 또한 도시선교의 비전에 포함되어야 한다.

서울의 자원을 선교적 전망으로 바라보지 못하고 교회조차도 도시의 자원을 독점하고 소유하여 권력을 얻으려 한다면, 앞으로 교회들이 도시에서 겪을 선교적 위기는 불 보듯 뻔하다. 수적 감소로 인해 한국교회는 위기에 처해 있다고 하는데, 앞으로 재정의 감소, 자원의 감소, 영향력의 감소로 결국 고립과 소멸의 길을 걷게 될 지도 모른다. 그러나 이런 사태는 위기이기도 하지만, 동시에 새로운 교회의 선교적 소명을 부각시킬 수 있는 기회이기도 하다. 필자는 '선교적 교회'의 비전이 서울과 도시를 향한 한국교회의 새로운 비전이 되어야 한다고 믿는다. 도시의 공간과 사람들의 관계망 속에서 지금도 일하시며 선교하시는 하나님의 새로운 비전을 분별하여 동참해야 한다. 이제 서울을 '후기세속도시'로 바라보는 관점의 전환이 필요하다. 잘못된 욕망들이 만들어 놓은 위계적이며 소비적인 공간의 사유화가 초래한 문제점을 비판적으로 인식하고, 그러한 부정의한 구조를 정당화 하거나 공간을 교회가 사유화하는 선교는 앞으로 지양해야 한다.

교회가 소유한 것은 교인들만의 소유가 아니라 지역민, 시민들이 함께 공유할 방법을 찾아야 한다. 카페나 도서관 등의 사역이 최근 많이 늘어나고 또 지역에 공간을 개방하는 사례가 많아지고 있어서 긍정적인 흐름이 감지되지만, 더 많은 교회들이 지역사회에 공간을 개방하고 자원을 공유하는 일에 동참해야 한다. 그래서 도시를 '죄악의 도성'이 아니라 '선교적 거점'으로 선언함으로써 도시선교의 새로운 패러다임 전환을 시급히 꾀해야 한다. 도시 한 가운데를 점유하거나 독점하는 방식의 선교는 이제 사람들의 삶 속에서 관계를 형성하며 도시의 공공성을 확대시켜 나가는 방식의 선교가 필요한 것이다. 예컨대, 서울시를 포함하여 우리나라 모든 지차체가 적극적으로 전개하고 있는 '마을만들기' 사업이나 지역공동체 사업과 연대하고 지역주민들과 협력하여 지역을 더 좋은 곳으로 변화시키려 하는 것도 도시에서 감당해야 할 새로운 '선교적 교회'의 비전이다.

필자가 섬기는 <도시공동체연구소>와 <한국선교적교회네트워크 MCNK>에서는 '선교적 교회'의 새로운 도시선교의 비전을 모색하기 위한 세미나를 '공동선에 헌신하는 교회(Church for the Commmon Good, CCG)'라 브랜드를 붙여 개최했다. "교회의 새로운 표현 세미나: 교회는 지역사회의 거점이 될 수 있을까?"라는 주제를 가지고 서울시 복지사업의 관계자와 공유경제사업 관계자 등이 함께 참여하여 토론을 가졌고, "더 나은 세상을 위하여, '공동선에 헌신하는 교회"라는 주제로 사회적 기업가와 벤처 기업가들이 모여 토론을 가졌다. 모두 21세기의 교회가 이런 일에 어떻게 헌신할 수 있을지 고민하는 자리였다. 그런 방식이 바로 '후기세속도시'에 파송된 교회가 감당해야 할 '하나님의 선교'이며 공론장에서 요청되는 공적 역할이다. 이것이 '선교적 교회'의 새로운 도시선교적 실천이다.

지역공동체와 함께 하는 교회의 새로운 도전들
- 한국적 '선교적 교회'를 향하여 -

제6장

'마을목회'의 비전에 담긴 선교적 의미

    대한예수교장로회(통합)는 2017-2018년 총회의 주제를 "거룩한 교회, 다시 세상 속으로!"라고 정했고, 이 주제를 중심으로 교단의 교회들에게 '마을목회'에 대한 비전을 제시했다. 필자는 '선교적 교회'의 관점으로 이 작업에 참여했었다. 1년 회기인 총회가 이런 주제를 정했다고 해도 교단의 모든 교회들이 '마을목회'에 참여하리라는 생각은 하지 않았지만, 적어도 '마을목회'를 유행이 아니라 '선교적 교회'의 관점에서 교회의 본질을 회복하려는 시도가 되도록 해야 한다고 주장했다. 필자가 주장했던 바를 간략히 정리하여, '선교적 교회'의 관점에서 '마을목회'에 대한 이해를 설명하고자 한다.

'마을목회'란 무엇인가?

　서울시를 비롯하여 정부와 각 지자체에서 '마을만들기' 사업이나 '마을기업' 지원 등의 정책을 활발히 전개하고 있고, 통합교단에서도 이런 사회적 분위기에 보조를 맞춰 '예장마을목회네트워크'를 조직한 바가 있기 때문에, '마을목회'라는 용어는 이미 낯설지 않은 말이 되었다. 그럼에도 불구하고 '마을목회'의 신학적 정의를 명확하게 내리기는 아직 어렵다. '마을목회'가 '마을에서 하는 목회' 혹은 '마을을 대상으로 하는 목회' 혹은 '마을을 형성하기 위한 목회' 등으로 이해할 수 있겠으나, 우선 '마을'에 대한 개념적 정의를 21세기의 다원적 상황에서 적절하게 규정하기가 어렵다. 우리나라 인구의 75% 이상이 이미 도시에 살고 있는 상황이라는 점을 고려할 때, '마을'의 사전적 정의를 그대로 적용하기 어렵다는 것이다. 시민단체인 <전국마을만들기네트워크>에서는 '마을'을 "슬리퍼를 신고도 마음 편히 갈 수 있는 정도의 범위"를 가리키는 것으로 보았다고 한다. 또 "내가 사는 동네" 혹은 "내가 주로 활동하는 지역" 등으로 풀어 설명할 수도 있겠다. 그러나 만약 '마을'을 농어촌에 국한해서 사용해야 한다면, 이번 주제를 '마을목회'와 연결시키는 것 자체가 무리다. 우리 교단의 교회들은 농어촌에만 있는 것이 아니고, 또 도시에 훨씬 더 많은 교회들이 있기 때문이다.

　근대가 시작되면서 '마을'은 '사회'로 '도시'로 변화되며, 그 정치적으로나 문화적으로나 그 형식과 내용이 완전히 달라졌다. 혈연과 지연을 벗어나 서로 전혀 몰랐던 사람들이 법과 질서를 유지하며 더불어 살아가야 하는 공동의 삶이 시작되었던 것이다. 전통적인 '마을'의 비권력적 관계는 새로운 권력지형에 따라 새로운 관계망을 갖게 되었다. 혈

지역공동체와 함께 하는 교회의 새로운 도전들
- 한국적 '선교적 교회'를 향하여 -

연끼리 모여 살던 공동의 삶은 도시의 사회적 삶으로 변화되었다. 자본주의의 막강한 힘은 사람들을 새로운 계약적 관계 속으로 밀어 넣었고, 이전에 경험하지 못했던 비인간화, 물질주의, 세속주의와 같은 가치들이 사람들의 삶을 지배하며 공동체적 가치를 약화시켰다.

우리가 21세기 초엽에 이 '마을목회'를 말할 때, '마을'은 지리적 의미보다는 문화적 함의가 더 크다. 지리적이거나 공간적인 의미를 넘어 "함께 더불어 살아가는 공동체적 삶"을 가능케 하는 어떤 상태에 대한 추상적 은유이다. 그래서 우리가 '마을목회'라고 말할 때, 그것은 일종의 메타포라는 사실을 인정해야 한다. 한국의 도시의 대표적 주거형태는 아파트인데, 아파트에서 '마을목회'는 가능한가? 명확히 주장하기가 어렵지만, 상징적으로 또 은유적으로 우리는 아파트의 삶이 단절적이고 분절적이라는 비판적 추측을 통해서, 공동체적 삶의 복원을 주장할 수 있게 되는 것이다. 그러므로 지금 '마을목회'가 의미하는 것은, "함께 더불어 살아가는 공동체적 삶"의 복원을 지향하는 목회를 통칭하는 것으로 봐야 한다.

또 한 가지 생각해 볼 논점이 있다. '마을목회'의 패러다임은 과거 민중교회나 도시선교의 근대적 도식을 넘어서야 한다는 것이다. 현재 교단에서 실천되고 있는 '마을목회'의 사례들 중 많은 경우가 과거 민중목회나 도시산업선교의 전통에 맞닿아 있다. 이런 전통에 대한 신학적 평가가 다시 내려져야 한다는 주장과는 별개로, 오늘 이 시대에 다시 '마을목회'를 실천해야 한다면, 그것은 교회가 도시와 마을의 중심이 되어 실천되는 방식이 아니라, 오히려 교회가 마을과 도시의 일부가 되는 방식이어야 한다. 지역주민은 계몽의 대상이거나 동원의 대상으로 설정해서는 안 된다는 의미이다.

서울시나 정부에서 지원하고 있는 '마을만들기'나 '도시재생사업' 등의 기본적인 전제는 '주민역량강화'를 통해 주민이 스스로 마을공동체를 주도할 수 있어야 한다는 것이다. 신도시 건설이나 아파트 재건축과 같은 물리적 환경을 완전히 해체, 신설하는 방식이 아니라, 기존의 관계망을 발전적으로 유지, 복원하면서도 주민 스스로 자신들의 미래를 주체적으로 결정하고 발전시킬 수 있도록 지원하자는 것이다. 서울시의 "찾아가는 동사무소(찾동)", 경기도의 "따뜻한 복지(따복)"과 같은 복지 프로그램은 모두 이런 관점에서 태동되었다. 이런 점에서, '마을목회'가 교회중심적 관점을 계속 유지한다면, 지역사회에서 오히려 충돌과 긴장을 유발할 가능성이 있다.

'마을목회'는 '선교적 교회'의 관점에서 볼 때 더 확장된 의미를 말할 수 있다. 그것은 '마을목회'를 교회가 파송된 바로 그곳에서 지역사회의 일원으로 함께 살아가는 공동체적 문화를 실천하는 모든 활동을 포괄한다. 그러니 이미 교회들이 지역사회에서 펼치고 있는 각종 사역들이 모두 포함된다. '마을목회'는 전에 없던 프로그램이 아니다. 지금까지 하고 있었던 지역선교 프로그램의 패러다임을 변화시키는 것이다. 이 시대에는 교회가 더 이상 지역사회의 중심이 아니며, 될 필요도 없으며, 또 오히려 중심이 되면 선교의 걸림돌이 될 수도 있다는 인식을 가져야 한다. 여기서 "중심"의 의미 역시 근대적 의미로써, 권력과 힘을 중앙집권적으로 동원하려는 욕망을 담고 있다. 만약 "마을 목회"를 주장하는 것이 마을의 중심, 도시의 중심이 되고자 하는 것이라면, 그 욕망으로부터 자유로워지는 것이 첫 번째 과제일 것이다.

지역공동체와 함께 하는 교회의 새로운 도전들
- 한국적 '선교적 교회'를 향하여 -

우리가 지향해야 할 교회의 거룩성은 어떻게 증언되어야 하나?

우리는 에큐메니컬 전통과 개혁교회의 전통에 따라 "하나의, 거룩한, 보편적, 사도적 교회"를 고백한다. 오늘 한국교회의 상황에서 보면, 이 고백에 근거한 교회론은 참혹하게 무시되고 있다. 세상 속으로 들어가는 '거룩한 교회'는 어떤 교회인가? 그 교회는 성육신적 교회이다. 주님께서 성육신하신 바로 그 사건이 교회가 세상 속으로 들어가야 하는 근거이다. 교회의 거룩성은 세상과 구별의 논리로만 증명되는 것이 아니라, 개방과 공존의 삶을 통해서도 증명되어야 한다. 세상과 분리되는 교회는 결코 성경적 '거룩'을 증언할 수 없다. 교회는 세상을 거부하지 않는다.

오늘의 사회에서 '선교적 교회'의 관점에서 교회의 거룩성의 의미란 무엇인가? 우리가 이토록 치열하고 경쟁적이며 피곤하게 살아가는 한국사회에서 '거룩한 공동체'로서의 교회는 어떤 의미가 있는가? 사람들이 더 이상 종교를 필요로 여기지 않고 있다는 사실이 최근의 몇 통계에서 증명되었다. 한국갤럽이 조사하여 발표한 한국인의 종교현황에 따르면 비종교인이 50%를 넘어가고 있으며, 급기야 2016년에 발표된 통계청 <인구주택총조사>의 결과에 따르면, 2015년에는 비종교인이 56%가 넘었다. 사람들은 종교가 자신들의 삶에 별 의미를 주지 못한다고 생각하게 되었다.

앞으로 이런 추세는 더 강하게 나타날 것이다. 심지어 교회를 출석하지 않는 그리스도인, 소위 '가나안 교인'이 100만이 넘는다는 주장도 있으니, 이렇게 따지면 앞으로 종교의 사회적 지위는 계속 낮아질 것으로 예측할 수 있다. 또 최근에 발생한 대형교회의 세습구설수를 포함하여 교회가 관련된 일련의 부정적 사태들을 보건대 더욱 앞으로 더욱 그럴 것이라는 합리적 추측이 가능하다. 적어도 한국사회에서 종교의 의미는 분명 약화될 것이다.

그런데 미약하지만, 아니 어쩌면 그래서 더욱 강력하게 나타나는 정 반대의 흐름도 있다. 새로운 관점에서 종교의 역할을 요구하는 흐름이 생긴 것이다. 서구의 진보적 지식인들은 합리적 이성주의라는 근대주의의 이상이 한계에 도달했으며, 특히 자본주의가 더 이상 인간의 행복을 보장할 수 없다는 사실을 인정하지 않을 수 없을 만큼 도덕적 위기에 직면해 있다고 보고 있다. 여기저기서 제4차 혁명이 이미 시작되었다고 말하지만, 빈부의 격차는 날로 심화되고 있고 인간의 가치는 돈으로 환산되어 생명의 존엄성은 위협받고 있다. 더 이상 인간의 이성적 능력을 신뢰하기가 어려워졌다. 그래서 여러 학자들은 근대가 포기하거나 배제했던 종교의 도덕적 기능, 즉 공적 역할을 다시 호출하게 되었다. 유럽 대부분의 국가에서 복지정책을 논의하는 자리에는 어김없이 종교 지도자들이 참석하고 있으며, 국가의 정책입안에는 종교계의 입장을 사전에 경청하는 것은 보편적인 현상이다.

종교의 공적 역할에 대한 관심은 미국에서 발생한 9.11 사태 이후 더욱 고조되었다. 지금 지구촌 대부분의 분쟁에 종교가 개입되어 있기도 하고, 종교만이 한 공동체의 도덕적 토대에 대한 합의를 구축하는 일에 헌신할 수 있다. 이런 이유로 공론장에서 배제되었던 종교가 도덕적, 윤리적 역할을 다시 요구받고 있다. 사회의 공론장에 복귀하게 되는 이 시점에 언제나 문제가 되는 것은 종교에 그러한 자체적 능력이 있냐는 것이다. 그래서 '선교적 교회'의 관점에서 교회의 '거룩성'이 무엇을 의미하는지 생각해봐야 한다.

지역공동체와 함께 하는 교회의 새로운 도전들
- 한국적 '선교적 교회'를 향하여 -

예장통합 교단의 주제에 등장하는 '거룩한 교회'의 '거룩성'은 2017년의 한국사회에서는 '공적인 교회'로 번역되어야 한다. '선교적 교회'는 교회의 공공성에 대한 각별한 관심을 표명한다. 한국사회에 산적한 적폐들과 한국교회 내부의 모순들은 사실 한 뿌리로 얽혀 있다는 것은 상식적인 분석이다. 세상에 나가기 위해 교회는 먼저 그 공공성을 회복해야 한다. 복음이 본래 공적인 선언이었고, '하나님나라'의 선포가 성육신 사건의 공공성을 증언한다. 그렇다면 오늘 한국교회에 뿌리내린 사적 신앙의 행태를 분명히 회개하고 공적인 교회의 소명을 다시 회복하는 것이야말로 '거룩한 교회'가 되는 길이다. 교회의 '거룩성'은 교회의 공공성을 사회의 공론장에서 증언하는 것이다. 서로의 입장과 이권의 차이 때문에 조정하지 못하고 갈등을 일으키며 분열하는 곳에서 양보와 화해와 공존의 도덕적 원칙을 수립해 나가는 역할을 교회가 감당할 수 있어야 한다. 그것이 바로 이 시대가 원하는 '거룩한 교회'의 사회적 실천이다.

'선교적 교회'가 가야 할 '세상'은?

이제 '도시'로 '마을'을 생각해 보자. '마을'이라는 개념을 지리적으로만 한정하여 이 시대 교회가 선교해야 할 땅을 좁히지 말아야 한다. 우리가 살아가는 도시적 삶은 문화적 양식으로서 이미 농촌이든 어촌이든 깊숙이 퍼져 있다. '도시' 역시 이제 지리적 의미로만 다뤄져서는 안 된다. '도시'는 콘크리트 구조물이거나 쇼핑센터이거나 도로가 아니라, 인간이 살아가는 문화적 양식이다. 그래서 인간의 삶을 행복하게 보장할 수 없는 도시는 비판의 대상이 된다. 복잡한 도시에 살면서, 우리는 인생의 목적을 생각할 여유가 있는가? 인간의 가치가 상품처럼 소비되는 것을 성찰할 기회가 주어지는가? 카페나 몰에 잠시 앉아 쉼을 얻는 것 말고 진정으로 이 거대한 도시구조물에 저항할 수 있는 방법은 있는가? 그렇지 않다면, 우리는 서로 타자이며 고립되어 살아가고 있는 것이다.

바로 이 지점에서 교회의 선교적 사명이 발생한다. 교회는 선교적 파송의 주체가 아니라 파송의 객체이다. 즉 삼위일체 하나님으로부터 세상에 '파송된 공동체'이다. 교회는 농촌이든 도시이든 그곳에서 선교적 필요에 응답하며, '하나님나라'를 증언하는 거룩한 공동체이다. 우리가 파송된 오늘의 시대가 사람들의 삶을 파편화시키고 분열시켜 남으로, 타자로 살아가도록 한다면 그것은 '하나님나라'를 증언하는 교회로서는 결코 받아들일 수 없는 불의한 문화이다. 교회는 단지 건물이 아니고, 삼위일체 하나님의 현존을 증언하는 교제이며 공동체이다. 그러므로 교회가 파송된 곳에서는 공동체적 삶이 증언되고, 개인의 이익보다는 우리 모두의 필요에 따라 '공동의 선(the Common Good)'을 추구하게 된다. 그것이 초대교회에 성령이 임하셨을 때 나타났던 공동체의 모습이었다. 교회는 어느 곳에서나 그러한 삶을 증언할 때 '거룩한 공동체'가 된다.

지금 세상은 맘몬의 강력한 영향력 아래에 놓여 있다. 인간의 존엄이 돈의 위력에 눌려 있다. 가난하고 힘없는 이들은 사회적 공론장에서 무력하게 배제되고 있다. 이런 상황에서 사람들의 권리는 그들의 소비능력과 비례한다. 대학을 졸업해도 아무리 노력을 해도 돈이 없이는 결코 자신의 존재를 가치 있게 인정받을 수 없다. 그렇다면 교회는 어떠한

지역공동체와 함께 하는 교회의 새로운 도전들
- 한국적 '선교적 교회'를 향하여 -

가? 한국교회의 그리스도인들은 진정으로 '하나님의 나라'를 받아들이고 그 나라의 요구에 따라 살고 있는가? 한국교회는 '마을'에서 배제되고 도시에서 은폐되는 가난하고 힘든 이웃들에게 희망을 주고 있는가?

　　'선교적 교회'는 어떻게 '다시' 거룩한 모습으로 증언될 수 있는가? 그것은 세상에서 사라져버린 '이웃'의 존재양식을 공적으로 실천하는 방식이 되어야 한다. 근대 사회가 나와 남을 이원론적으로 구분했다면, 이제 포스트모더니즘은 남을 타자(other)로 인식하며 우선시했다. 그러나 기독교 신학은 나와 남을 '이웃'으로 통합한다. 우리는 모두 하나님의 형제, 자매이다. 우리는 모두 서로에게 이웃이라는 것이 성경의 가르침이다. 교회는 이런 삶을 선택한 사람들의 모임이며 그 교제이다. '선교적 교회'는 세상 속으로, 도시 속으로 들어가 이웃이 되고자 한다. '마을 목회'는 이런 삶을 살도록 인도하는 목회이다. 지금 세상은 조건 없이 함께 하며 사랑을 주는 '이웃'을 갈망한다. 선한 사마리아인과 같이 기꺼이 이웃이 되어주는 이들이 절실한 한국사회이다.

제7장

'선교적 교회'의 목회적 실천, '문화목회'

'문화목회'는 21세기의 변화된 상황 속에서 지역교회의 목회자가 새로운 방식으로 '하나님나라'를 증언하고 표현하기 위해 실행하는 문화적 목회 프로그램과 이를 원활하게 하는 목회사역을 가리킨다. 21세기의 변화된 상황은 문화적 소통에 있어서 수직적 방식이거나 이론원적인 '주체-객체'의 배타적 관계로는 다양한 구성원의 욕구와 필요를 충족시킬 수 없게 된 '네트워크 사회'의 도래를 의미하며, 이는 앞으로 전개될 '4차 산업혁명' 시대에 더욱 가속화될 것으로 보인다. 문화적 소통은 예술과 (대중)문화의 매개를 활용하거나, 그 형식을 빌려 복음을 표현하려는 시도와 지역사회 혹은 지역주민들과 공통체적 관계 형성을 위해 동원하는 다양한 문화적 프로그램을 포함한다.

'문화목회'의 단위는 지역사회의 일원으로서의 '지역교회(local Church)'이며, 실행자는 지역교회의 목회자와 신자들이다. '문화목회'의 실행은 지역적이며 지역사회와의 소통을 지향하므로 지역사회의 필요에 민감하게 반응한다. 이를 위해 지역교회는 지역사회의 필요를 개방적이며 적극적인 태도로 분별해야 한다. '문화목회'는 지역사회의 상황과 관계없이 교회의 성장만을 추구하는 목회를 지양하며, '문화목회' 프로그램을 통해 지역사회와 공동체적 관계를 형성하고, 궁극적으로 지역사회에 '하나님의 나라'를 증언하고자 한다.

'문화목회'는 실천적 프로그램으로서 교회의 신자들을 위한 문화적 시설과 장치들을 활용하는 프로그램과 지역과의 소통을 위해 접촉면을 늘리는 프로그램이 포함된다. 이를 위해 전문가를 양성하고 필요한 재원을 마련하는 일체의 행위를 포함하는 목회사역도 '문화목회'에 있어서 중요하다. 따라서 '문화목회'를 위한 지도자의 신학적 각성과 훈련이 선행되어야 한다. 부교역자를 배정하여 부서나 위원회를 둠으로써 전문화할 수도 있겠으나, '문화목회'는 한 부서에 국한 되는 것이 아니라, 교회의 전반적인 방향을 재구조화하는 것으로 이해해야 한다.

'문화목회'의 사회적 배경

'문화목회'는 한국사회의 변화와 밀접한 연관 속에 있다. 87년 민주화 조치 이후 90년대에 한국사회는 두 가지 문화적 변화에 직면한다. 첫째는 민주화 세력이 민주주의의 문화화를 이상으로 삼고, 이른바 '문화사회'를 위한 문화적 실천에 참여함으로써 시민사회의 출현과 비판적 문화민주주의와 문화예술생산을 구조화하려 한 것이고, 둘째는 문화산업이 자본축적의 새로운 통로임을 감지하고 기업이 막대한 투자를 감행함으로서 '문화사회'의 문화민주주의를 지향하는 세력을 지속적으로 압도하게 된 것이다.

　시민사회의 성숙과 비판적 문화소비를 토대로 하는 문화사회의 민주적 발전이 가능하려면 시민사회의 역량이 성장해야 하고, 시민 스스로 사회적 의제를 주도적으로 개발, 발전시킬 수 있는 소통구조, 즉 공론장이 성숙하게 형성되어야 하지만, 한국사회는 90년대 후반부터 지구화 국면에서 급속하게 신자유주의 체제에 편입되면서 자체적인 역량을 갖추기도 전에 문화사회의 이상은 동력을 잃게 되었다. 문화의 다양성은 도구화되었고, 시장에서 상품으로 소비되는 대상이 되었다. 문화를 통한 인간의 자기실현 및 공동체적 삶의 실현을 위한 자원이자 장으로서의 의미는 약화되고 말았다.

　2017년 헌정사상 유례가 없는 일련의 정치적 변동을 겪으며 새롭게 등장한 시민사회와 정치세력은 이전과는 달리 시민의 문화적 역량과 문화예술의 비판적 기능을 중시하는 정책을 실행함으로써, 문화의 복지적 차원과 삶의 기본적 욕구로서의 자기결정권을 존중할 것으로 보인다. 이런 상황에서 그 동안 보수적이며 소극적인 태도로 일관했던 한국교회의 문화인식이 한국사회의 공동체적 발전과 민주적 변화에 공적 참여가 가능한 수준으로 격상되어야 한다.

　'문화목회'는 이러한 시대의 사회적 요구에 응답하는 선교적 행위이며 '하나님의 나라'에 대한 교회공동체의 증언행위이다. 한국사회에서 더 소외되고 억울하며 고통스러운 가난한 이웃들과 약자들을 위한 배려가 더 필요하듯이, 교회는 지역사회에서 더 많은 돌봄이 필요하고 섬김이 요청되는 이들에게 이웃이 되어주고 그들의 소리를 경청하는 선교적 노력을 목회적 프로그램으로 구체화해야 한다. 따라서 '문화목회'는 한국사회의 공동체적 발전과 연대에 참여함으로써 성경에서 증

지역공동체와 함께 하는 교회의 새로운 도전들
- 한국적 '선교적 교회'를 향하여 -

언하는 '하나님의 나라'의 상상력을 지역사회에 개입시키려는 것이다.

신학적 배경으로서의 '선교적 교회'

'문화목회'의 신학적 배경으로서 '선교적 교회'의 논의는 변화된 상황 가운데 신앙공동체로서의 교회가 파송 받은 곳에서 삼위일체 하나님이 행하시는 '하나님의 선교(Missio Dei)'에 참여하는 것을 교회가 존재하는 목적으로 삼는다. 아버지는 아들을 세상에 보내셨고, 아버지와 아들은 성령을 세상에 보내셨으며, 아들은 제자들을 세상 가운데 보내셨다. 이 논의의 신학적 근거를 제공한 칼 바르트의 '파송하는 하나님(the Sending God)'과 몰트만의 '십자가에 달리신 하나님(the Crucified God)'은 개혁교회의 삼위일체적 논의를 새롭게 진전시킨 중요한 계기가 되었다. 성육신 하신 주님은 "아버지가 나를 세상에 보내신 것 같이 나도 제자들을 세상에 보내었고(요 17:18)," 제자들을 "각 동네와 각 지역으로... 보내셨고(눅 10:1)" "세상의 빛과 소금(마 5:13-16)"이 되는 선교적 삶을 살도록 파송하셨다.

'선교적 교회'는 교회의 성장과 관리를 위한 새로운 프로그램이 아니다. '선교적 교회'는 문화적 유연성과 효율성을 고양시키려는 것이 아니다. '선교적 교회'는 삼위일체 하나님께서 부여하신 선교적 사명의 실천을 존재의 목적으로 삼는 교회론을 고백한다. '선교적 교회'는 선교의 주체를 교회로 여기지 않는다. 선교의 주체는 삼위일체 하나님이시며, 교회는 파송 받은 자들의 공동체이다. 그러므로 선교적 공동체에게 중요한 질문은 두 가지로 정리된다. 첫째, "우리를 보내신 곳은 어디인가?", 다음으로 "우리를 보내신 목적은 무엇인가?"이다. '선교적 교회'는 파송 받은 곳에서 일하시는 하나님의 선행하시는 선교에 동참하기 위해 자신들에게 허락하신 선교적 자원과 자료를 동원하여 참여한다. 지역사회의 이웃의 소리를 먼저 경청하고 관계를 맺으며 그들의 필요를 중심으로 선교적 공동체를 형성한다. 그래서 '선교적 교회'는 교인을 늘리기 위해 사람들을 동원하지 않는다.

'문화목회'의 실천은 '선교적 교회론'의 목회적 프로그램이며 그 실천이다. '선교적 교회'의 지도력은 신자들을 중심으로 형성되며 교회의 체계와 사역질서도 수평적인 네트워크 형식으로 실행할 것을 권한다. '선교적 교회'는 '문화목회'를 통해 그 실천적 가능성이 넓어진다. 구체적 상황에서 목회적인 프로그램이 제공되지 않을 때, '선교적 교회'는 신학적 제안에 머물게 되지만, '문화목회'와 같은 실천적 목회실행을 통해 서로 다른 상황에서 수많은 사례를 생산하게 될 것이다. '문화목회'는 복지목회, 상담목회, 교육목회 등과 공통의 영역을 공유하면서도 문화적 형식을 취하는 독특한 영역을 구축함으로써 '선교적 교회'의 신학적 성찰을 현장에서 실천하는 목회적 프로그램인 것이다.

지역과 함께하는 '문화목회'

최근 가톨릭이나 불교가 문화를 통해 세상과 만나는 일에 열심이다. 가톨릭은 토착화라는 이름으로, 불교는 전통문화라는 이름으로 사람들의 삶과 일상 속에 뿌리를 내리고 있다. 서로 왕래하며 성당에서 스님의 노래가 울려 퍼지기도 하고, 산사에서 대중가요 콘서트가 열리기도 한다. 그리스도인들은 조금 불편하게 느낄지 모르지만, 세상 사람들은 이런 모습 속에서 종교의 유연성과 다양성을 보게 되는 것이다.

개신교는 아직도 한국인의 DNA에 분명한 흔적을 남기지 못하고 있다. '문화목회'는 크게는 한국문화 속에 기독교적 가치를 뿌리 내리는 일이고, 작게는 동시대 문화를 통해 목회와 선교의 다양성과 유연성을 확장하는 것이다. 또 21세기의 새로운 환경에서 모색하는 교회의 표현이 선교적이어야 한다고 주장하는 '선교적 교회론'의 관점에서 볼 때 '문화목회'는 그 운동의 구체적인 실천이 될 수 있을 것이다. 예컨대, 부활절 후 '기쁨의 50일'을 지역사회를 위한 헌신과 봉사의 장으로 활용한다든지, 성탄절을 소외된 이웃을 향한 프로젝트로 기획하여 지역의 다양한 주체들과 함께 진행하면 '선교적 교회'의 목회적 프로그램으로서 '문화목회'의 장이 넓어질 것이다.

최근 각 교단에서 문화선교에 대한 관심이 고조되어, <문화선교위원회>를 설치하거나 해당 분야의 전문가를 세우기 시작했다는 소식을 듣는다. 사실 '문화목회'를 노회 차원에서 지원하고 도우면 대단히 효과적이다. 노회는 지역의 다양한 주체와 자원들을 네트워크 하여 작은 지역교회들에게 공급하고, 규모가 큰 프로젝트는 관이나 시민단체와 협력하여 진행할 수 있을 것이다. 이제 노회는 비생산적인 사업을 줄이고 '문화목회'에 헌신하려는 다음 세대의 목회자나 지역교회를 지원해야 한다.

'문화목회'를 실천하기에 가장 효과적이고 적절한 장은 교회력에 따른 절기들이다. 예컨대 부활절은 지역사회와 함께 하기 좋은 절기다. 보통 한국교회는 고난주간이나 부활절 당일 새벽예배에 집중하고, 당일은 칸타타와 부활절 달걀로 마무리를 한다. 그러고 나면 얼마 지나지 않아 부활절의 기억은 사라지고, 거리에 온통 걸려 있는 연등을 무심코 바라보게 된다. 여전히 외래 종교로 남아있는 기독교로서는 그냥 지나칠 일이 아니다. 그렇게 되면, 부활절이나 성탄절도 단지 교회들끼리의 연합예배 정도에 머물지 않고 지역사회와 함께 하는 지역축제로 전환할 수 있을 것이다. 그래야 지속가능한 방식으로 지역사회의 문화 속으로 기독교적 가치를 뿌리내리게 된다.

'문화목회'는 이런 '선교적 교회'의 사명으로, '하나님의 선교'에 동참하며, 공공신학의 실천을 지역에서 구체화하는 '하나님의 나라' 운동을 위한 목회 프로그램이다. 우리문화 속에 뿌리를 내리고 한국적 목회를 구상하는 것이다. 한국적 상황 속에서 복음의 의미를 해석하고 그것을 지역사회와 이웃과의 관계 속에서 실천하는 것이다.

지역공동체와 함께 하는 교회의 새로운 도전들
- 한국적 '선교적 교회'를 향하여 -

제8장

지역공동체의 '문화복지'와 '선교적 교회'

복지는 한국사회에서 아직도 논쟁거리이다. 대통령 선거 때마다 가장 중요한 이슈 중에 하나였고, 지금도 정부와 여당과 야당은 서로 다른 관점에서 복지한국의 미래상을 놓고 논쟁을 벌이고 있다. 정치권에서 벌어지는 논쟁을 볼 때마다, 복지의 당사자이자 직접적인 관련자인 국민보다는 정치적 논리만 앞세우는 것처럼 느껴진다. 복지정책은 정치적인 문제이기 이전에 인간다운 삶과 행복에 필요한 가장 기본적인 전제 조건을 다루는 것이다. 재원을 마련하고 분배하는 일도 물론 중요하지만, 그보다 먼저 현세대와 미래세대가 함께 원하는 행복한 삶이 어떤 것인지 진지하게 성찰하고 합의하는 것이 필요하다. 정치적 업적으로 여겨 오래 가지 못할 정책을 실행하다 보면, 정권이 바뀌고 재원이 다하면 큰 실효성 없이 그 정책은 사라진다는 것을 그 동안 여러 사례를 통해 알 수 있다. 복지사회는 우리 모두가 함께 행복한 삶을 살기 위한 사회적 합의에 토대를 두어야 실현 가능하다.

그렇다면, 복지를 바라보는 교회의 관점은 어떠한가? 대부분의 경우 한국교회는 복지를 사회봉사나 지역선교의 차원에서 접근하곤 한다. 그러다보니 복지사업은 전도나 구제사업이 되는 경우가 많다. 또 종종 국가재정을 받아내기 위해 복지사업을 펼치는 경우도 있다. 복지재단이나 특정 사업단의 형태를 띠는 교회들의 지역복지선교는, 과거와는 달리 정부가 실행하는 복지사업의 보조적 역할을 감당할 수밖에 없다. 현실적으로 재정적 규모로 볼 때, 교회의 복지사업이 국가가 실행하는 복지사업들과 경쟁하기 어렵고, 또 교회의 지역복지사업에 대한 부정적 인식이 고조되고 있는 상황이라서 예전처럼 주도적이고 선도적인 역할을 하지 못한다. 자체에 지역복지, 복지선교를 바라보는 교회의 태도가 달라져야 한다. 시혜적 구제를 베풀어 교인을 만들기 위해서가 아니라, 정부나 지자체가 미처 돌보지 못하는 사각지대를 섬기며 관과 협력하는 방향이 더 효과적이다.

'문화사회' 그리고 '문화복지'

통계청 자료에 따르면, 2016년 OECD 국가 중 우리나라의 출산율은 1.17명으로 회원국 중 가장 낮은 수준이다. 급속도로 고령화 사회에 진입함에 따라 노동인력이 감소하고 고령 인구에 대한 사회적 부담이 늘어날 것이다. 청년들은 취업도 어려운데, 자녀 양육비 부담으로 아예 결혼을 안 하려고 한다. 2017년 <학원복음화협의회>의 조사에 따르면 대학생 중 61.9%가 결혼에 대해 부정적이었다. 또 한국인의 자살률은 아직도 부동의 1회를 차지하고 있다. 모두가 한국사회의 열악한 복지환경

지역공동체와 함께 하는 교회의 새로운 도전들
- 한국적 '선교적 교회'를 향하여 -

으로 인해 발생하는 사회적 현상이다.

그런가 하면 GDP 대비, 아동가족복지 지출은 OECD 평균이 2.3%인데, 한국은 0.8%(2013년 현재)인데 반해, 교육비 지출 규모는 상대적으로 높아 7.6%(평균 6.3)이었다. 여기에 노인빈곤율은 2016년 통계에서 42.7%로 압도적 1위를 기록했다. 결정적으로 GDP 대비 사회복지 지출은 2016년 현재 프랑스가 최고수준으로 31.5%, 한국은 평균(21%) 보다 낮은 10.4%이며, 우리보다 낮은 나라는 멕시코가 유일했고, 칠레와 터키도 한국보다 높았다.

이렇게 볼 때, 한국은 앞으로 사회복지의 수준을 한참 끌어 올려야 하는 상황에 놓여 있다. 그런데 무작정 복지지출만 늘리기 어려운 것이, 현재 국가의 재정상태가 매우 열악하여 보편적 복지를 실행하기가 쉽지 않은 상황이다. 현 문재인 정부가 전향적으로 노력하고 있지만, 객관적인 상황을 보면 앞으로도 한국사회의 복지환경은 획기적으로 개선되기 어렵다는 것을 알 수 있다.

그런데 인간의 행복은 단지 객관적인 조건에만 달려 있는 것이 아니다. 언론에 행복지수가 발표될 때마다 한국은 순위가 가장 낮은 수준인 것으로 나타난다. 객관적인 소득지수는 상대적으로 높아도 국민들이 느끼는 주관적 행복지수는 매우 낮은 편이다. 부탄이나 베트남보다도 낮은 경우도 많다. 인간에게 행복한 삶이란 단지 경제적인 소득으로만 결정되는 것이 아니라는 말이다.

최근 유럽공동체는 행복지수를 측정하기 위해 이른바 '웰빙(Well-being)' 지수를 사용한다. 이는 경제적 요인, 자립, 형평성, 건강, 사회적 연대, 환경, 주관적 생활만족도 등 7개 분야 총 26개 지표를 활용하여 OECD 30개 회원국의 행복수준을 측정하고 있는데, 이에 따르면 우리나라는 25위 수준으로, 사회연대성이나 형평성에서 낮은 평가를 받았다(윤강재, 김계연, "OECD 국가의 행복지수 산정 및 비교," 보건복지포럼, 통권 159, 2010). 즉 우리나라의 경우 복지재원을 늘리고 사업을 확장하는 것도 필요하지만, 그보다 국민들이 안정적인 정서를 유지할 수 있도록 하는 사회문화적 환경을 구축하는 것이 더 급선무라 봐야 한다.

미국 갤럽연구소는 50년간 150개 나라 1,500만 명에게 "당신이 생각하는 최고의 행복은 무엇인가?"를 물어 2010년 *WELL BEING FINDER*(성기홍 역, 『웰빙 파인더』, 2011)를 출판했다. 그 결과에 따르면, 이 조사는 크게 다섯 가지 영역에서 만족스러울 때 행복하다는 것인데, 직업적, 사회적, 경제적, 육체적, 공동체적 웰빙이 그것이다. 각 각에 대한 조언으로, "자신의 일에 열정과 비전을 가져라", "주변인들과 돈독한 인간관계를 맺어라", "당신의 재정상태를 꼼꼼히 점검하라" "절제와 자기관리, 그리고 운동으로 에너지를 채워 넣어라", "지역사회에 적극 참여하고 틈틈이 봉사하라" 등이다.

그런데 이 조사와 조언은 대부분 개인적 차원의 원인과 대안을 제시하고 있다는 점은 아무래도 아쉬운 부분이다. 영국의 *Young Foundation*은 한 사회의 문화적 삶의 질을 높이려면 '사회적 응집력(social cohesiveness)'을 높여야 하며, 이를 위해서는 이른바 VCS(voluntary and community sector)의 '사회적 자본'이 확대되어야 한다고 보고했다(*Cohesive Communities*, 2010). 나아가 이런 문화적 요소는 사회의 지속가능성 지수 또한 높인다고 말하고 있다.

한국사회에 대해서 좀 더 생각해 보자. 90년대 이후 한국사회는 제도적 민주화를 문화적으로 정착시키자는 의도로 '문화사회'의 이상이 높아졌고, 궁극적으로 복지사회로 가야한다는 논의가 시작되었다. 국민의 주권, 개인의 인권, 사회의 연대성이 고양되어야 하고, 각 개인이 인간다운 삶을 사회문화적으로 실현하자는 복지담론을 담고 있었다. 개인적인 문화향유나 체험의 빈도를 높여 소비사회에 적절히 편입시키는 한계를 넘어, 시민사회를 성숙하게 발전시키고 '공공 영역'을 확충하여 지역공동체를 활성화하자는 논의로 발전했던 것이다. 실천적으로는, '마을만들기', '주민역량강화 사업', '도시재생' 등을 통해 사라져버린 공동체를 복원하려고 했다. 또 최근에는 '사회적 기업', '마을 기업', '협동조합' 등의 실체적 사회운동으로도 이어지게 되었다. 이는 직, 간접으로 한국적 복지사회의 미래상과 긴밀한 관계를 맺게 되었다.

짐 아이프(Jim Ife)는 『지역사회 개발』(유혜정 역, 2005)에서 서구 복지사회의 위기를 신자유주의나 개인주의에 의존하여 해결하려 한 탓으로 보고, 인간의 진정한 행복은 공동체에 참여하면서 '공동선(the Common Good)'을 추구할 때 발생한다고 주장한다. 그는 생태적이고 정의로운 공동체를 만들어 현재 서구가 직면하고 있는 복지사회의 위기를 극복하자고 제안한다. 그러니까 복지를 사회문화적 연대감과 공동체적 관점에서 풀어나가야 한다는 것이다.

이런 점에서 복지의 의제를 '문화복지'라는 차원에서 파악할 때 그 미래지향적이며 총체적인 복지사회의 이상을 발견하게 된다. 한국에서 '문화복지'라는 개념은 1996년 정부가 '문화복지기획단'을 설치하고, 이 문제를 '인간성 유지'와 연결시키며 재산과 소득, 지위, 권리 등 사회적 신분결정 요인을 결합시키면서 등장했다. 그런 문화적 욕구가 충족되지 않으면, 행복감이나 주관적 복지도 온전하게 이뤄지지 못한다고 본 것이었다. 그래서 '문화복지'는 개인적 차원의 실천이라기보다는 사회적 관계망 속에서 개인이 어떤 관계를 형성하고 있느냐를 묻는 것이다. 그렇기에 건강한 지역사회가 개인의 주관적 행복에 있어서도 무엇보다 중요한 것이다.

교회가 지역선교를 통해 지역사회의 '문화복지'에 기여한다면, 그것은 한국사회가 직면하고 있는 열악한 복지수준을 개선함에 있어서 큰 의미가 있다. 금호동의 그 교회가 필자와 함께 조사를 진행할 당시 큰 맥락에서 '문화복지'적 관점을 수용하고 '선교적 교회'의 선교론을 토대로 지역복지와 봉사의 전략을 구축하기로 결정했었다. 그렇게 할 수 있었던 것은, 원주민들과 신입주자들의 관계망 형성이 앞으로 지역공동체의 건강한 발전에 매우 중요하다는 공감대가 있었던 것이다(그러나 필자는 그 교회가 건축을 마친 후, 지역을 선점하기 위해 정해진 일정보다 더 일찍 입당했다가 오히려 지역사회와의 불화를 겪었다는 소식을 들었다).

현재 한국의 '문화복지'는 개인에게 문화적 체험을 제공하는 '바우처 사업'이 대표적인데, 저소득층을 대상으로 공연이나 체험 행사에 참여하도록 재정적으로 지원한다. 그러나 그런 식의 지원은 수혜자의 삶의 질을 근원적으로 개선할 수 없다. 수혜자라는 인식을 지속시킴으로서 오히려 소극적이고 수동적인 삶을 강화시키는 이른바 '독성 자선(toxic charity)'일 수도 있다. 이런 한계를 극복하려면, 개인에게 직접 지원하는 사업과 함께 시민의 주체적 문화역량을 강화하는 교육과 지원이 필요하다. '문화복지'의 개념이 등장할 때부터, 이는 개인의 체험을 넘어 관계적이고 공동체적인 관점에서 개인의 주권과 역량을 문제 삼는 것이었다. 당시 시민사회로부터 요구받던 '문화사회'의 이상을 공동체적으로 실현하고자 했던 것이다. 그래서 개인의 욕구와 의견이 공동체 형성에 반영되도록 하는 '주민참여적 문화복지'가 되어야 한다. 공동체의 일원으로서 각자의 생각과 감정을 자유롭게 표현하고, 그 표현이 공동체 내에 건강하게 수용되어 지역발전에 기여하도록 하는 것이 오늘날 '문화복지'의 목표가 되었다.

따라서 교회가 지역의 봉사와 선교를 '문화복지'적 관점에서 진행한다면 국가가 아직 주력하지 못하는 이 지점에 주목해야 한다. 국가는 객관적 근거와 공평성을 중시하다보니 개개인의 주관적 행복과 문화적 만족감을 세밀하게 실현해 내기가 어렵다. 그러나 교회는 민간 차원의 공공성을 실천하는 영역으로서 국가와는 달리 효율성이나 분배적 차원이 아니라 개인의 인격적 존엄과 주관적 행복에 더 주목할 수 있다. 이제 교회의 지역선교는 '문화복지'의 관점에서 지역을 섬기고 건강한 공동체 만들기에 참여하며, 지역의 '공공선'을 위해 헌신해야 한다. 이럴 때 교회공동체가 지역에서 도덕적 리더십을 인정받게 되고, 새로운 '선교적 교회'의 시각에서 교회의 본질을 복원하는 좋은 기회가 될 것이다.

'선교적 교회'의 지역선교

필자와 <도시공동체연구소>는 서울 금호동 재개발 지역에 위치한 교회의 지역선교를 위한 방향제시를 위해 조사연구를 진행했었다. 해당 지역은 전통적인 산동네였으나, 최근 개발되어 고급 아파트 단지가 들어서며 지역사회에 급격한 변화가 일어나고 있었다. 이때 교회는 건물을 신축하게 되었고, 향후 지역선교를 위해 무엇을 준비해야 할지를 두고 고민 하던 중, '선교적 교회'로의 방향전환을 통해 지역을 향한 새로운 선교전략을 수립하기 원했다. 이를 위해 제직수련회, 설문조사, 지역지도 만들기 행사 등을 진행했다. 당시 담임목사와 교회의 리더십들은 연구팀과 함께 지역사회를 위한 선교를 위해 몇 가지 원칙에 합의를 했다. 우선, 지역사회의 원주민들이 고려되어야 한다는 것, 그리고 교회의 성장을 위한 선교가 아니라 건강한 지역공동체 형성을 위한 것이어야 한다는 것, 마지막으로 지역사회의 여러 주체들과 함께 '공동선'을 만드는 참여적이며 협력적인 선교가 되어야 한다는 것이었다. 이른바 '선교적 교회'의 비전을 함께 공유한 것이었다.

분당 성음교회는 이런 점에서 매우 모범적인 지역선교를 하고 있다. <한국선교적교회네트워크>의 실행위원장을 맡고 있는 허대광 담임목사는 주위에 즐비한 대형교회들과는 달리 지역공동체 형성과 지역주민의 문화복지 향상에 목적을 두고 다양한 사역을 펼치고 있다. 몇 해 전에 이 교회는 <팀 하모니>라는 법인을 설립하여 스포츠, 상담, 예술 등을 하나로 묶어 주민이 참여하는 복지선교에 박차를 가하고 있다. 중형 교회가 지역사회의 '문화복지'의 향상을 위해서 공적 영역에 모범적으로 진입한 중요 사례이다.

한국교회의 지역봉사와 선교가 지금까지는 지역을 '대상화' 하였다면, 앞으로는 교회가 지역사회에 참여하는 '선교적 교회'의 관점으로 패러다임이 변화되어야 한다. 그래서 지역사회의 다양한 주체들과 더불어 하나님나라의 문화를 넓혀가고자 노력해야 한다. 음악회를 열고, 카페를 운영하며, 도서관을 개방하고, 스포츠 동아리를 활성화하는 모든 것들이, 공급자가 아니라 지역의 동반자이며 협력자의 입장에서 수행될 때 지역공동체를 풍요롭게 만들고 궁극적으로는 '하나님나라'의 삶으로 초청하는 만남이 될 것이다.

지역공동체와 함께 하는 교회의 새로운 도전들
- 한국적 '선교적 교회'를 향하여 -

'선교적 교회'는 교회의 모든 사역을 하나님의 선교에 동참하는 것으로 고백한다. 하나님께서 이미 세상 가운데 일하고 계시며, 교회는 그 지역사회와 공동체 가운데 파송된 제자들로서 하나님나라를 증언하고 전파하는 일을 한다. '선교적 교회'는 지역봉사나 복지사업도 선교적 관점에서 수행해야 한다. 눌려 있고, 좌절하고, 분열되고, 억울하며, 고통스러운 사람들이 문화적 자유를 누리고 공동체에 참여하도록 돕고 궁극적으로 구원에 이르게 하는 일이 바로 주님이 하셨던 일이기 때문이다(눅 4:18-19).

제3부

21세기의 문화적 도전과 새로운 교회

제1장

'문화' 속으로 파송된 교회

아마 인구 대비로 볼 때 한국교회가 파송한 선교사의 비율은 선교단체에서 파송한 비공식적 선교사들까지 포함할 경우 세계 최고 수준일 것이다. 세계 어느 곳에 가도 한국인들은 교회를 세우고, 어떤 오지에 가도 놀랍게 한국인 선교사가 사역을 하고 있다. 이 촘촘한 글로벌 네트워크가 때로 우리나라를 발전시키는 자산이 되기도 하고 한국교회의 위상을 높이기도 하며 복음전파에 큰 기여를 하고 있다는 점을 부인하기 어렵다.

한 편으로는 걱정도 된다. 그렇게 많은 선교사들이 나가 있는데 제대로 관리가 되고 있는 것인지, 정말 모든 선교사들이 건강하게 사역을 하고 있는지 확신하기 어렵다. 종종 선교지에서 들려오는 부정적인 소식을 접하면 해외선교사 파송의 체계를 전체적으로 손질할 필요를 느낀다. 모두 소명을 따른 것이겠으나, 지원체계나 관리가 부실해서는 그들의 소명의식을 반감시킬 것이기 때문이다.

지역공동체와 함께 하는 교회의 새로운 도전들
- 한국적 '선교적 교회'를 향하여 -

향후 가장 큰 어려움은 점차적인 재정적 지원의 감소 때문에 선교사역의 규모나 범위가 현저하게 줄어들 것이라는 점이다. 그래서 이미 자비량 선교사역에 대한 진지한 고민이 제기되고, 비즈니스 개념을 도입한 사업형 선교사역을 개발하자는 논의가 활발하다. 현지 문화에 뿌리를 내리고 그들의 문화의 옷을 입는 현지화를 위해서도 오히려 그런 모델이 더 효과적이라는 주장이다.

신학계에서는 '선교'에 대한 새로운 토론이 활발하게 진행 중인데, 선교를 해외선교로만 인식하는 교단과 교파 중심의 선교적 관점과 서구중심적 사고를 벗어나서 선교의 지평을 문화적으로 확장시키려는 논의들이다. 이 논의들의 핵심은 해외선교가 아니라 오히려 자국 내 교회와 사회, 혹은 문화와의 관계를 선교적으로 이해하려는 것에 있다. 그럼에도 불구하고 이 논의들의 신학적 함의를 고려하면 해외 선교현장에도 동일한 적용이 가능할 것이다.

복음과 문화

'복음'과 '문화' 사이에는 언제나 일정한 긴장이 흐른다. 복음의 정체성을 강조하면 할수록 문화적 특수성은 상대화되고, 문화적 특수성이 강조되면 복음의 정체성은 약화되는 것처럼 느껴진다. 초대교회로부터 지금까지 이 긴장은 시대와 장소를 불문하고 언제나 가장 중요한 선교적 의제 중 하나였다. 예루살렘 공의회가 이방인 선교를 위해, 그리고 유대인 선교를 위해 설정한 조건들을 살펴봐도 문화적 적용에 대한 고려가 상당했음을 알 수 있다.

예수께서는 유대인들의 형식적인 종교, 즉 문화화된 종교를 비판했는데, 이를 통해 복음이 문화적인 형식을 취할 때 발생하는 문제점이 무엇인지 알게 된다. 이미 구약의 십계명이 어떤 형태로도 하나님의 형상을 만들지 말라고 한 이유는, 그것이 무엇이든 인간적인 문화형식으로는 신적 본질을 온전히 담을 수 없었기 때문이다. 신비의 영역을 형상화하려는 인간의 노력은 결국 자신들의 우상을 만들어 낸다.

이런 점에서 인간의 문화는 신의 세계를 단편적으로 표현하는 도구이면서, 동시에 복음이 표현되어야 할 필수적 조건이다. 각 민족과 나라는 저마다 사용하는 언어가 다르고 습관이 다르다. 그들에게 복음을 전하려면 그들이 이해할 수 있는 방법으로 전해야 한다. 신의 형상을 그대로 보여주기는 어려워도, 신의 메시지는 분명하게 전달되어야 한다. 그러자면 그들이 잘 이해할 수 있도록 그들의 방식으로 전달해 주어야 한다. 그것이 먼저 믿은 이들의 소명이다.

하나님은 문화 속으로 먼저 믿은 이들의 공동체를 파송하시고 자신의 메시지를 온전히 전하라고 명령하셨다. 그들의 문화가 복음으로 인해 생명의 문화, 하나님나라의 문화가 되도록 하라는 것이다. 서구교회의 문화나 백인들의 문화가 아니라, 각각 다른 그들의 문화적 표현으로 복음을 고백하고 축하하도록 만들라는 문화명령이다. 그것이 하나님이 세상 속에, 문화 속에 교회를 파송하신 목적이다.

서구교회나 문화가 복음과 동일시 될 수 없듯이, 현지의 문화를 존중한다고 해서 그것이 곧 복음이 될 수는 없다. 예컨대, 예수 그리스도를 자신들의 문화적 표현으로 묘사하는 것은 상상할 수 있을 뿐이지 역사적 사실과는 거리가 멀다. 그 상상이 복음을 전하는 일에 도움이 된다면 얼마든지 격려될 일이지만, 그것이 2,000년 전 유대 땅에 오신 그리스도의 특수한 역사성을 희석시키는 것이라면 중대한 도전이 된다.

그래서 복음에 대한 문화적 상상은 신학적 성찰과 재해석의 토대 위에서 실천되어야 하고, 복음의 선교에 도움이 된다면 얼마든지 가능한 일이다. 영화, 뮤지컬, 드라마, 춤, 노래 등 대중문화와 예술을 통해 복음에 대한 풍부한 표현이 다양하게 허용되어야 한다. 그를 통해 저마다 자신의 방식으로 복음의 의미를 이해할 수 있게 될 것이다. 문화는 복음을 표현하는 양식이고, 복음은 그 내용이 되어 하나님나라의 문화를 증언하는 것이다.

'선교적 교회(Missional Church)'와 문화적 선교전략

최근 10여 년간 주목받고 있는 '선교적 교회'는 70년대부터 20세기에 이르는 서구중심의 선교를 반성하고 오히려 선교 대상지로 전락한 자신들의 상황을 자각하며 제기했던 '하나님의 선교(Missio Dei)'로부터 신학적 근거를 찾는다. 현재 북미를 중심으로 논의되는 '선교적 교회' 운동은 대부분 복음주의적 경향을 띤 교회들과 신학자들이 중심이 되고 있음에도 불구하고 진보, 보수를 떠나 함께 토론할 수 있는 좋은 계기를 제공하고 있다.

'선교적 교회'에 대한 고민은 교회성장을 위한 프로그램이나 이벤트를 위한 것이 아니라, 교회의 본질에 대한 고민이다. 이 운동은 교회성장이나 교세확장에만 몰두하는 목회나 선교 프로그램을 비판한다. 교회는 상황과 문화 속으로 삼위일체 하나님으로부터 파송 받은 공동체임을 고백하고, 하나님의 주도적인 선교에 동참해야 한다고 주장한다. 한 부서의 사역으로 혹은 전문 선교사들의 사역으로 축소되어버린 현대교회의 선교를 반성하고, 교회가 존재하는 목적이 교회성장이 아니라 선교라는 점을 강조한다.

그것은 삼위일체 하나님의 본성에서 나오는 증언이다. 하나님은 선교하시는 분이시다. 그분은 아들을 보내시고, 아들과 함께 성령을 보내신다. 또 아들은 자신을 믿는 제자들을 아버지가 자신을 보내신 것처럼 세상에 보내신다(요 20:21). 파송하시는 분은 하나님이시며, 우리는 파송의 주체가 아니라 보냄을 받은 이들이다. 저마다의 상황과 역사와 문화 속으로 파송 받은 우리들은 그곳에서 하나님의 나라와 그의 의를 위해 선교적 삶을 살아야 한다.

그리스도인과 교회공동체는 우리가 살아가는 곳에서 복음을 어떻게 증언할지 늘 고민해야 한다. 사람들을 교회로 불러 모으기 위해 온갖 흥밋거리를 만들어 내는 곳이 교회가 아니다. '선교적 교회'는 지역사회와 문화 속으로 깊숙이 복음의 뿌리를 내리기 위해 교회의 모든 자원과 자산을 동원하여 하나님나라를 증언한다. 문화를 변화시키기 위해 필요한 희생이 있다면 기꺼이 감당하고 복음의 능력을 발휘하려고 한다.

그래서 '선교적 교회'는 문화적 수용력을 유연하게 발휘한다. 한국에서도 카페나 도서관 형태를 띤 교회가 늘어나고 있고, 문화예술을 통해 사람들에게 다가가려는 시도가 많이 나타나고 있다. 한 동안 유행했던 '이머징 처치'의 신학적 한계를 극복하고 선교적 삶에 더 집중하고자 한다. 복음이 문화적 형태와 동일시되어서는 안 되는데, '선교적 교회'의 경우 동시대 문화를 수용하지만 그것은 하나님의 선교를 수행하기 위한 방편이며 선교의 현장으로 인식한다.

지역공동체와 함께 하는 교회의 새로운 도전들
- 한국적 '선교적 교회'를 향하여 -

교회는 선교를 위해 존재한다. 파송의 주체는 하나님이시다. 하나님은 우리를 지역과 문화로 보내시어 하나님이 원하시는 선교에 동참하라고 요구하신다. 우리는 해외에 파송되지 않아도 지금 도시로 동네로 마을로 파송된 선교사들이다. 가난하고 외롭고 천대 받고 억울하고 소외된 이웃들에게 파송된 이들이다. 하나님은 지금 그리스도인들과 교회에게 하나님의 형상으로 살 수 있는 '하나님의 나라'의 문화를 만드는 일에 헌신하라고 요구하신다.

'선교적 교회'와 해외선교

한국교회가 파송한 수많은 선교사들 역시 이제 선교의 문화적 지평을 확장하여 '선교적 교회'를 현지에 세워야 한다. 즉 현지의 문화 속에 뿌리를 내릴 수 있는 교회, 그것은 단지 문화를 수용하는 것을 넘어, 하나님이 원하시는 변화를 이끌어 내는 교회이어야 한다. 파송교회의 요구를 충족하려는 선교사역이 아니라, 파송의 주체이신 하나님의 나라를 증언하는 사역이 되어야 한다. 선교사의 생존이 아니라 하나님나라의 문화를 증언하는 것이 목적이다.

종종 교단, 교파, 파송교회의 이해가 서로 달라 경쟁하고 분열하는 경우가 많은데 '선교적 교회'의 관점에서 보면 이는 하나님의 선교와는 하등 관계가 없는 일들이다. '선교적 교회'를 세우는 선교는 현지인들이 문화 속에 보냄을 받은 하나님의 선교사임을 스스로 깨닫도록 돕고 지원한다. 또 선교사 스스로도 선교의 주체가 아니라 역시 보냄 받은 이로서 현지인들을 섬기고 그들의 문화를 존중한다.

복음을 받아들이고 그리스도를 주로 고백하도록 초청하는 일이 선교사가 세운 교회를 성장시키고 세력을 확장하는 도구로 활용하는 것이 아니라, 그로 인해 그들의 문화와 삶이 하나님이 원하시는 모습으로 변화되고 그들이 그들의 이웃과 사회 속에서 하나님의 나라를 만들어 가는 이들로 살도록 구비시키는 것이다. 이러한 일에 헌신하는 해외선교사를 '선교적 선교사(missional missionary)'라고 표현할 수 있을 것이다.

제2장

포스트모더니즘의 도전과 '선교적 교회'

대략 70년대부터 서구에서는 '포스트모더니즘'이 근대주의 도전하기 시작했다. 두 번의 전쟁을 통해 인간의 이성의 한계를 보았고 낙관적 역사관이 몰락하면서 다른 질서와 세계관이 요청되었다. 300년 간 이어온 서구중심의 세계질서와 세계관은 회의의 대상이 되었다. 실패하기는 했지만 서구의 정신적 사춘기 역할을 했던 '68 혁명' 이후, 미국에서는 반전, 반핵, 흑인인권 등의 구호와 함께 시민운동이 전개되면서, 20세기 후반기를 지배할 새로운 사상적 흐름인 '포스트모더니즘'이 전면적으로 등장했다.

우리에게 잘 알려진 리처드 니버(H. R. Nieburh)의『그리스도와 문화』(Christ and Culture, 1951)는 전후 새로운 질서가 요청되는 상황에서 미국의 주류 기독교가 기독교적 세계관을 중심으로 새로운 질서를 수립하고자 했던 열망을 엿볼 수 있다. 근대주의가 종교를 사적 영역으로 밀어 놓았지만, 니버는 서구사회의 문화적 토대가 기독교문화에 근거하고 있다고 보았던 것이다.

그러나 포스트모더니즘이 등장한 이후부터는 다원주의적 세계이
해와 민주주의 의식의 발전, 그리고 다양한 탈근대 사상의 등장으로 인
해, 서구문화를 대표하는 기독교문화의 표상이 단일한 것으로 인식되
지 않았다. 이민자들의 권리, 여성과 아이들의 인권, 성소수자들과 비
주류 하위문화의 성장 등은 근대주의와 일정한 교감을 가지고 세력을
넓혀왔던 기독교로서는 당혹스러운 도전이었지만, 서구사회는 이러한
도전에 적절히 대응하였고 일부 교회들도 이러한 요구에 응답해야 한
다는 결론에 도달했다.

복음주의의 성장과 '이머징 처치(Emerging Church)'

복음주의는 74년 로잔대회를 기점으로 교회의 사회적 책임에 대해
분명한 목소리를 내기 시작했다. 에큐메니컬 진보진영과도 적극적으로
협력하고 있고, 19세기 부흥운동과 20세기의 선교적 열정을 유산으로
물려받아 성장의 잠재력은 훨씬 컸다. 그래서 특별히 70년대 이후 80-90
년대 초까지 북미의 복음주의 교회들은 급격히 성장했다. 그러한 성장
의 배경에는 바로 다원주의와 대중문화의 도전에 적극적으로 대처한
문화적 유연성이 있다. 그 유연성이 발휘되었던 상징적 운동이 '이머징
처치(emerging Church)' 운동이었다. 당시 대중문화가 강력한 영향력을
발휘하게 되면서 전통적인 교회들은 예배형식과 사역형태를 과감히 변
화시켜야 할 필요를 느꼈다. 사람들에게 친숙한 표현양식과 구도자
들에 대한 배려가 돋보였는데, 대형교회들을 중심으로 대부분 이 형식

지역공동체와 함께 하는 교회의 새로운 도전들
- 한국적 '선교적 교회'를 향하여 -

을 수용했다.

『교회의 경계를 넘어 다시 교회로』(The Out of bounds Church?)에서 스티브 테일러(Steve Taylor)는 포스트모던 문화의 다원적 성격에 대해, 료타르(Jean-Francoir Lyotard)의 말을 빌려 '거대서사에 대한 불신(incredibility toward meta-narrative)'으로 묘사하고, 그 특징을 파편화, 즉흥적 라이프스타일, 신부족주의와 소수인종들의 약진 등으로 정리한다. 이머징 처지는 이런 포스트모던적 상황에 적응하여 '하나님의 나라' 운동에 헌신하는 교회라고 설명한다. 그는 포스트모던 시대에 대응하는 이머징 처지는 여행자와 같은 '찾아가는 영성(2Go spirituality)'을 지향하며, 회중들이 스스로 하나님을 만날 수 있도록 가이드 역할을 하는 공동체라고 보았다. 그런데 포스트모던 문화가 부정적인 면보다는 긍정적인 면이 많다고 보는 그는 그 긍정적 측면을 하나님나라를 위한 문화운동에 적용해야 한다고 주문한다.

당시 '이머징 처지'를 논하는 가장 탁월한 학자요 활동가였던 레너드 스윗(Leonard Sweet)도 마찬가지로 포스트모던 문화의 수용과 공동체적 적용을 강조하였다. 그는 The church in emerging culture의 서문에서 리처드 니버의 '그리스도 vs. 문화'의 이분법적 구도가 더 이상 작동하지 않는 시대에 살고 있는 우리가 포스트모던 문화 속에서 새로운 공동체를 형성해야 한다고 주장했다. 니버가 전혀 예측하지 못했던 상황, 즉 이른바 '탈기독교제국(Post-Christendom)' 시대의 도래에 대해 전혀 예측하지 못했던 상황이 벌어졌기 때문에 더 이상 니버의 논리로는 해명되지 않는 시대라는 점을 강조했던 것이다.

그러나 북미의 '이머징 처지'는 교회론이나 선교신학으로 발전하지 못했고 다분히 교회성장을 위한 새로운 전략으로 인식되거나 혹은 종파적 성격을 띠는 경우도 없지 않았다. 기존 형식을 거부하고 다양한 실험이 전개되는 과정에서, 포스트모더니즘이 제기했던 인간과 세계에 대한 진지한 고민을 신학 안으로 수용하지 못했다. 대중문화의 형식적 수용은 어느 정도 가능했지만, 이를 신학적으로 해석하고 그 정당성을 획득하는 일에는 부족했다는 평가를 내릴 수 있겠다.

포스트모던 시대의 교회

『선교적 교회: 북미교회의 파송을 위한 비전』(Missional Church: A Vision for the Sending of the Church in North America)에서 대럴 구더 (Darel Guder)는 이 연구의 기획주체인 GOCN(Gospel and Our Culture Network)이 당시 변화된 북미의 상황을 어떻게 이해하고 있는지 설명하였다. 그들은 '이머징 처지'의 문화적 강조점을 신학적으로 해석하고 대응했다. '공유된 경험의 상실,' '외관과 이미지로 전달되는 의미들,' '기성 종교가 필수적이지 않은 개인적인 영성,' '문화 사이에서 일어나는 무차별 폭력과 충돌,' '성적인 표현들과 경험들에 대한 다양한 접근들,' 등과 같은 포스트모더니즘의 특성을 신학적으로 분석했다.

이러한 현상들은 '탈중심적 자아,' '다원적 사회'로 인해 발생했는데, 그에 따라 사람들은 새로운 영성을 갈망하고 있다고 보았다. 이른바 '영적인 세속주의자'인 포스트모던 세대들에게 교회가 새로운 방식으로 접근해야 한다는 점을 강조한 것이다. GOCN의 연구자들은 미국과 캐나다의 다양한 문화와 인종들을 고려하여, "다문화 공동체들 가운데 복음의 화목하는 능력을 드러내야 하는 교회"가 필요하다는 인식에 동

지역공동체와 함께 하는 교회의 새로운 도전들
– 한국적 '선교적 교회'를 향하여 –

의했다.

　'선교적 교회론'은 동시대 문화에 대한 신학적 해석을 진지하게 수행한 결과였다. 포스트모더니즘 시대에 교회가 어떻게 성육신해야 하는지를 두고 진지하게 신학적으로 접근한다. 상황 가운데 하나님의 선교가 어떻게 전개되어야 하는지도 적극적으로 모색한다. 포스트모더니즘이 거대서사를 거부하고 진리의 객관성을 회의한다면, '선교적 교회'는 그런 도전으로 인해 진리와 도덕이 부재한 상황에서 발생하는 인간의 개인화와 파편화에 주목한다.

　한편, 영국 성공회는 '선교형 교회(Mission shaped Church)' 연구보고서에서 영국사회의 급격한 변화에 대해 언급하는데, 바로 포스트모더니즘과 네트워크 사회로의 전면적 이행이 그것이다. 그들은 네트워크 전문가 마누엘 카스텔(Manuel Castells)의 견해를 빌어 '네트워크 사회'라는 개념이 21세기 서구사회를 가장 잘 표현한 것으로 보았는데, 그 핵심적인 문화적 효과가 '지역성(localities)'의 변화로 나타난다고 보았다. 즉 고정인 단일 장소로서의 지역이 아니라 이제는 복합적이고 다층적인 관계의 망으로 이해해야 한다는 것이다. 이처럼 '선교적 교회'는 포스트모더니즘 사회에서 단일한 문화, 단일한 장소에 기반으로 하는 교회론을 극복해야 할 요청에 응답하려고 한다. 성공회는 수평화된 네트워크 사회에서 사람들의 관심으로부터 밀려나고 있는 관계적 공동체를 어떻게 새로운 형식으로 표현할 수 있을지 고민한 결과, 그들은 '선교형 교회'의 실천으로 '새로운 교회의 표현들(fresh expressions of Church)' 운동을 전개해 나가고 있는 것이다.

　'선교적 혹은 선교형 교회' 운동은 포스트모던 문화에 적응하려 했던 '이머징 처지'의 한계를 넘어, 네트워크 사회에서 교회론을 새롭게 정립하고 하나님의 선교를 위해 해야 할 일들을 모색하려 한다. 근대의 고정적이고 획일적인 가치와 질서가 파편화되고 다원화된 시대에 하나님의 선교를 실천하는 교회공동체는 어떻게 표현되어야 하는지, 또 어떻게 공동체적 삶을 복원할 것인지를 신학적으로 고민한다는 점에서 '이머징 처치'보다 진일보한 선교적 여정을 걷고 있는 것으로 보인다.

포스트모더니즘과 한국의 '선교적 교회'

한국사회의 정치적 변동이 워낙 심했던 탓에, 포스트모더니즘의 전면적인 영향력은 민주주의 성숙과 함께 서구보다 20여 년 늦은 90년대에 본격화되었다. 민주화 이후 대중문화의 도전을 준비가 덜 된 채로 맞이한 한국교회에는 매우 당황했고, 대부분 보수적으로 반응했었다. 당시 대중문화에 대한 주류교회들의 분위기는 그 시절 유행했던 "마침내 사탄이 대중문화를 선택했다."라는 선정적인 문장으로 대변되었다.

그러다가 미국 복음주의 교회들의 '이머징 처치' 운동과 '열린 예배' 혹은 '구도자 예배'를 한국의 몇 몇 대형교회가 도입하면서 문화적 유연성과 전향적인 태도를 지닌 교회들의 흐름이 형성되었지만, 역시 신학적인 연구나 해석이 동반되지 못한 탓에 전통적인 교회들과 심각한 마찰을 빚기도 했다. 그러나 교회가 위기에 처했다는 공감대가 있었기 때문에, 생존을 위해서라도 대중문화와 포스트모더니즘을 무시할 수 없다는 인식은 널리 퍼졌었다.

처음 한국의 '선교적 교회'를 주도하는 이들은 바로 90년대 소위 '문화사역,' 또는 '문화선교'라는 명분으로 처음 등장했던 전향적 사역자들이 대부분이라고 말할 수 있다. 서구보다 늦게 시작했지, 포스트모더니즘이 한국사회에 끼친 변화의 속도는 그 어느 곳보다 빨랐다. 그 속도에 대응하려면 기존 체제를 그대로 유지해서는 어려운 일이었다. 더구나 포스트모더니즘에 대한 부정적 인식이 지배적이었던 한국교회 안에서 새로운 시도를 한다는 것은 쉬운 일이 아니었다. 그래서 21세기에 새롭게 형성된 '선교적 교회'의 주도층은 기성 교회나 체제를 벗어나 포스트모던 양식에 맞게 운영방식을 재편하고 신학적으로 무장하기 시작했다. 전혀 다른 지역성과 정체성을 띠며, 교단이나 교파를 중심으로 움직이기보다는 네트워크에 연결되고, 궁극적으로 교회를 성장시키기보다는 하나님의 선교에 참여하기 원하는 이들에게는 포스트모던 문화가 오히려 새로운 선교의 장을 제공하는 긍정적인 변화였다.

카페에서 교회개척을 시도하거나 한 장소를 정하지 않고 이리저리 움직이며 예배를 드리는 노마드 형태를 띠기도 하고 심지어 교단에 가입할 필요도 별로 느끼지 않는다. 또 지역사회의 다양한 네트워크에 참여하면서 교회를 폐쇄적으로 인식하지 않는다. 건물과 독립공간 없이도 얼마든지 교회가 존재할 수 있으며, 하나님의 선교를 위해 다양한 표현을 얼마든지 수용할 수 있다고 생각하게 되었다. 지금 한국의 '선교적 교회' 사역자들은 대부분 사실상 포스트모던 세대들이다. 그들은 문화적 유연성도 높고, 신학적 성찰에 있어서도 진지하고 복음의 공공성도 분명히 실천하려고 한다. 획일적 문화는 거부하지만, 포스트모더니즘이 대안적 영성에 관심이 높은 것처럼 '선교적 교회'의 사역자들도 대안적 영성을 표방한다. 일상적 삶과 사회적 삶 그리고 지역공동체의 변화를 지향하는 사회적 영성에 더 관심이 높은 이유이다.

한국적 '선교적 교회'의 논의에 있어서 사회적 참여가 더 강조되는 것은, 북미의 국가들과는 달리 한국사회의 상황이 더 치열한 실천을 요구하기 때문이다. 포스트모더니즘의 도전에 응답했던 '이머징 처치'가 한국교회에 형식적 수용만 남긴 채 별다른 영향을 주지 못했다면, '선교적 교회'의 한국적 실천은 단지 포스트모더니즘의 문화적 도전에 대한 응답을 넘어 한국사회가 직면한 정치사회적 문제들까지도 고민하지 않으면 같은 전철을 밟을 수 있다는 점을 알려주는 것이다. 남북이 대치하고 있는 휴전상황, 심화되는 양극화 갈등, 학연, 지연으로 얽힌 사적 관계들, 경쟁과 갈등의 생존다툼 등이 한국사회의 긴장을 고조시키고 있는 상황에서, 한국의 '선교적 교회'는 단지 포스트모더니즘에 대한 유연한 문화적 대응만이 아니라 한국사회의 사회적 문제들을 선교적으로 대응해야 할 사명으로 고백하는 것은 당연한 것이다.

지역공동체와 함께 하는 교회의 새로운 도전들
- 한국적 '선교적 교회'를 향하여 -

제3장

'네트워크 사회(Network Society)'와 교회의 미래

　　이미 여러 차례 '네트워크 사회'로의 변화에 민감하게 반응해야 할 필요성을 강조하였다. '선교적 교회'는 성육신 하신 주님의 모범을 따라 성령의 감동을 통해 보내심 받은 곳의 상황과 필요에 응답한다. 그리고 그것은 그 시대의 표현으로 하나님나라를 증언하고 전파하는 삶이다. '선교적 교회'는 사회문화적 변화에 동화되지 않지만 동시에 그 변화에 참여하고, 세상과 분리되지 않는 동시에 세상 속에서 하나님의 나라를 증언한다. 삼위일체 하나님은 창조세계의 변화에 따라 '하나님의 선교'의 역사도 변화시키신다. 하나님은 하나님의 계획으로 세계선교의 변화를 주도하신다. 세계선교에 있어서 가장 큰 변화는 이제 중앙집권적 선교 패러다임이 종언을 고했다는 것이다. 서구 1세계 중심의 선교는 이제 아시아, 아프리카, 남미 교회들의 성장과 부흥으로 인해 그 흐름이 역전되었다. 특히 한국은 세계 2위 혹은 3위의 선교사 파송국이 된지 꽤 오래다. 전통적인 기독교 국가였던 유럽의 선진국들은 제 3세계에서 파송된 선교사들과 이민자들을 통해 새로운 기독교 전통과 문화를 만나고 영향을 받고 있다.

세계의 선교학자들은 '선교적 교회'를 해외선교, 국내선교 상관없이 이 시대에 지향해야 할 방향성으로 대체로 지지한다. 무엇보다 서구 중심, 교회중심, 교단중심과 같이 중심으로 끌어당기는 형태의 선교에서 외부로 자원을 내 보내는 형태의 선교가 정당하다고 보는 것이다. 이런 점에서 '선교적 교회'는 지역사회의 주민들을 동원하고 전도하는 것도 필요하지만, 지역사회의 공동체적 변화를 위해 헌신하는 것이 더 중요하다고 고백한다. 도서관, 카페, 문화강좌, 복지사역 등을 통해 중앙집권적 리더십이 아니라 평신도 사역을 통한 하향적 네트워크 사역에 에너지를 집중하려고 한다.

네트워크 사회

20세기 후반부터 시작된 정보화 혁명과 기술발전은 이제 '4차 산업혁명'을 준비하게 되기까지 인간의 삶을 네트워크 기반으로 전면 개편하고 있다. 여러 학자들에 의하면, '네트워크 사회'는 미래 사회의 가장 명확한 특징이다. 특히 마뉴엘 카스텔(Manuel Castells)은 이 분야 독보적인 전문가인데, 기업이나 조직을 관리하는 이들에게도 매우 큰 영향을 끼치고 있고, 인문학 분야에도 간학문적 연구를 위해 중요한 발판을 놓고 있다. 21세기 벽두에 출판한 『네트워크 사회의 도래』(The Rise of the Network Society)에서 그는 "사람들은 점차로 그들이 무엇을 하느냐 보다는 그들이 누구인가 혹은 그들이 무엇을 믿는가에 기초하여 의미를 정리"하게 되는데, 이 상황에서 개인은 파편화된 네트워크 사회의 기능주의적인 전략적 결정에 의해 좌지우지 될 운명에 놓여 있다고 본다.

이 현상은 전 지구적으로 발생하고 있으며, 특히 경제구조의 개편을 주도하고 있다. 이른바 '신경제'는 네트워크 기반의 생산성 확대와 지구화를 토대로 재구조화되고 있으며, 한편으로는 새로운 개발양식을 주도하면서 한편으로는 지구사회의 불평등을 더욱 심화시키고 있다. 또 네트워크 사회의 확연한 실체는 '네트' 공간, 즉 가상공간에서 활성화됨으로써 이전의 윤리적 주제들이 적용되지 않는 새로운 문화를 만들어 내고 있다. '흐름의 공간'인 '네트'의 세계에서는 단일한 중앙집권적 통제 시스템이 작동되지 않기 때문이다. 2016년 다보스 포럼이 제기한 '4차 산업혁명'으로 도래될 세상에서도 '네트워크'의 중요성은 다시 확인되었는데, 인간과 사물을 연결하는 '네트워크'가 인류의 새로운 삶을 규정하게 될 것이라고 제시했다.

카르텔은 "시간으로부터 자본이 자유로워지고 시계로부터 문화가 탈출하게 되면서 새로운 정보기술을 제약 없이 활용하기가 용이해졌으며, 그런 무시간적 흐름은 네트워크 사회의 구조에 뿌리를 내렸다."고 보고, 이전에 선형적이며 불가역적이고 측정가능한 시간의 흐름이 네트워크 사회에서는 전혀 다른 형식으로 제공되기 때문에 시간의 영원성에 대한 인간의 욕망은 더욱 고취될 것으로 내다보았다. 이 구조는 개방적이고 무한확장이 가능한 결절들의 집합이기 때문에 기존의 권력관계를 개편하고 사회적 혁신도 가능케 한다. '불평등 심화'라는 심각한 사회적 문제를 해결해야 하는 과제와 함께, 교회로서는 '네트워크 사회'의 도전에 능동적으로 대처하며 새로운 존재양식을 성찰할 수 있어야 한다.

한 마디로 정리하면, '네트워크 사회' 혹은 '4차 산업혁명'의 시대에서는 자아와 사회관계의 존재론적 양상이 이전과는 전혀 다르게 형성된다는 것이다. 특히 시간의 통제와 중앙집권적 권력의 통제에서 벗어나 '흐름' 자체의 권력이 재형성되고 있다는 분석은, 직선적 시간의 흐름 속에서 역사를 조망해왔던 교회에게 선교전략의 변화를 강력하게 요청하는 도전이 아닐 수 없다. 문화적 자율성을 무한히 누리게 될 이 시대에 과연 '선교적 교회'는 어떻게 하나님의 선교를 전망할 수 있을까?

네트워크 사회에서의 선교

영국 성공회가 『선교형 교회』(Mission Shaped Church)를 채택하게 된 중요한 동기 중 가장 중요한 것이 앞으로 도래할 네트워크의 힘에 대한 각성이었다고 밝힌다. 이 보고서에서도 카스텔을 인용하며, 네트워크 사회에서는 '장소'보다 '흐름'이 더 중요하기에 '장소' 중심의 교회 개척 전략은 변화되어야 한다고 말한다. 카스텔은 시간성의 변화에 주목했는데, 영국 성공회는 네트워크 사회가 던지는 장소성의 변화에 더 주목했다.

이 보고서는 지역사회가 점차 네트워크 사회로 변화되고 있고, 동시에 사람들은 지속가능한 공동체 형성에 관심을 별로 갖지 않는다는 두 상반된 현상을 두고 교회가 어떻게 대처해야 할 것인지 고민한다. 그래서 네트워크 형태의 교회 개척이 우리가 살아가는 시대에 더 적합한

지역공동체와 함께 하는 교회의 새로운 도전들
- 한국적 '선교적 교회'를 향하여 -

양식이라고 보고, 네트워크와 네트워크 사이에서 감당해야 할 교회의 선교적 실천전략이 긴급하게 필요하다는 것이다. 앞으로 교회는 지역사회의 네트워크들과 동반자적 유대관계를 어떻게 맺을 수 있을지 고민해야 한다. '장소 중심의 교회개척'이나 '시간 중심의 교회개척' 모두 이제 변화해야 할 때가 되었다. 거룩한 물건들과 신비한 분위기가 연출되는 예배당만이 교회공간이 될 수 있는 것은 아니다. 또 일요일에만 예배를 드리는 공동체만이 교회라고 고집하지 않아도 된다. 그래서 교구교회(parish)의 본질이 배정된 영역을 관리하는 것이었다면, 네트워크교회들은 아예 그런 지역적 경계가 없다. 모든 정체성이 관계 속에서 해명되며, 지역사회의 관계망이나 탈지리적 관계망 모두 교회와 연결될 수가 있다.

현재 영국 성공회의 교회개척 운동인 '새로운 교회의 표현들'(*Fresh Expressions of Church*)은 지역사회의 네트워크 안에서 관계망을 자연스럽게 형성하여 소규모 공동체로 발전시키려고 노력한다. 흩어진 사람들이 모일 수 있는 시간에 모일 수 있는 공간 어디에서고 만나 교제하고 성경공부를 하며 예배를 드리는 모임이 늘어나고 있다. 교회의 형식적 경계를 없애고 '네트워크 사회'에서 성육신하는 교회의 선교적 실천을 과감하게 전개하고 있다.

그런가 하면, '선교적 교회' 운동을 북미에서 본격화한 GOCN(*Gospel and Our Culture Network*) 역시 네트워크로 결성되었는데, 그들의 연구결과가 대럴 구더(Darrel L. Guder)가 편집한 『선교적 교회』 역시 북미의 사회가 네트워크 체제로 변화되고 있다고 진단하고 이에 교회의 선교가 응답해야 한다고 보았다. 또 그 책의 해설서라 해도 좋을 『선교적 교회론의 동향과 발전』(*The Missional Church in Perspective*)에서 반 겔더와 샤일리(Van Gelder & Dwight J. Zscheile)는 "선교적 교회의 지리적 초점은 오늘날 공동체 삶의 비지리적 특성을 고려함으로써 보완되어야 한다."고 하면서, "교회가 문화에 대해 선교적 관계를 가지려면 복합적이고, 다양하고, 서로 중복된 문화의 그물망과 네트워크, 그리고 사람들이 특정한 현장에 참여하는 경향"을 고려해야 한다고 주장했다. 모두 '네트워크 사회'가 몰고 올 변화에 주목하고 있는 것이다.

이제 교회는 네트워크 안에서 변화되는 새로운 관계에 주목하여 선교를 고민해야 한다. 교회공동체에 대한 충성도가 예전과 같지 않을 것이다. 개인들은 여러 복합적인 네트워크에 참여하여 새로운 정체성을 받아들이며 살아가고 있는 현실을 인정해야 한다. 즉 교회가 그들에게 유일한 공동체로 영향력을 발휘하기가 어려울 것이라는 점이다. 그들의 삶이 시간과 공간적으로 고정되지 않으며 유목민처럼 살아가는 현대인들에게 필요한 공동체는 그 유동성을 기반하여 새롭게 제공되어야 한다.

한국의 네트워크와 선교

한국사회의 네트워크 양상은 전 세계에서 가장 강력하다고 말해도 과언이 아니다. 한국의 정보화 수준은 이미 알려진 대로 세계 최고 수준이며, 그 정보의 처리 수준도 수준급이다. 그런데 '네트워크 사회'가 무비판적으로 발전하면, 엘리트나 기득권층의 자본축적을 위한 도구로 활용될 가능성이 크다는 점을 고려할 때, 한국은 매우 불안한 '네트워크 사회'라고 봐야 한다. 분단 상황이라는 한계, 그리고 세계에서 가장

지역공동체와 함께 하는 교회의 새로운 도전들
- 한국적 '선교적 교회'를 향하여 -

빠른 고령화와 심각한 빈부격차로 인해 사회적 갈등이 고조되고 있는 상황, 노동성과 효율성 저하로 생산성이 감소 등의 도전에 직면해 있는 한국사회에 대해서 카스텔은 여전히 재벌과 권위주의에 의해 작동되고 있다는 점을 지적하며, 재벌 네트워크의 강력한 힘에 의해 좌우되는 사회로 규정했다.

단지 기업들만의 문제가 아니다. 교회 역시 이런 카스텔의 비판으로부터 자유롭지 못하다. 사회적 유연성과 문화적 자율성이 확대되고 있는 상황이지만, 여전히 대형교회들 간의 네트워크의 힘이 중소형 교회들의 협력을 압도하고 있다. 교회 내부의 의사소통방식이 과거보다는 많이 달라지기는 했지만, 아직도 유교적 패러다임과 권위주의적 태도가 지배적이라 젊은이들이 교회를 떠나게 되는 주요인이 되고 있다.

물론 이 와중에도 '선교적 교회'의 기치를 들고 지역사회의 네트워크와 협력하려는 움직임도 활발하다. 이런 교회들은 문화적 유연성은 물론이고 교회의 경계를 장소와 시간 안에 고정시키지 않으려 한다. 이제 한국에서도 카페에서 모이는 교회들이 이제 더 이상 '이상한?' 교회라는 눈총을 받지 않아도 될 만큼 보편화되었다. 또 지역공동체에 참여하여 함께 살아가려고 노력하는 교회들도 제법 많아졌다. 예컨대 화성시에 위치한 '더불어숲동산교회(이도영 목사)'는 지역사회의 여러 단체들과 협력하고 있다. '화성 의제 21'과 생태문제를 논의하고, 지역주민을 대상으로 공정무역 교실을 운영하며, 지역학교의 '방과 후 교실'에 참여하기도 하며, 지역단체들과 공동으로 '마을 만들기' 프로젝트를 전개하는 일에 회중이 함께 참여하면서 선교적 교회의 여정을 활기차게 전개하고 있다. 개척 초기에는 쉽지 않은 일이었으나, 지금은 지역 네트워크들과 협력하면서 회중들의 신앙적 지평도 크게 확장되었다는 것이 목회자의 증언이다. 최근 이 목회자는 교회의 비전과 그 동안의 실천을 토대로 '선교적 교회'의 신학적, 실천적 논의를 다룬 『페어 처치』를 출판하여 한국교회에 의미 있는 통찰을 선물했다.

한국교회가 '네트워크 사회'나 '4차 산업혁명' 시대에 대응하기 위해 가장 진지하게 고민해야 할 부분은 교회내부의 의사소통방식을 어떻게 변화시킬 것인가 하는 문제이다. '4차 산업혁명'으로 더욱 강력하게 도래할 '네트워크 사회'에서는 네트워크 간의 소통을 통해 정체성을 획득한다. 그런데 한국교회의 회중들이나 사역자 모두 이런 문화에 익숙하지 못하다. 한국사회의 물리적 환경이 겉으로는 네트워크로 보일 수 있지만, 중앙집권적이고 획일적인 소통방식을 극복하고 네트워크 시대의 유연성을 확보하려면 더 시간이 필요한 상태이다.

'선교적 교회'는 이 시대가 '흐름'의 시대임을 자각하고, 유연한 의사소통 방식을 교회 안과 밖의 삶에서 적용할 수 있어야 한다. 회중들의 복합적 정체성을 인정하고 다양한 의사소통의 채널로 의식해야 한다. 나아가 '선교적 교회'는 하나님께서 이미 네트워크 기반의 사회에서 하나님의 선교를 통해 일하고 계시다는 사실을 받아들여야 한다. 하나님은 하나님나라의 문화를 네트워크를 통해 새롭게 실현되기를 원하신다. 장소와 시간의 경계를 넘어 새로운 교회의 선교적 삶이 절실하게 요구되는 시대이다.

지역공동체와 함께 하는 교회의 새로운 도전들
- 한국적 '선교적 교회'를 향하여 -

| 제**4**장 |

한국사회의 탈종교화와 선교적 대응

　　"신 없이 신 앞에" 혹은 "종교 없이 신 앞에"라는 말은, 제도화되고 형식적으로 굳어진 종교적 틀을 벗어나야 신앙의 진정한 의미를 알게 된다는 오래된 문구들이다. 본회퍼가 비종교화를 통해 세속화 신학을 구축하려 했던 것은 당시 시대적 상황에서 나온 신학이었다. 그의 시대 처럼 오늘도 신이 제도 안에 갇혀버렸다고 여기는 이들의 비판이 거세 다. 또 '신'이란 인간의 나약함이 빚어내거나 기획한 추상적 환상에 불 과하다고 생각하는 이들도 많다.

　　교회는 기독교가 복음의 진리를 증언하기 위해 수립된 공적 제도임 을 고백한다. 그러나 '선교적 교회'는 교회중심적으로 제도화되어 있는 선교론을 수정해야 할 필요를 주장한다. 하나님의 통치를 고백하는 교 회가 할 일은 하나님의 지배를 간청하고 찾으며 준비하는 것이다. 교회 가 스스로 선교의 주도권을 행사하는 것은 교회의 세력을 키우려는 욕 망이다. 오늘 교회들은 스스로 선교의 주체가 되고, 또 '하나님의 나라'

를 자신들이 소유하고 있다 여기면서 교회 밖에 존재하는 다양한 영적, 정신적 갈망들에 대해 적절히 대응하지 못하고 있다. 소위 'NRBS(Not Religious But Spiritual) 세대'라 불리는 이들은 21세기의 최첨단 사회에서도 인생의 목적과 의미를 알고자 갈망하는 이들이다. '선교적 교회'는 앞으로 이렇게 제도 밖에 있는 이들을 더 주목해야 한다.

한국사회의 탈종교화 현상

한국사회는 다종교, 다문화 사회이다. 다양한 종교들이 세계에서 유례를 찾아보기가 어려울 정도로 평화롭게 공존하고 있고, 무엇보다 긴 시간을 함께 생존하고 있다. 한국인들이 특별한 종교적 DNA를 가지고 있다는 분석도 있지만, 한국인의 삶이 종교 없이는 제대로 살아내기가 어려웠던 탓이 아니었을까 하는 생각도 든다. 삶이 척박하니 미래에 대한 불안심리가 다양한 종교를 요청하지 않았겠는가.

그런데 우리 국민의 소득수준이 높아지고 또 민주화 이후 한국사회의 예측가능성이 높아지면서 종교에 대한 충성도가 예전에 비해 낮아지고 있다. 최근 한국사회의 여러 불안상황을 고려하면 아직 그렇게 예단할 문제는 아니지만, 사람들은 과거처럼 종교를 통해 인생의 불합리적 모순을 해결하고 위로를 받으려고 하기보다는 합리적 이성과 사회적 제도개혁을 통해 문제를 극복하는 것이 더 효율적이라고 믿게 되었다. 우리와는 다르게, 최근 유럽에서는 소위 '후기세속사회(post secular society)의 종교담론이 다시 고개를 들고 있는 상황이기도 하다. 우리와는 상황이 다른 것이, 그들의 상황은 한번 탈종교화가 이뤄진 상태에서 다시 종교의 역할에 대한 요청이 공론장에서 일어나는 것이나 우리는 아직 탈종교화의 상황이 전면화 되지는 않은 상태이다. 물론 서구의 경험을 반면교사 삼아 기독교가 공적인 역할을 제대로 수행해야 한다는 도전은 우리에게도 절실하다.

어쨌든 이제 한국사회는 점차 탈종교화 사회로 가고 있다는 것은 부인할 수 없다. 1984년부터 2014년까지 7-8년 마다 한국갤럽이 조사한 결과(『한국인의 종교 1984-2014』)를 보면 이런 추세는 명확하게 드러난다. 2014년 현재 불교:개신교:천주교:기타의 비율은 22:21:7:0으로 나오지만, 이에 비해 비종교인이 50%에 다다른다. 이는 2004년에 비해 3%가 늘어난 것이다. 또 2016년에 발표한 통계청의 <인구주택총조사>의 결과에 따르면 2015년에는 비종교인의 비율이 56.1%로 높아졌다. 갤럽 조사는 "개인생활에 있어서 종교가 얼마나 중요한가?"라고 묻는 질문에 대한 응답을 보면, 모든 종교의 충성도가 현저히 낮아져가고 있다. '매우 중요하다.'와 '어느 정도 중요하다.'라는 항목을 합친 수치는 1984년에 1984년 68%에서 2014년 52%로 낮아졌다. 기독교는 2014년 90%의 상대적으로 높은 충성도를 보이고 있기는 하지만 이는 1984년의 97%에 비해 많이 현저히 낮아진 것이다. 가장 결정적인 것은, 2014년 현재 50%에 달하는 비종교인들에게 호감 가는 종교가 무엇인지를 물었는데, 기독교가 타종교에 비해 가장 낮은 호감도(10%)를 보였고, 특히 젊은 세대들은 기독교에 대해 가장 낮은 호감도를 표명했다는 것에 주목해야 한다. 물론 이 모든 수치들보다도 호감 종교가 없다고 답한 이들이 가장 많았다. 그러니까 기독교의 신뢰도 하락과 수적 감소도 우리에게는 큰 위기이기는 하지만, 더 큰 위기적 변화는 한국사회의 탈종교화 현상이 가속화되고 있다는 것이다.

비종교인에 대한 그리스도인들의 오해

필자가 경험한 일을 소개하고자 한다. 몇 해 전에 모 여자대학에서 기독교 과목을 야간 과정에서 가르쳤다. 일반학과지만 기독교 과목을 필수로 배워야 하는 상황이어서 외래강사가 필요했던 것이다. 첫 시간에 기독교인이 있으면 손을 들어 달라고 했더니, 45명 정원에 12명이 손을 들었다. 적다고 할 수는 없지만, 기독교 학교였기에 내심 기대하던 것에는 많이 모자란 숫자였다. 신학교 선생이 일반인들을 상대로 기독교 과목을 가르쳐야 한다는 부담감이 적지 않았다. 필자는 그 수업을 진행하면서 한국사회에 비종교인들의 비율이 압도적으로 많다는 사실을 실제로 깨닫게 되었다. 그래서 기독교인을 대상으로 계획된 커리큘럼을 수정하고, 모든 학생들이 무리 없이 받아들일 수 있도록 진행하려고 노력했다. 문화와 삶에 대한 주제에 기독교적 가치관을 담아 전달하였다.

그런데 정작 문제는 교회에 다닌다고 표시를 한 이들로부터 발생했다. 이들은 중간 중간 본인들의 기독교적 정체성을 너무도 공격적이고 반복적이며 배타적인 방식으로 증언함으로서 많은 동급생들에게 부정적인 인식을 심어주곤 했다. 심지어 교수에게도 더 강력한 메시지를 선언해 달라는 요청을 해 오기도 했다. 비종교인들은 그들의 반응을 보며 필자에게 공포심과 두려움을 호소해 오기도 했으니 참으로 답답한 노릇이었다. 대부분 직장인이었던 학생들은 이미 직간접으로 기독교에 대한 부정적인 인식을 가지고 있던 터라 그 부정적 인상이 더욱 강화되는 것 같아 한 사람의 목사로서 안타까웠다. 그래서 종종 그룹으로 만나 식사도 하고 대화도 하며 기독교 교리보다는 삶의 문제, 진리의 문제를

지역공동체와 함께 하는 교회의 새로운 도전들
– 한국적 '선교적 교회'를 향하여 –

격 없이 편하게 대화하는 시간을 수업과 함께 병행해 나갔었다. 후에 학생들이 제출한 과제물과 시험답안지에서 학생들은 필자와의 간접적 대화를 통해 기독교에 대해 다소나마 긍정적인 인상을 가지게 되었노라 전달해왔다. 사람에 대한 실망으로 교회를 떠났던 이들이 다시 생각해 보겠노라는 피드백을 보내오기도 했고, 지금까지 삶의 의미에 대해 진지하게 생각해 본 적이 없는데 수업을 통해 많은 도전을 받았다는 이도 있었다.

그러나 "종교 없이도 아무런 불편함이 없이 살아왔는데 왜 굳이 종교를 가져야 하나요?", "종교를 가지고 살아가는 사람들은 왜 가르침대로 살지 않으면서 종교생활을 하는지 모르겠습니다." 등의 의견에 대해서는 당황하기도 했다. 대화를 하면서 알게 된 것은, 종교는 없지만 정직하고 바르게 살아가려고 애쓰는 사람들이 많다는 것과 교회를 다니지 않아도 그 마음에 신의 존재를 믿는 이들이 꽤 많다는 사실이었다. 더 놀라운 것은 신을 믿지만 혹은 신을 믿지 않으면서 기성종교에 속하기를 거부하는 이들은 사회적 문제에 있어서 대체로 진보적이거나 전향적이었다는 것이다. 그에 비해 교회를 다니는 이들의 사회적 성향은 상대적으로 훨씬 보수적인 경향이 컸다. 그러니까 탈세속화 사회에서 비종교인들의 정치적 성향은 개방적인 것에 비해, 교회에 속한 이들의 정치적 성향은 상대적으로 보수적일 것이라는 추측을 가능케 한다.

그리스도인들이 비종교인들이 비윤리적일 것이라 생각하거나 삶의 문제에 적절히 대처하지 못하고 있을 것이라 생각하는 것은 근거 없는 편견이다. 더 가치 있는 삶을 지향하고 사회적 문제에 관심도 많은 이들에게 보수적인 제도권 종교들에 대한 관심이 점점 더 줄어드는 것은 어쩌면 당연한 일인 줄도 모른다. 즉 현실적인 문제들에 대해 적절히 대응하지 못하고 대안을 기대할 수 없는 종교를 신뢰하기가 어려운 것이다.

우리 시대 비종교인들을 대하는 선교적 태도

몇 해 전 언론들은 또 다른 통계인 '서울 서베이 종교 응답자 특성표'을 보도하면서 적어도 서울에서는 기독교가 하락세에 있다는 의견과 배치되어 보이는 결과를 전했다(국민일보 2015.5.21). 서울에서 개신교인은 26.3%로 불교 10.6%, 가톨릭 9.4%이라는 것이다. 그러나 그 조사에서도 비종교인이 53.5%였다. 언론은 기독교의 우위에 주목했지만, 필자는 무교인의 월등한 다수에 주목하지 않을 수 없다. 어떤 교계관계자는 이 통계가 사람들의 가치관이 쉽게 바뀌지 않는다는 사실을 보여주는 사례라고 생각했다. 이는 타 종교에 비해 수적인 우세를 점하고 있다고 해서 사람들의 종교관이 여전히 단단하다고 잘못 평가한 것이다.

'선교적 교회'는 교회를 중심으로 세상을 인식하는 태도에 변화가 있어야 한다고 말한다. '선교적 교회'는 비종교인을 더 존중하는 태도를 가져야 한다. 한국사회에서 비종교인이 더 많은 수를 차지하며, 그들은 실제로 우리의 이웃에 있다는 사실을 현실로 받아들여야 한다. 그들이 종교를 갖지 않는 이유, 아니 종교가 없어도 삶의 문제들 앞에서 큰 어려움을 느끼지 않고 살아가고 있다는 사실을 인정해야 한다. 타 종교에 비해 기독교의 수적 우위를 유지하는 것은 이제 더 이상 별 의미가 없다는 것도 인식해야 한다.

그리스도인들이 비종교인들을 대할 때, 그들은 마치 지옥 불에 떨어질 불행한 사람들인 양 바라보는 태도는 선교적 태도가 아니다. 그들은 세상에서 행복하고 즐겁게 살아가기도 한다. 또 중요한 가치를 지키며 의미를 추구하기도 한다. 비종교인들이 제도권 종교에 매력을 못 느끼는 이유는 다양하겠지만, 기성종교가 자신의 삶에 별 의미가 없다고 느끼는 이들이 많다. 비종교인들을 대하는 바람직한 선교적 태도는 그들의 삶의 방식을 먼저 존중하는 것이다. 그래야 그들 역시 우리의 삶을 의미 있게 바라볼 수 있는 선교적 계기가 마련될 것이다.

앞서 언급한 그 여자대학교에서 한 학기 가르쳤던 학생들은 학기를 마친 후에도 매 학기 한번 씩 만나 식사도 하고 교제도 나눈다. 그들에게 필자는 자신들의 이야기를 들어주는 성직자라는 의미를 갖는다. 교회를 다니지도 않고 종교가 필요하다고 생각하지도 않지만, 필자가 그들의 이야기를 들어주는 것에 대해 고마워하고, 가끔 삶의 의미에 대해 말해주는 필자의 이야기를 경청한다. 이미 그들과 필자 사이에는 '하나님의 나라'가 시작된 것이다. 누룩처럼.

'선교적 교회'는 아흔 아홉 마리를 두고 잃어버린 한 마리를 찾아 나서는 목자의 마음으로 이웃의 이야기를 경청하는 태도를 가져야 한다. 먼저 듣지 않으면, 말할 수 없다. 비종교인들이 더 많아지는 사회라고 해서 훨씬 도덕적으로 타락하거나 무력해지는 것이 아니라는 점은, 우리가 서구 유럽을 통해서도 잘 알 수 있다. 다만 '관용(tolerance)'을 외치다가 아무것도 합의할 수 없는 혼란을 겪고 있는 그들의 상황에서 우리는 '종교'가 공적인 역할을 제대로 감당해야만 세상이 더 좋아질 수 있다는 사실을 알게 된다. 앞으로 '탈종교화'가 가속화될 한국사회에서 '선교적 교회'가 가야 할 길을 대안적으로 모색해야 할 것이다.

제5장

선교적 과제로서의 '청년문제'

이 시대의 청년들을 '3포 세대', '7포 세대', 심지어 무한히 포기해야 한다는 'N포 세대'라 부른다. 연애도 결혼도 취업도 미래도 아예 포기해 버리는 20대 청춘들을 두고 하는 말이다. 대학 진학률은 세계 최고를 자랑하지만, 취업률은 그에 한참 못 미치고 그나마 취업하는 사람들도 대부분 비정규직이거나 임시직이다. 한참 꿈을 꾸어야 할 시기, 미래를 향해 도전을 해야 할 시기 내내 취업전쟁에 내몰려 끝없는 경쟁에 내몰려 있는 것이다.

"아프니까 청춘"이라고, "열 번은 흔들려야 비로소 성인"이라고 위로하는 말들이 난무했지만, 그런 말들이 정작 그들에게는 실제적인 도움이 되지 못할 뿐만 아니라, 현실에 적응하도록 만드는 기성세대의 논리라는 비판도 있다. 그런 위로가 열악한 처지를 잠시 잊게 도울 수 있는지는 모르겠으나, 이내 현실의 냉정함과 팍팍한 삶에 또 다시 좌절하게 되는 것이 청년들의 현실이다. 지금 청년들의 삶은 앞으로도 크게 나아질 것 같지 않다. 그래서 아예 체념하고 미래를 준비하기 보다는 각자 혼자서 하루를 만족하며 살자고 생각하는 이들도 많아졌다.

　이런 현상은 비단 한국에서만 나타나는 것이 아니다. 지금 전 세계적으로 청년들의 실업률이 높다. 신자유주의가 득세하면서 청년들은 기업이 가장 선호하는 값싼 노동력이고, 일회용 쓰레기처럼 취급되고 만다. 비싼 등록금을 감당하느라 대출을 받아야 하니 대학시절부터 빚쟁이가 되어 사회로 나온다. 안정된 직장보다는 평생 옮겨 다니며 불안한 삶을 계속해야 하는 세계의 젊은이들이 곳곳에서 고통을 호소하고 있다.

저항하지 않는 청년들

　그런데 청년들은 왜 저항하지 않는 것일까? 몇 해 전 금융위기 국면에서, 뉴욕의 월가를 점령하여 신자유주의를 반대하고 청년들의 권리를 주장했던, 그래서 미국에서 유럽으로 번졌고 미미하지만 한국에서도 벌어졌던 그 '점령시위'는 어디로 사라진 것일까? 한국에서도 '88만원 세대'의 반격이 필요하다고 외치던 청년들은 다 어디로 가고 이 모순에 가득 찬 체제에 순응하며 살아가는 것처럼 보이는 것일까? 이대로 가면, 미래에 자신들의 사용할 것들조차 기성세대가 모두 소비해 버릴 것이 자명한 데도 왜 가만히 있는 것일까?

　'기독청년'들에게 이런 문제제기를 제기하면 사정은 더욱 심각해진다. 예배나 성경공부 시간에 위로와 치유는 넘쳐 나지만, 현 체제에 저항하라는 메시지는 나오지 않는다. 일부 진보적인 기독단체를 중심으로 이런 담론이 형성되고는 있지만, 그들 역시 담론을 소비할 뿐 구체적인 저항과 변혁의 시나리오를 제시하지 못한다. 그저 날카로운 비판만이 난무할 뿐, 기독청년들 스스로 새로운 세상을 꿈꾸고 움직이는 시도를 찾기 어렵다.

사회학자 오찬호는 『우리는 차별에 찬성합니다.』에서 오늘의 젊은 이들이 왜 저항하지 않고 심지어 자신들에 대한 차별을 받아들이게 되었는지 연구했다. 오늘의 대학생들이 사회적 문제에 있어서 당연히 진보적이거나 비판적일 것이라 기대했던 저자는 그들의 전혀 다른 모습에 큰 충격을 받았다. 80년대 학번이었던 그는, 민주화 과정에서 큰 역할을 했던 대학생들 정도의 수준을 기대했었던 것 같다. 이 시대의 대학생들 또는 취업준비생들은 자신들에게 부여된 자기발전 과제와 평가기준들을 당연한 것으로 받아들인다. 대학을 가고, 토익을 준비하고, 연수를 다녀오고, 취업시험을 치르고, 아르바이트를 하며, 비정규직으로 살아가는 것을 당연하게 여긴다. 이 과정에서 낙오하거나 이탈하는 것은 철저히 개인의 책임으로 인식한다. 실력이 부족하고 학벌이 딸리고 노력이 부족해서 생긴 일이라고 여긴다는 것이다. 실상 국가와 기성세대의 책임이 큰 사회적 문제인데도 그들은 자신들의 열심 부족과 능력 부족을 탓하여 고시촌에서 쪽방에서 편의점에서 쪽잠을 자며 청춘을 허비하고 있다.

국가나 사회가 자신들의 삶을 책임져 주지 않는다는 현실 때문에, 그 비싼 등록금을 내고 학교를 다녔음에도, 또 그 찬란한 젊음의 시간들을 입시와 취업을 위해 소비했음에도 불구하고 그들에게 사회가 아무것도 돌려주지 않는다는 것을 알고 있는 청년들은 그저 열심히 노력할 뿐이다. 왜 이렇게 되었을까? 앙리 지루(Henry Giroux)는 『일회용 청년:

누가 그들을 쓰레기로 만드는가?」(*Disposable Youth: Radicalized Memories, and the Culture of Cruelty*)에서 대학의 타락을 하나의 원인으로 제시한다. 대학이 학문의 전당이기를 포기하고 경영기법을 도입하여 경쟁하면서 학생들의 취업을 준비시키는 학원으로 전락하다보니 비판적 성찰을 배울 수 있는 과목들보다는 실용적이고 기능적인 수업들을 개설하게 되었다. 학생들은 그런 분위기에서 자신들의 현실과 사회적 모순에 대해 성찰할 수 있는 여유도 없이 졸업과 취업을 준비해야 한다는 것이다.

앞에서도 잠깐 언급했지만, 한때 한국에서도 크게 유행했던 "아프니까 청춘이다."류의 조언들이 청년들의 비판적 의식을 오히려 잠재우는 역할을 했다는 주장들이 많다. 그런데 기독교로 눈을 돌리면, 치유와 위로의 조언들 위에 또 하나 추가되는 것이 있다. 한국교회에서 여전히 작동하고 있는 '승리주의', '정복주의', '고지론' 등이 청년들에게 "꿈을 꾸고 도전하라."고 부추기면서 용기를 주는 양 선언된다. 민족, 통일, 세계, 열방 등의 거대 담론도 함께 청년들의 기도제목으로 주어진다. 일주일 힘든 한 주를 보내고 예배에 참석한 청년들은 이런 메시지에 위로와 힘을 얻을 수 있다.

그러나 본질적으로 이런 메시지는 "아프니까 청춘이다."와 비슷한 방식으로 청년들의 고통과 아픔을 은폐시킨다. 이런 현상은 개혁적인 이들이 주도하는 모임에서도 비슷하게 나타난다. 보수적인 곳에서는 위로와 치유를, 진보적인 곳에서는 꿈과 도전을 주문한다. 그러나 청년들의 현실이 왜 그렇게 아픈지, 왜 그리 힘든 삶을 살아야 하는지에 대해서는 말하지 않는다. 상처의 원인은 그대로 두고 임시밴드를 붙여주면서 신앙의 힘으로 이겨내라고 주문한다. 결국 모든 책임을 또 개인에게 돌리는 것이다. 기독청년들은 교회 밖 청년들보다 더 강력한 체제순

응의 논리에 길들여진다.

선교적 청년의 주체적 삶

'선교적 교회'는 '하나님의 나라'를 증언하는 신앙공동체이다. 새로운 교회는 오늘의 체제에 안주하는 교회가 아니라, 하나님의 통치가 임하는 문화적 변혁을 갈망해야 한다. "전통은 죽은 자들의 살아 있는 신앙이고, 전통주의는 살아 있는 자들의 죽은 신앙이다."라고 한 펠리칸(Jaroslav Pelikan)의 말처럼, 새로운 교회는 전통주의에 매몰되지 않고, 동시대 언어로 전통을 재해석하는 도전을 감행한다. 그래서 '선교적 교회'의 기독청년은 특별히 오늘 이 시대에 자신들에게 주어진 현실과 상황을 책임적으로 대면해야 한다. '선교적 교회'는 보내심 받은 곳에서 하나님이 행하시는 일에 동참하는 것이기 때문이다. 잘못된 삶의 조건을 변화시켜 더 나은 세상으로 이끄시는 '하나님의 선교'에 동참하는 것은 마땅히 '선교적 교회'가 걸어야 할 여정이다. 돈과 욕망에 이끌리는 소비적 문화가 아니라 생명과 소망을 노래하는 공동체적 문화가 충만하도록 하는 일에, 청년은 가장 강력한 선교적 자원으로 격려되어야 한다.

필자는 오늘 청년들의 위기와 안타까운 현실을 고발하는 많은 진보적 지식인들이 청년들을 담론 소비층으로만 인식하고 있다고 본다. 그러한 진보적 논의에서조차 청년들은 대상화되고 동원의 대상으로 전락한다는 것이다. '선교적 교회'의 청년은 하나님나라를 증언하는 가장 강력한 자원이지만, 수동적으로 동원되는 대상이 아니라 하나님의 선

지역공동체와 함께 하는 교회의 새로운 도전들
– 한국적 '선교적 교회'를 향하여 –

교에 자발적으로 동참하는 주체적 자원들이 되어야 한다.

방학 때면 여기저기서 기독청년들을 대상으로 하는 수련회나 캠프가 열린다. 여전히 20세기 방식의 형식과 내용을 유지하고 있는 듯 보여, 기독청년들에게 실제적인 도움이 될지 솔직히 의심이 든다. 지금 한국의 20대에 필요한 것은 현실과 동떨어진 '긍정의 힘'이 아니다. 하나님이 보시기에 정의롭지 않은 이 시대의 체제를 비판적 힘이 필요하다. 문제는 한윤형이 『청춘을 위한 나라는 없다』에서 고발하고 있듯이, 자신들이 스스로 만들어 낸 '공론장'이 없다는 것이다. 기독청년들도 스스로 자신들의 문제를 논의하고 대안을 제시할 수 있는 공론장을 교회 안에서 보장받기가 대단히 어렵다. 기독단체들은 청년들을 언제나 배워야 하고 따라야 할 수동적 대상의 자리에 배치한다. 안 그래도 교회 밖에서 체제에 순응하며 살아갈 수밖에 없는 청년들은 교회에서조차도 언제나 동원의 대상으로 인식된다.

새로운 교회의 청년들은 기성세대나 선배들의 조언에 따라야 하는 수동적 존재들이 아니어야 한다. 스스로 담론을 만들어 내고, 자신들이 처한 현실과 모순에 대해 비판할 수 있도록 공론장이 주어져야 한다. 교회 밖에서 현실에 순응하며 고립되어 살아가는 다른 청년들과의 연대를 소중하게 여길 수 있도록 교회가 기독청년들에게 용기를 주어야 한다. "청년의 때에 창조주를 기억하라(전 12:1)"는 메시지를 헛된 세상에 소망을 두지 말고 절제하며 경건하게 살아가라는 식으로만 선포되는 청년집회는 이제 그만해야 한다. 청년의 시기에 하나님을 창조주로 고백하는 이들이 하나님보다 더 강력한 것들로부터 벗어나 자신들에게 부여된 선교적 삶을 감당하며 살아가야 한다는 메시지가 선언되어야 한다. 청년의 때는 현실을 있는 그대로 받아들이지 않고 새로운 세상을 꿈꿀 특권이 있는 때이다. 헛된 것에 마음을 빼앗기지 말고, 하나님의 나라를 위해 살아가라고 청년들을 초청하는 것이 '선교적 교회'가 해야 할 일이다.

한국교회는 청년들을 독립적 주체로 인정하지 않는 경우가 많다. 한국교회에서 기독청년들은 주체적인 신앙생활을 하기보다는 언제나 관리와 동원의 대상으로 치부되는 것이다. 이런저런 통계를 통해 확인되고 있는 바, 한국교회가 젊은이들로부터 외면을 받는 것은 어쩌면 당연할지도 모른다. 비판적이고 진보적인 성향을 가진 청년은 기성교회에서 환영받지 못한다. 대부분의 교회에서 사회적인 문제에 대해 논의하는 것조차 쉽지 않다. 그러면서도 기성세대들은 자신들의 정치사회적 성향을 신앙의 이름으로 청년들에게 강요하기 일쑤이다.

새로운 '선교적 교회'에서는 기독청년들이 지금 한국의 젊은이들이 겪고 있는 어려움을 극복하기 위한 대안적 세력이 될 수 있도록 격려하고 지원해야 한다. 먼저, '선교적 교회'에서는 기독청년들에게 그들의 독립적 자율성이 보장되는 공론장을 허용해야 하고, 교회의 논의구조나 협의과정에 동참할 수 있도록 허용해야 한다. 그리고 기성세대는 청년들이 겪고 있는 아픔에 우선 공감할 수 있어야 한다. 그들의 이야기에 먼저 귀를 기울여야 한다. 한 사회의 건강성을 보려면, 그 사회가 미래 세대에게 무엇을 투자하고 있는지를 보라는 말이 있다. '선교적 교회'는 우리의 미래인 젊은이들이 더 정의롭게 살아갈 수 있도록 지원해야 한다.

한국교회의 청년부는 단기선교, 수련회, 소그룹, 셀 등과 같은 비슷한 프로그램을 가지고 있다. 그리고 대부분 소비적이며, 교회 밖에서 자신들이 겪는 현실과는 동떨어진 것들이 대분이다. '선교적 교회'는 청

지역공동체와 함께 하는 교회의 새로운 도전들
- 한국적 '선교적 교회'를 향하여 -

년들이 자신들이 직면한 현실적 문제들을 극복할 수 있는 구체적이고 실제적인 대안들을 모색할 수 있도록 인도해야 한다. 교회가 그들의 공론장이 되고, 교회가 그들의 후원자가 되어야 한다. 기독청년이 우리의 미래이기 때문이다.

제6장

'더 나은 사회', '선교형 교회' 그리고 '공동의 선'까지
– 영국 사례를 중심으로 –

　　필자는 동역하는 목회자들과 함께 2012년, 2013년, 그리고 2017년에 영국의 사회혁신과 교회의 지역공동체 선교를 탐방하고, 유럽 최대의 기독교축제라 할 수 있는 <그린벨트 페스티벌(the Greenbelt festival)>에 참여해왔다. 해마다 다른 연구 주제를 들고 탐방에 나섰는데, 2012년의 경우 "도시선교의 미래", 2013년에는 "지역공동체의 문화복지를 위한 공공신학의 실천", 2017년에는 "후기세속사회의 기독교의 공공성"이라는 연구를 위해 자료를 수집하고 사례를 살펴보았다.

　　영국의 사회혁신과 교회의 새로운 변화를 한 흐름 안에서 파악하기 위해 영국을 선택한 것은 영국의 성공회의 변화가 최근 큰 주목을 받고 있으며, 영국사회의 혁신 노력에 대한 여러 경로의 보고가 세계적으로 잘 알려져 있었기 때문이었다. 탐방을 통해, 특히 2012년 런던 올림픽을 계기로 과거의 영광을 재현하기 원하는 영국인들의 창조적 발상, 이에 대응하는 교회들의 새로운 변화의 몸부림 등을 통해 확인할 수 있었다.

사회혁신에 대한 열망은 영국만이 아니고 유럽 전체의 분위기였는데, 그들은 서로 기계적으로 통합되어 있지 않으면서도 정부, NGO, 시민사회, 종교계가 "사회적 혁신"이라는 한 방향을 향해 각 자의 위치에서 필요한 일들을 전개해 나가고 있었다. 미국과는 전혀 다른 특징이라고 할 수 있는데, '선교적 교회'의 관점으로 볼 때에도, 북미의 경우 아직도 슈퍼스타나 메가 처치가 전체의 흐름을 주도하고 있는 것과는 달리 영국의 경우 협업과 네트워크를 통한 사회 전반의 변화를 추구하고 있다.

그들은 왜 혁신을 말하나?

우선, 필자가 방문했던 당시 영국사회의 전반적인 분위기를 설명하기 위해서 당시 사회혁신에 대한 분위기를 설명해야 할 필요가 있겠다. 2011년 8월 비엔나에서 열린 <Challenge Social Innovation, CSI>가 채택한 "비엔나 선언"은 유럽이 2020년까지 현재 직면한 취업, 기후, 교육, 빈곤, 이민 등의 사회적 문제를 해결하기 위해 "사회혁신"을 새로운 패러다임으로 수용해야 한다고 주장했다. 이 혁신은 개방적 과정이어야 하며, 기업이나 정부만의 몫이 아니라 개인과 단체의 모든 네트워크가 함께 협업하여 전개해야 할 중대한 사안임을 선언했다.

당시 유럽의 사회혁신을 주도하는 몇 단체가 협업하여 *European Commission*에 제출한 "이것이 유럽의 사회혁신이다"This is European Social Innovation"(2010)에 의하면, 유럽의 사회혁신에 대한 관심은 당시 미국에서 시작해서 유럽에 도착한 경제적 위기에 직접적인 원인이 있었다. 당시 그들은 사회혁신을 통해 더 역동적(dynamic)이며 포괄적 (inclusive)이고 지속가능한(sustainable) 사회적 시장경제를 마련하고자 했다. 이를 위해 사회혁신을 위한 안정적 자금지원과 가시적인 성과들을 도출해야 한다고 주장했다. *Open Book of Social Innovation*(Murray, Calulier-Grice and Mulgan, 2010)에서 이들은 사회혁신이 "충족되지 못한 필요들을 채워줄 수 있는 새로운 생각"에 관한 것이며, "그 목적이 사회적이어야 하고 그 방법이 사회적이어야" 한다고 선언했다. 사회혁신은 "새로운 사회적 관계와 협력을 창조하는 모든 새로운 생각들(상품, 서비스, 모델)"이라고 보았다. 즉 현재 요구되는 사회혁신은 기존의 방식으로는 해결되지 않는 새로운 사회적 문제들을 해결하기 위해 사회적 관계망과 실현과정을 재구조화하려는 것이었다. 그들은 종교계의 사회혁신에 대해서도 평가했는데, 나이팅게일을 지원한 아일랜드 자비 자매회, 남아프리카 인종차별 운동, 미국의 흑인민권운동, 마이크로 뱅킹 혁신 등이 모두 기독교적 전통을 가지고 있다는 점에 대해 높이 평가했다.

그렇다면 그들이 말하는 오늘 유럽에서 "충족되지 않은 사회적 필요"란 무엇일까? 그것은 새로운 사회질서와 가치에 대한 요구로서, 분명히 '공동체(community)'를 향하고 있었다. 필자가 파악하기로는 당시 그들이 지향하는 '더 나은 사회'란 도시의 공동체적 가치와 삶을 복원하는 것이었다. 개인주의와 사회적 고립으로 아무런 도움과 지원을 받지 못하는 이들에게 사회적 관계를 제공하고, 도시적 삶에 만연한 불신과 분열을 공동체적 친근감을 경험함으로 극복할 수 있도록 혁신적 제도를 고안하여, 자신과 타자를 소외시키는 지배와 경쟁의 패러다임에서 협력

지역공동체와 함께 하는 교회의 새로운 도전들
- 한국적 '선교적 교회'를 향하여 -

과 혁신의 패러다임으로 옮겨가야 한다는 것을 말하는 것이었다.

사회적 요구에 응답한 영국 교계의 실천들

영국사회의 이런 분위기 속에서 영국의 교회들도 동참하며 새로운 교회의 비전을 바라보고 여러 시도를 하고 있었다. 이에 대응하는 영국 교회들의 노력은 매우 사회적이다. 다시 말해서 단지 교회만의 프로젝트가 아니라 전반적인 사회적 흐름의 변화를 함께 호흡한다는 것이 북미와는 또 다르게 평가할 만한 부분이었다.

지금은 많이 알려져 있지만, 필자가 2012년 즈음부터 관심을 갖던 영국교회는 이미 오래 전부터 새로운 교회개척 운동에 힘을 쏟고 있었다. 2012년 'London Challenge 2012'라는 프로젝트가 런던 교구의 독특한 도시선교 전략이었다고 한다면, 1994년부터 본격적으로 시작된 새로운 지역교회 개척(planting)에 대한 논의는 사실 영국교회로서는 파격적인 주제를 다룬 것이었다. '선교형 교회(Mission Shaped Church)'로 알려진 이 운동은 교구에서 지역으로 그 관점을 옮겼다는 단순한 기술적 변화만을 시도한 것이 아니라 영국교회의 마주한 위기를 극복하기 위해 성공회 선교신학의 근본을 재조정한 것이다.

그린벨트 축제는 2013년 40주년을 맞이하면서 그 역사를 돌아보고 기념하며 축제의 미래, 교회의 미래에 대해 더 많이 고민했었다. 4년 만에 방문했던 2017년 그린벨트는 그 주제를 '공동의 선(the Common Good)'으로 제시하면 그 공적 역할을 더욱 부각시켰다. 그린벨트 축제는 한국에 거의 알려져 있지 않다. 필자와 교제를 하는 이들 중, 영국에서 공부를 했거나 목회를 했던 분들도 거의 잘 알지 못한다. 거의 매 년 2만 명이 다녀가는 기독교축제임에도 그 동안 잘 알려지지 않은 이유는 정확히 모르겠지만, 한 가지 분명한 것은 이 축제를 경험한 후 작년 탐방 팀과 올해의 탐방 팀이 동일하게 내 뱉은 말 중 하나는 "도대체 누가 영국기독교를 죽었다고 말할 수 있는가?"였다. 여기서는 우선 40주년 이었던 2013년 축제를 중심으로 '선교적 교회'의 관점에서 설명하고자 한다.

주제로 본 축제의 메시지; '공동 선'을 향한 '새로운 상상력'

40주년 축제의 주제는 "Life Begins"였다. 안내책자에는 여기에 "in the imagination"이라 덧붙였다. 현장의 분위기를 담아 우리말로 풀면, "40년 그린벨트, 새로운 삶을 상상하라!" 정도가 되겠다. 기독교문화를 가르치고, 문화변혁운동을 꿈꾸는 필자에게는 너무도 멋진 초대장이 었다. 토니 주트(Tony Judt)가 유작으로 남긴 책, 『더 나은 삶을 상상하라』를 연상케 하며, 당시 필자의 가슴을 뛰게 했고, 기독교의 영향력이 점차 약화되는 상황에서 유럽의 그리스도인들이 이런 주제로 함께 모여 축제를 벌인다는 것이 놀라울 따름이었다.

그도 그럴 것이, 매년 주제가 달라지기는 하지만 그린벨트의 정신 이라 할 수 있는 세 가지 키 워드, 혹은 방향성은 여전히 "신앙(faith), 문화(culture), 정의(justice)"이었고, 기독교의 공공성을 확인할 충분한 근거가 되었다. 그린벨트는 1974년 전 세계에서 불던 락(Rock) 페스티벌 의 흐름 속에서 시작되었다. 시작할 때부터, 교회와 세상의 경계를 넘어서려는 의도를 제시했었기 때문에, 그리스도인의 모임이지만 세상의 문화적 흐름을 충분히 반영하기를 원했다. 그리고는 여러 고비와 위기를 견디면서, 더 좋은 세상을 위한 그리스도인의 정의로운 삶에 대해 관심을 갖게 되었다. 이 축제의 후원자 중 가장 중요한 단체인 *Christian Aid*는 이 주제를 지속적으로 제기하면서 그린벨트의 방향성을 주도하고 있다.

핸드북에 실린 한 후원자는 "40년의 여정, 무엇이 그린벨트를 그토록 가치 있게 만들었나?"라는 질문에 다양성, 즉 종교, 인종, 사상, 심지어는 무신론자나 동성애자들에게조차도 열려 있다는 것, 또 락 무대와 정의를 외치는 강단, 신앙과 예술, 아마추어와 프로페셔널, 성직자와 평신도 사이의 긴장이 노출되고 허용된다는 것, 그 중에서도 우리가 살아가는 시대를 변혁하고자 평화와 정의를 갈망하는 열정들 때문이라고 답했다. 이는 2017년 축제에서도 서로 다른 다양성을 이해하고 포용하려는 노력으로 더욱 강력하게 드러났다.

참석자의 무려 65%가 다시 참석하고, 모든 재정의 15%를 천사(Angel)라 불리는 정기 후원자가 감당한다. 90년대 재정악화로 인해 문을 닫을 뻔했으나 이 축제를 포기할 수 없다는 자발적 후원자들의 헌신으로 위기를 이겨낼 수 있었고, 그 후 천사 후원자들은 그린벨트의 상징이 되었다. 2,000여 명에 달하는 자원봉사자들이 아니고서는 이 엄청난 축제를 진행하기 어려울 것이다. 이 축제는 음악, 강의(talk), 예술, 체험, 전시, 예배, 청소년, 아이들 등의 트랙으로 다양한 프로그램을 제공한다. 그래서 각자 관심 있는 부분만을 보면 전체적인 그림을 파악하기 어려울 정도이다. 예컨대 2013년 축제에는 '40주년'의 의미에 걸맞게, 필자는 CCM 가수이자 작곡가요, 전설적인 기타 연주자 그래함 켄드릭

(Graham Kendrick)이 예배를 인도했고, 그 유명한 '런던 커뮤니티 가스펠 콰이어(the London Community Gospel Choir)'가 공연을 했다.

사실 필자는 그린벨트에서 한꺼번에 맛볼 수 있는 영향력 있는 강사들의 강의를 듣는 것에 더 집중했다. 그 중에서도 가기 전부터 몇 강좌는 기대하고 있었는데, 40주년 축제에는, '소저너' 대표인 짐 월리스(Jim Wallis)와 영국 성공회의 새로운 교회개척 운동 프로그램인 'Fresh Expressions of Church'의 수장이었던 그래함 크래이(Graham Cray) 주교의 강의가 가장 인상 깊었다. 워싱턴 D.C에 있는 소저너(Sojourner)의 대표, 복음주의 운동가, 정의와 실천을 외치는 그의 강의에 2,000여 명의 기성세대가 그렇게 열중하다니 한국의 상황과 비교해 보면 정말 놀라운 광경이었다. 당시 아직 한국에서는 번역이 되지 않은 그의 신간 제목이기도 한 "하나님 편에 서서(on God's side)와 같은 제목에서 그는 지금이 하나님이 우리 편이라고 주장할 때가 아니라 우리가 하나님 편에 선다는 것이 현대 사회에서 무엇을 의미하는지 물어야 할 때라고 했다. 즉 정치나 경제의 정의로운 실천을 위해 그리스도인이 지향해야 할 공공선(common good)이 무엇인지 고민해야 한다는 것이다. 그린벨트의 가장 관심을 갖는 영역이 바로 이 공동선의 부문이다. 그래서 결국 2017년 축제는 아예 주제를 '공동의 선'으로 제시하게 되었던 것이다. 유럽사회의 갈등과 불화의 원인이 모두 개인주의를 표방하는 '관용'이라는 근대주의적 토대에 놓여 있는데, 지금은 오히려 그것이 걸림돌이 되어 '공동의 선'을 찾아보기가 어렵게 되었다는 반성이 반영된 결과였다.

그린벨트는 교회의 미래에 대해서도 꾸준히 문제를 제기하며 대안을 모색한다. 거의 작은 교회들에서 온 참가자들이 대부분인데, 2013년에는 우리 팀이 특별히 '새로운 교회 운동'에 대한 관심이 컸었고, 필자 역시 한국에 영국의 새로운 시도를 막 소개하고 있을 때였다. 당시 그래함 크레이(Graham Cray) 주교와 오랜 시간 공동체운동가이자 평화운동가로 살아 온 데이브 앤드류(Dave Andrew)의 강의에 모아졌는데, 이에 대해서는 '선교적 교회(Missional Church)' 혹은 '선교형 교회(Mission Shaped Church)'와 관련해서 추후 다시 설명하는 것이 좋겠다. 그린벨트에는 해마다 70여 개의 NGO와 대안교회, 그리고 공정무역 단체들과 기업들이 참여하는 소규모 강좌와 나눔터가 있는데 이곳에서 영국의 다양한 기독교단체들을 한 눈에 볼 수 있었다. 2017년에는 이 섹션이 더욱 보강되었는데, '공동의 선'이라는 주제에 걸맞게 그와 연관된 사회단체들이 크게 보강되었다. 또 교단과 교회들이 이런 사역을 어떻게 전개하고 있는지도 잘 제시했다. 특히 유럽의 구성원으로 완전히 자리를 잡고 있는 무슬림에 대한 환대와 관련하여 어떻게 대처해야 하는지에 대해서 깊은 토론이 이어졌다.

그린벨트의 정신을 한 눈에 보기 원한다면 잔디밭에서 만여 명이 함께하는 주일예배와 성찬식(Communion)에 참석하는 것이 가장 좋을 것이다. 2013년 당시 주최 측은 예배의 제목을 한 마디로 이렇게 가늠했다. "정의를 향한 40년의 증언", 그들은 여성, 지구화의 경제정의, 환경정의, 그리고 미래에 대한 헌신의 순서로 예배를 진행했다. 이곳에서 모아진 헌금은 소외받고 가난한 이들을 돕는 단체나 NGO로 보내는데, 그린벨트는 이 사역이 그들의 미래라고 선언했다. 2017년에는 장애인과 타종교인 등 유럽사회의 소외자들의 참여를 통해 '공동의 선'을 더욱 부각시켰다. 이 예배를 마친 후 우리 탐방 팀은 큰 감격에 빠졌고, 동시에 40년 이상 이어져 온 이 놀라운 하나 됨과 세계를 향한 정의의 외침이 너무도 부러움을 느꼈다. 우리는 한반도의 평화와 통일을 위해 기도

해 달라고 우리와 함께 성찬식에 참여한 올해도 영국인들에게 부탁했었다. 또 우리는 한국교회와 그리스도인들의 성숙을 위해 기도했으며, 필자는 특히 문화 속에 뿌리를 내리는 기독교문화운동의 비전을 간구했다.

영국교회의 새로운 변화

2013년에 "어떤 교회가 새롭게 출현하고 있는가?(What Kind of Church is Emerging?)"라는 강의를 했던 그래함 크래이 주교는 2009년 이후 '교회의 새로운 표현' 연구팀을 이끌고 있으며, CMS(Church Mission Society)에서 오랜 동안 사역을 해 왔다. 북미의 '선교적 교회' 논의야 말로 사실 영국교회가 원조라고 말해도 과언이 아닌 것이, 레슬리 뉴비긴(Lesslie Newbigin)이 에큐메니컬 선교운동에서 주장했었던 '하나님의 선교(Mission Dei)'은 성공회의 성육신적 선교라는 원칙으로 오늘날까지 신학적 영향력을 유지하고 있을 뿐만 아니라, 미국의 '선교적 교회'에 대한 논의에도 결정적인 영향을 주었기 때문이다. 다만 미국의 경우 '하나님의 선교'라는 신학적 논의보다는 문화적 연관성(relevancy)에 연관된 이머징 처치 논의와 더 가깝다고 봐야 한다.

성공회에서 교구체제가 아니라 지역교회의 개척을 통해 새로운 교회의 가능성을 타진한 첫 번째 시도는 1994년 주교회가 출간된 '새로운 기반 찾기(Breaking New Ground: Church Planting in the Church of England)'였다. 크래이 주교는 이 보고서의 의미를 두고 지역교회가 지역의 네트워크, 이웃한 단체들, 지역사회 등과 협력해야 성육신적 선교를 오늘날

지역공동체와 함께 하는 교회의 새로운 도전들
- 한국적 '선교적 교회'를 향하여 -

에 제대로 실천할 수 있다는 점을 인정한 것이라고 평가했었다. 이 책에 대한 성공회 선교위원회의 공식 대응으로서 크래이 주교를 책임자로 한 전담위원회를 2002년 꾸리게 되었고, 마침내 2004년에 『선교형 교회』 (*Mission Shaped Church*)라는 보고서가 공식적으로 채택, 출판되었다.

이들은 '하나님의 선교'가 오늘날 변화하는 문화 속에서 어떻게 다시 표현되어야 하는지에 대해 연구했고, 이머징 처지에서부터 토착화 교회, 카페교회, 구도자 교회, 셀 교회 등의 다양한 교회의 새로운 표현들에 대해서 그 신학적 정당성을 점검하였다. 그린벤트 축제에서 크래이 주교는, '선교형 교회'가 모델(model) 교회를 세우려는 것이 아니라 하나님의 문화적 성육신에 동참하는 것이 핵심이라고 주장했었다. 이 논의는 교회에 대한 논의가 아니라, 하나님 자신에 대한 논의이며, 우리 시대에 여전히 일하시는 하나님을 만나는 일임을 강조하였다. 자칫 문화적 적응에만 집중하는 바람에 '문화형 교회(culture shaped church)'가 되어 문화가 교회를 형성하게 두면 안 되고, '하나님의 선교'가 바탕이 되는 '선교형 교회(mission shaped church)'가 되어야 한다는 것이다. 북미 전통에 서 있는 한국의 '선교적 교회' 논의에 있어서도 반드시 필요한 논점이라 할 수 있다.

'선교적 교회' 혹은 '선교형 교회' 논의와 연관하여 사실 본 탐방 팀이 가장 깊은 유대를 가지고 살펴본 곳은 런던 동부에 위치한 <신학과 공동체 연구소 *The Center for Theology and Community*>이었다. 2012년 그린벨트를 처음 방문할 때 알게 된 CTC는 에큐메니컬 정신에 입각해서 지역공동체 선교와 지역개발 및 사회선교를 열정적이고 모범적으로 실천하는 곳이었다. 2013년, 2017년 이곳에서 우리 팀이 함께 한 1박 2일 동안의 세미나와 지역교회 탐방은 교회의 사회적 역할과 지역공동체 형성 사역에 있어서 많은 도전을 주었다.

　<도시공동체연구소>가 한국교회의 지역선교가 공동체를 지향하도록 권하고 있기는 하지만 구체적인 실천 사례가 아직 미비한 상황에서 이 센터의 활발한 활동과 사역의 규모는 매우 부러운 것이었다. 2017년에 특히 주목했던 바는, 런던의 여러 단체와 주체가 함께 모여 도시의 문제와 현안들을 논의하는 변혁사역인 <Citizen UK>에서 핵심적인 역할을 하며 도시빈민의 공동거주 문제와 최저임금 문제를 해결하는 일에 CTC가 어떻게 참여하는지를 파악하는 것이었다. 이는 '공동의 선'을 주제로 내세웠던 그린벨트 축제에서 역시 <Citizen UK>가 주도적인 역할을 했고, 그 단체를 소개하는 역할을 CTC가 맡음으로서 증명되었다.

　한국사회의 다문화 상황도 급격히 변하고 있는데 아직 교회는 이에 대한 선교적 준비를 충분히 하지 못하고 있다. 더구나 무슬림 인구가 많아지는데, 이들을 이웃으로 받아들이고 있는 서구 교회들의 사례를 잘 파악해서 이들과 어떻게 공공선을 이루기 위해 협력할 것인지를 심각하게 고민해야 할 시간이 우리에게도 다가오고 있는 것이다. 복음의 증거와는 별개로 우리의 이웃으로 다가오는 이방인들에 대한 준비를 현실적으로 대응할 필요가 있다.

　교회는 아니지만 꼭 덧붙여 소개하고 싶은 단체가 있는데, 2012년부터 계속 방문했던 소셜 벤처들의 협업 스테이션인 '웨스트민스터 허브', 노숙자들을 지역투어 가이드로 세우고 사람들과 연결시키는 사회적 기업 'Sock Mob'과 *Unseen Tour* 프로그램 등도 훌륭하지만, 2013년에 방문했던 CAN(Community Action Network)은 특별한 의미가 있었다. 우리는 이곳에서 더 좋은 세상을 지향하는 선한 이들의 협력과 연대를 어떻게 이끌어 내고 있는지를 보았다.

사실 CAN은 지역공동체 선교로 유명해진 BBBC(Bromley by Bow Center & Church)의 설립자 앤드류 모슨(Andrew Mawson) 목사가 지역사회의 자립을 위해 전개한 일련의 사회적 기업 창업 모델이 발전된 형태로 일종의 사회적 기업 지원센터와 같은 곳이다. 사회적 기업이나 소셜 벤처들이 더 정의롭고 더 공동체적인 경제구조를 만들어 내는 일에 영향력을 끼칠 수 있도록 자금을 지원하고 네트워크를 연결하며 공간과 자원을 지원해 주고 있다.

지금은 특정 종교를 표방하고 있지는 않지만, 초기 BBBC에서 시작된 기독교적 가치와 정신은 그대로 이어지고 있다고 한다. 우리는 종교가 더 이상 지지를 받지 못하는 사회에서 어떻게 종교적 가치가 공공의 영역에서 영향을 끼치도록 할 것인지에 대해 많은 통찰을 얻을 수 있었다. 물론 영국 현지에서 합류한 동료 목회자의 지적처럼 이런 과정에서 어쨌든 초기 기독교적 정체성이 희박해졌다는 점에서는 경각심을 가지고 봐야 할 필요도 있다. 사실 BBBC도 교회로 시작했지만, 여전히 교회의 성도는 30여 명 규모에 불과하다. 이미 독립되어 활동하는 여러 사역들은 기독교의 복음을 직접적으로 증언하지 않는다. 이런 점은 우리 팀에게 여러 가지 질문을 제기했다. 그래도 의미 있는 것인가? 아니 의미가 없다고 해야 할 것인가?

이런 고민은 우리 팀이 영국에 머물러 있을 때마다 매년 지속되었다. 긍정적인 면만을 볼 수는 없다. 영국 성공회에 속한 제도권 교회들은 여전히 수적 감소로 인해 모두 어려움을 겪고 있지만, 새로운 형태의 지역교회들이 아래로부터 출현하고 있다는 점에서 소망을 보게 된다. 유럽의 경제위기가 아직 여전하지만, 영국사회는 앞서 '사회혁신'에 대해 설명한 바가 같이 더 나은 세상을 향한 창조적 노력들과 기독교적 가치의 문화적 뿌리에서 나오는 저력으로 건강성을 유지되고 있다.

제도권이 영향력을 잃어가는 것은 사회나 교회나 모두 마찬가지이다. 또 유럽연합을 탈퇴하기로 결정한 후, 영국의 위기는 더욱 본질적인 부분에서 제기되고 있지만, 영국의 변화는 변방과 지역에서 주도하고 있다. 빈민촌과 이민자 지역에서 새로운 사회혁신의 시도가 활발하고, 지역교회들은 '하나님의 선교'를 새로운 문화적 도전에 신선하고 풍부한 표현으로 응답하려고 한다. 이는 복음주의 계통에서만 나타나는 것이 아니라 의제나 선언만 외치던 에큐메니컬 교회들에서도 정의와 평화의 행진을 문화적으로 표현하려는 시도가 다양해지고 있다.

이런 현상은 한국 역시 크게 다르지 않다. 사회혁신의 갈망이 날이 갈수록 고조되고 있어서 과거처럼 관주도의 일시적 선전보다는 지속가능한 방식의 공동체 만들기를 통해 새로운 상상력을 펼치는 이들은 대부분 과거의 이념이나 진영논리로부터 벗어나 있는 세대이다. 교회 역시 규모와 상관없이 비전과 선교적 소명을 따라 소신껏 목회를 하면서 지역사회에 일정 부분 긍정적인 영향력을 끼치지 원하는 목회자들이 많아졌다.

바라기는 우리도 그린벨트 축제와 같이 이러한 새로운 시도와 혁신의 갈망, 그리고 문화적 다양성과 풍요로운 표현력을 한 자리에 녹여 내는 계기가 마련되면 좋겠다. 이를 위해 그 동안 이 축제를 경험한 이들이 준비를 하고 지금 변방에서 그리고 비 제도권에서 서서히 출현하고 있는 다음 세대들이 그 장을 열어젖히도록 해야 한다. 하나님은 하나님의 방법대로 하나님의 일을 하신다. 한국교회가 새로운 상상력으로 하나님의 선교를 바라볼 수 있기를 소망한다.

지역공동체와 함께 하는 교회의 새로운 도전들
- 한국적 '선교적 교회'를 향하여 -

제4부

'선교적 교회'와 '공공신학(Public Theology)'

제1장

'공공신학'의 등장과 의미

'공공신학'이란 무엇인가?

한국교회의 위기 요소 중 가장 큰 것은 교회의 '공공성'의 약화일 것이다. 여러 경로를 통해 이런 지적이 나오고 있다. 우리는 매 주일마다 '사도신경'을 고백하고 "공교회를 믿사오며"라고 반복하는데 정작 현실에서는 교회의 공교회성이 부족하다는 비판이 제기되고 있다. 교회가 주님의 몸이고 우리는 그 몸의 지체요, 한 나무의 가지라 비유되는데도 지금 한국교회의 공교회성은 큰 위기에 처해 있다.

필자는 그 원인에 대해 고민해왔고, 한국교회가 극단적인 '교단/교파주의'를 표방하는 것이 가장 결정적인 요인이라고 판단한다. 종교개혁을 통해 가톨릭교회로부터 나와 주님의 몸으로서의 교회를 새롭게 표현하고자 하였는데, 지금 개신교회가 '공교회적 특성'이 현저히 약화되었다는 비판을 받는 것은 그 본래의 정신이 무엇이었는지 다시 되새

지역공동체와 함께 하는 교회의 새로운 도전들
- 한국적 '선교적 교회'를 향하여 -

겨야 할 상황에 처했다는 것을 의미한다.

　'공공신학'은 공공의 문제에 대해 신학이 응답하고자 하는 것이다. 전통적인 신학이 교회의 입장을 설명하려는 '변증적' 목적이 컸다면, '공공신학'은 신학 외부의 의견과 자료를 참조하며 더 나은 대안을 모색하는 공론장에 적극적으로 참여하려고 한다. 그러다보니 전통적인 신학이 추구했던 방향과 방법론에서 일정한 차이가 발생하게 된다. 아직 한국에서는 주류신학이라고 보기 어렵지만, 앞으로 점차 그 소용이 많아질 것으로 기대한다.

'공공신학'의 기원들

　'공공신학'은 언제부터 시작되었는가? 이 질문에 답하기가 참 쉽지 않다. 왜냐하면 '공공신학'을 이해하는 방식에 따라 그 기원을 다르게 보기 때문이다. 우선 '공공신학'을 신학의 공공성을 주장하는 것이라고 보다 포괄적으로 이해하면, 그 기원은 구약시대의 예언자들과 주님의 공생애 사역과 성 어거스틴과 같은 교부 신학자들에게 거슬러 올라간다. 이렇게 되면 '공공신학'은 신학 자체의 본성에 대한 질문이 된다.

　다음으로는 '공공신학'을 사회윤리적 전통에서 이해하면 주로 종교개혁의 흐름에 이미 담겨 있었다는 점을 부각시키며 칼뱅이나 개혁신학자들에게 그 기원을 돌리는 경우이다. 20세기에 이르기까지 개혁신학은 크게 두 가지 흐름으로 이어졌다. 다 알다시피 한 쪽은 진보적인 성향의 흐름이고 한 쪽은 보수적인 성향의 흐름이다. 진보적인 신학은 세상의 변화, 사회적 구원을 보수적인 신학은 개인의 변화, 영혼의 구원을 지향해왔다.

이 두 흐름은 에큐메니컬 신학과 복음주의 신학이라는 이름으로 때로는 긴장관계를 때로는 경쟁관계 혹은 적대적 관계를 유지해왔다. 데이비드 보쉬(David Bosch)라는 선교학자는 이를 두고 '창조적 긴장(creative tension)'이라고 불렀다. 한국교회의 신학지형이나 교회지형을 보면 이러한 '창조적 긴장'이 제대로 작동되지 못하고 긴장과 적대감만 키워왔던 것이 아닌가 싶다. 이 긴장은 사회적 의제를 두고서도 항상 갈등을 조장시키는 원인이 되어왔다.

필자는 그래서 이 갈등과 소모적 긴장을 해소하고 한국교회의 공공성을 회복할 뿐만 아니라 한국사회에 대한 깊은 공감과 책임을 표현할수 있는 새로운 방법론이 필요하다고 생각했고, 그래서 필자는 오늘날 새롭게 제기되고 부상하는 방법론에 더 관심을 가지게 되었다. 많은 현대의 공공신학자들은 오늘의 상황이 더 이상 전통적인 '교회의 신학'이 응답할 수 없는 질문을 제기한다는 점에 동의한다.

'공공신학'이라는 용어는 로버트 벨라(Robert Bellah)가 베트남 전쟁과 관련된 라인홀드 니버(Reinhold Niebuhr)의 주장을 다루며 루소의 개념인 '시민종교(Civil Religion)'를 미국의 이데올로기로 제시하자, 이를 비판적으로 반박한 마틴 마티(Martin Marti)의 논문 "Reinhold Niebuhr: Public Theology and the American Experience"(Journal of Religion, 1974)에서 처음 등장한 것으로 많은 학자들이 인정한다. 그는 기독교의 에큐메니컬 상황과 다원화 사회인 북미에서 교회가 신앙적 통찰을 가지고 정의롭고 더 나은 세상을 위한 일에 헌신하도록 하는 것이 '공공신학'이라고 보았다.(성석환, 『공공신학과 한국사회』, 새물결플러스, 2019, 11)

이런 관점에서 '공공신학'을 이해하면 시민사회를 신학의 자리로 삼게 된다. 소위 '고백신학'이 신학의 자리를 교회에 두었고, 교회의 입장을 대변하는 것이었다면, 이제 '공공신학'은 기독교전통에 속하지 않은 많은 자료와 정보를 참고하고 전문가들과 대화하며 신학적 대안을 제시하고자 하는 것이다. 실천과 책임의 공공성만을 담보하는 것이 아니라 그 대안을 모색하는 과정의 공공성도 확보하려는 것이다.

'공공신학'의 자리

'공공신학'은 시민사회의 질문에 응답하기 위해 시민사회의 토론장, 공론장에 참여하는 것을 당연하게 여긴다. 또 지역사회의 문제에 대해 지역사회의 여러 주체들과 함께 대화하고 토론하는 것을 신학적 과제로 이해한다. 그러니 시민사회나 교회 외부의 입장과 견해를 충분히 이해할 필요가 있다는 점에서 전통신학과 다른 자료들을 수집하고 참고한다. 교회가 정답을 내 놓으려 하기 보다는 합력하여 더 좋은 방안을 모색하는 것이다.

두 번째 고려해야 할 '공공신학'의 자리는 우리가 살아가는 오늘의 종교지형을 고려하여 설정해야 한다. 한국사회는 점 점 탈종교화 되어가는 중이다. 종교가 없는 사람이 점차 늘어가는 추세이고, 2015년 현재 통계청 조사에 따르면 이미 56%가 종교가 없다고 응답했다. 개신교도 고전을 면치 못하고 있는데, 이대로 가다가는 한국교회의 영향력이 상당히 줄어들 것으로 보인다.

왜 많은 한국 사람들이 종교를 떠나는 것일까? 최근 조사에 따르면 무속인이나 점술가들은 5년 새 2배 이상 늘어났다고 하는데, 이는 한국인의 종교성은 여전하지만 그들이 소속하거나 신뢰를 갖는 종교가 달라지고 있다고 추측할 수 있겠다. 또 그 많은 신흥종교들과 이단들을 생각하면 종교성 자체가 약해지는 것이 아니라 기성 종교나 제도권 종교가 제 역할을 못하는 것이 원인일 수도 있을 것이라고 생각한다.

어쩌면 한국사회는 세속화(secularization)가 되고 있는 듯해 보이지만, 실제로는 오히려 종교의 공공성에 대한 실망으로 인해 나타나는 반작용이 아닌가 싶다. 신앙이 있지만 교회를 출석하지 않는 이들을 가리켜 속칭 '가나안 교회'이라고 하는데, 미국이나 영국에서도 이런 이들이 많이 늘어나고 있는 추세이고 한국에서는 거의 200만에 육박한다는 통계가 있었다. 특히나 20-30대의 이탈 현상은 가속화되고 있다.

이런 상황에서 영미의 진보적인 학자들이나 전문가들은 서구의 근대적 기획, 즉 이성과 과학으로 세상을 잘 운영할 수 있다고 본 전망이 점차 실패하고 있다고 자성하고 있으며 그 원인을 종교의 부재로 보고 있다는 점이 중요하다. 근대가 중요하게 여겼던 개인의 권리, 자유, 인권, 평등, 박애 등이 사실 모두 성경적 기원을 가지고 있을 뿐만 아니라 역사적으로는 종교개혁에 근대적 기원이 있다는 사실을 인정하는 분위기가 고조되고 있는 것이다.

그래서 도시화, 산업화, 근대화가 진척되면 점차 종교는 공공 영역에서 사라지고 개인적인 문제로만 남게 될 것이라는 '세속화' 이론에는 오류가 있고, 현대 사회의 문제점을 해결하기 위해서는 종교가 도덕과 윤리적 가치를 생산, 유통하는 공적 역할을 주장하는 학자들이 많아지게 되었던 것이다. 특히 미국의 '9.11 사태'를 보며 국제적 정치갈등의 배후에 종교가 있다는 점에서 그러한 종교의 역할이 더욱 중요하게 부각되었던 것이다.

지역공동체와 함께 하는 교회의 새로운 도전들
- 한국적 '선교적 교회'를 향하여 -

20세기 중, 후반 종교가 세계적으로 부흥하고 사회적 변동의 주요 요소로 작동하면서 주로 좌파 지식인들을 중심으로 이러한 인식이 확장되었다. 그래서 종교가 다시 부흥하고 그 공적 역할을 새롭게 모색해야 하는 오늘의 시대를 우리는 '후기세속사회(post-secular society)'라고 부르며, '공공신학'은 바로 여기에 신학의 자리를 놓으려 한다. 그래서 종교의 역할을 논하는 공론장과 담론에 적극적으로 참여하여 원탁에 앉아 대화에 참여하고자 하는 것이다.

'공공신학'의 방법론

그렇다면 '공공신학'의 방법론은 어떻게 다른가? 가장 중요한 차이점은 '구성적(constructive)'이라는 것이다. 구성적 방법은 결론을 정해놓거나 그 근거를 확정하지 않고 논의의 과정 속에서 수정되고 교정되는 일에 개방되어 있다는 것을 의미한다. 공론장의 문법은 한 특정 입장만을 주장하거나 존중할 수가 없다. 다양한 입장이 서로 경쟁하고 설득하면서 서로의 관점을 교정하는 비판에 개방되어야 한다.

그래서 대체로 세 단계의 과정을 거치며 '공공신학'을 수행하는 것이 좋겠다는 학자들의 의견을 정리하면, 우선 '분석(analysis)'의 단계이다. 이 단계에서 문제가 무엇인지 객관적으로 파악하는 것이 목적이다. 예컨대 '유전자 복제'의 문제에 대한 사회정책의 수립이 목표라면, 의학, 유전자학적, 정치사회학적 논의 등을 입체적으로 파악하고 논란에 대한 정보와 자료들을 수집해야 한다. 신학적 판단이 앞서면 이 단계가 수행되기가 어렵다.

다음으로 '해석(interpretation)'의 단계이다. 해석은 기독교적 관점으로 분석하고 평가한다. 시민사회의 문법을 고려하는 해석이 필요한데, 교회의 고백적 견해만 반영하는 것이 아니라 기독교적 해석의 지평을 공론장의 문법에 맞게 번역하는 단계이다. 예컨대 교회에서는 "우리가 맘몬에 대적해야 합니다."라고 말할 수 있는데, 시민사회에서 같은 말을 할 때는 "우리가 신자유주의의 부정의한 체제에 대항해야 합니다."라고 말해야 하는 것이다.

마지막으로는 '대안(alternative)'을 제시하는 단계이다. 성경의 가치, 하나님나라의 교훈 등 기독교적 가치와 윤리적 지향이 반영된 대안을 공론장에 제시하고 설득하는 단계이다. 이 과정에서 대화와 토론을 통해 더 나은 대안으로 발전할 수 있다. '공공신학'적 방법론의 탁월성은 바로 여기서도 발휘된다. 전통신학은 아무래도 이 단계를 거치기가 쉽지 않다. 공공신학자는 복음의 가치를 부단히 새로운 언어로 번역하는 일에 열려 있어야 한다.

필자는 '공공신학'이 지향해야 할 가치로 '공동의 선(the Common Good)'을 주장한다. 멀리는 그리스 철학자들로부터 기원을 찾겠으나, 명확히는 토마스 아퀴나스의 논의를 토대로 최근 공공신학자들이 주장하는 핵심적 가치이다. 개인주의와 근대적 이분법을 넘어서 공동체적인 삶을 위해 신학과 다른 학문들이 협력하여 더 좋은 사회를 만들기 위해 노력하자는 것이다. 교회의 공적인 역할을 다시 고민하게 되는 지점이다.

한국교회가 '공공신학'을 제대로 실천하기 위해 우선 걷어내어야할 장애물이 있다. 개교회주의, 교단주의와 같은 개신교의 특성을 선용하되 경쟁적인 성장주의 패러다임을 극복해야 한다. 이런 점에서 최근

지역공동체와 함께 하는 교회의 새로운 도전들
- 한국적 '선교적 교회'를 향하여 -

활발하게 논의되고 있는 '선교적 교회(missional Church)' 운동의 흐름과 함께 하는 것이 바람직하다.

제2장

공적 진리인 복음과 '하나님의 나라'

　'선교적 교회' 운동의 기원을 논의할 때, 인도에서 40년 가까운 세월을 선교사로 헌신했었던 성공회 주교 레슬리 뉴비긴(Lesslie Newbigin)이 등장하곤 한다. 인도에서 돌아온 그는 당시 영국 상황에 큰 충격을 받았다. 오히려 영국이 선교적 상황에 직면해 있었다. 영국 교회가 선교를 해외에서만 하는 것으로 여기고 국내 상황의 심각성을 느끼지 못했던 것이다. 뉴비긴은 강력한 어조로 선교의 주체가 교회가 아니라 하나님이심을 주장하기 시작하였다. 미전도 종족을 전도하는 것에 총력을 기울이고 있는 영국 교회에게, 뉴비긴은 복음이 증언되어야 할 곳은 해외만이 아니라 오히려 국내도 포함되어야 하며, 교회가 참여하고 있는 그 역사와 문화 속에서 먼저 그렇게 해야 한다고 주장했다.

　'선교적 교회'는 뉴비긴의 이러한 주장을 그대로 이어받고 있다. 북미의 신학자들(GOCN)이 함께 집필한 최초의 연구서 『선교적 교회』(*Missional Church: A Vision for the Sending of the Church in North*

지역공동체와 함께 하는 교회의 새로운 도전들
- 한국적 '선교적 교회'를 향하여 -

America)는 뉴비긴이 당시 주장했던 '하나님의 선교'라는 개념을 수용하였고, 삼위일체 하나님께서 파송하신 선교공동체인 교회의 존재하는 목적이 선교이며, 교회는 하나님의 선교의 도구라고 진술했다. 이런 주장에는 또 다른 신학적 함의가 숨어 있다. 바로 '선교적 교회'의 논의가 복음의 '공공성'에 대한 인식에 토대를 두고 있다는 것이다. 복음의 증언이 단지 개인의 고백적 차원에 머물러서는 안 되고, 사회적이며 관계적인 차원으로 확장되어야 비로소 선교적 삶이 가능하다는 것이다.

이런 시각에서 보면, 한국교회 역시 복음과 선교에 대한 이해가 너무 개인적이고 사적인 수준에 머물러 있다고 비판할 수 있다. 복음이 나와 하나님 사이에서만 의미가 있는 것으로 생각하고, 천국을 가기 위한 도구 정도로만 여긴다. 신앙이 개인적인 차원에만 영향을 끼친다면, 전도는 하나님의 선교에 동참하는 것이라기보다는 실상 자기 자신의 신념을 타자에게 강요하는 것이 될 수도 있기 때문에 우리는 이 부분에 대한 성찰이 필요하다.

'변혁적 선교'의 함의

지금은 안타깝게도 그 미팅이 축소되었지만, 몇 해 전까지만 해도 부산에서 한국교회의 '선교적 교회' 활동가들이 함께 모여 토론하고 교제하는 공식적인 미팅이 있었다. '선교적 교회'에 대한 논의가 또 다른 각도에서 진전을 보이던 현장이라 가급적 참여하려고 애쓰는 모임인데, 어느 해 인가 거기서 만났던 한 목회자로부터 한 달이 다 지나 갑작스러운 메일을 받게 되었다. 얼굴은 알고 있는 분이지만 깊은 대화를 나누거나 교제를 한 분이 아니었기에 뜻밖이었는데, 메시지 내용을 보니 많은 고민을 하셨던 것 같았다. 그분은 그해 모임에서 필자와 같은 테이블에 앉았던 것으로 기억하는데, 당시 필자가 '선교적 교회'의 개념을 '변혁(transformation)'이라는 단어와 연관시키는 것에 대해 문제를 제기했던 것에 질문을 해 오셨다. 필자는 20세기의 '변혁'의 논리가 기독교 중심적으로 실천된다면 자칫 타자에 대한 배타적 논리가 될 수 있어서 '선교적 교회'가 극복하고자 하는 '기독교제국(Christendom)'주의를 옹호하는 결과를 낳을 수 있다는 주장했었다.

아마도 그는 "'기독교 중심적'이지 않는 선교가 가능한가?" 또 "그것은 기독교의 정체성을 포기하는 것이 아닌가?"라는 의문이 들어 필자에게 더 자세한 설명을 부탁하는 메시지를 보냈던 것이다. 그 질문은 매우 신학적인 논의였기에 필자는 이후 모든 토론을 온라인에 공개했다. 더 보수적인 혹은 더 진보적인 다른 신학자들도 토론에 참여하면서 나름대로 '변혁적 실천'의 한계와 과제에 대해 토론할 수 있었다는 것 자체가 큰 수확이었다.

필자 역시 교회와 그리스도인이 '변혁'의 삶을 사는 것은 매우 중요한 선교적 과제라고 생각한다. 그런데 19-20세기의 선교역사를 돌이켜 보면, 특히는 '하나님의 선교(Mission Dei)'라는 관점에서 본다면, '변혁적'이라는 미명 하에 타문화나 타자의 삶을 일방적으로 파괴하거나 배제했던 사례가 너무도 많았음을 반성하지 않을 수 없다. '변혁'을 위해서 기독교가 타자를 폭력적으로 정복하는 것이 본질적으로 복음적이라고 말해야 하는가? 이 문제에 대해 오래 전부터 고민하던 필자는 학위논문에서도 리처드 니버(H. R. Niebuhr)와 삼위일체 신학을 통해 대안을 모색하려고 했었다. 그 방법론은 해석학으로, 실천은 '공공신학'으

지역공동체와 함께 하는 교회의 새로운 도전들
- 한국적 '선교적 교회'를 향하여 -

로 대안을 모색했던 것이다. 이런 측면에서 보자면, 존 하워드 요더 (John Howard Yoder)가 니버의 '변혁적 문화관'을 폭력적이라 비판한 지점과 니버가 요더에 대해 '반문화적 신앙'이라고 비판한 지점을 비교해 보면, '선교적 교회'가 문화변혁에 대해 어떻게 접근해야 하는지에 대한 단초가 마련될 수 있다고 생각한다.

뉴비긴에 의하면, 기독교 선교의 변혁적 실천은 당연히 문화 속에서 이뤄져야 한다. 그것은 문화에 적응하거나 문화를 존중한다는 수준을 넘어, 복음이 문화 안에 표현되었다는 성육신적 신학을 근거로 한다. 인도와 영국의 문화를 각 30여 년씩 경험한 그로서는 복음과 문화의 해석학적 관계에 대해 더 깊은 이해를 갖게 되었고, 그러한 뉴비긴의 경험은 그가 '하나님의 선교'의 실천을 지역공동체의 중요성을 강조하는 것으로 나타나게 되었다. 그에게 지역공동체는 '복음의 해석학적 현장 (the hermeneutic field of the Gospel)'이다. 이 말은 복음의 증언이 개인적 고백의 차원을 넘어 개인이 놓여 있는 상황을 고려해야 한다는 것이다. 복음의 변혁적 선교란 하나님나라가 공동체 안에 임한다. 이미 오래 전부터 선교학은 문화인류학적 반성을 수용하여, 복음이 증언되는 현장을 이해하고 그 현장의 특수성에 따라 복음을 독특하게 증언해야 한다는 인식을 보편적으로 인정하고 있다.

이런 신학은 예컨대 북미와는 다른 방향성을 가지고 새로운 교회 운동을 전개하고 있는 영국 성공회의 '선교형 교회(Mission Shaped Church)' 운동을 통해 확연히 드러나고 있다. 성육신적 선교신학에 토대를 두고, 지역사회와 문화에 참여하여 그 필요에 응답함으로써 복음의 문화변혁에 이르는 교회공동체의 새로운 표현양식을 모색한다. '선교적 교회'가 '이머징 처치(emerging church)'의 한계, 즉 문화적 적응에만 너무 많은 관심을 쏟는 것에 대해 반성하고, 교회의 존재론적 목적에 집중하려 한다는 점에서 두 운동은 쾌를 같이 한다.

현재 한국에서 '선교적 교회'를 표방하거나 모범적 사례로 회자되는 교회들을 보면 이런 신학적 성찰이 깊이 이뤄지지 못한 채 여전히 성장지향적 '변혁' 모델을 추구하는 경우가 있다. 지역공동체의 일원이라는 이해보다는 교회중심적 패러다임으로 지역민들을 동원하고 전도의 대상으로만 인식한다. 또 지나친 문화형식주의에 경도되어 개방적인 형식은 취했지만, '기독교제국주의'를 포기하지 않고 이원론적 사고에 묶여 '선교적 교회'의 신학적 도전을 제대로 이해하지 못한 경우도 많다. 카페목회를 하거나 도서관에서 교회를 시작한다는 것만으로 '선교적 교회'가 되는 것은 아니다. 만약 교회를 부흥시켜서 지역을 '변혁'하겠다는 의도라면 '선교적 교회'의 방향과는 거꾸로 가는 것이다.

선교적 삶은 파송 받은 현장에서 하나님이 행하시는 선교에 동참하는 일이다. 지역사회의 일원으로 공동체에서 하나님의 선교에 참여하고자 하는 영적 분별이 우선이다. 선교는 타자를 나처럼 만드는 것이 아니고, 하나님의 나라가 우리 가운데 임하도록 하는 일이다. 하나님의 나라가 임하는 것, 하나님나라에 동참하는 것은 교인이 되는 것으로 완결되지 않는다. 세리가 그 동안 빼앗을 것들을 되갚고 심지어 더 갚는 것, 창녀가 죄를 돌이켜 제자가 되는 것, 그리스도인을 죽이던 자가 그리스도를 증언하는 이가 되는 것, 원수를 용서하고 친구로 받아들이는 것, 나와 다른 이를 존중하고 경청하는 것, 억울하고 고난 받는 이들의 편에 서는 것 등과 같이 타자를 이웃으로 받아들이는 삶을 통해 진정한 하나님나라의 변혁이 발생하며 이것이 세상의 문화를 변혁하는 '선교적 교회'의 증언이다.

복음의 공공성과 선교

  뉴비긴의 주장이 당시 설득력을 가졌던 이유 중 가장 강력한 것은, 바로 유럽을 지배하고 있었던 계몽주의에 대한 신학적 반격이라는 의미 때문이었다. 그는 복음의 공공성을 변증하기 위해 근대 계몽주의의 논리를 극복해야 한다고 생각했다. 복음의 공공성을 역사적 사실성에서 찾은 그는 기독교신앙을 주관적 가치의 문제로 환원해버린 근대주의 논리를 비판하면서 복음의 객관성이 증명가능성 혹은 설득가능성(plausibility)에서 나오는 것이 아니라고 주장했다. 그에 따르면, 복음의 공공성은 증명가능성이 아니라 그 역사성에서 나온다. 근대의 모든 진리(truth)도 사람들은 증명 가능한 것이라 믿고 있지만, 사실은 그것을 믿는 이들의 헌신을 전제하고 있다고 보았다. 그러므로 그리스도인은 성경의 가르침을 믿는 신앙을 고백하며, 그것이 증명 가능한 것이 아니라고 해서 단지 사적인 것이고 공적인 것이 아니라고 말하는 것은 정당하지 않다는 것이다. 그는 성경이 증언하는 복음이 그리스도인만을 위한 복음이 아니라 만인을 위한 복음으로 증언하고 있기 때문에 복음이 공적인 진리인 것이지, 근대적 방식으로 증명되거나 설득할 수 있어서 공적인 것은 아니라고 주장했다.

  그래서 만약 복음이 공적인 진리라면, 그것은 그리스도인이 살아가는 세상, 이웃, 사회 속에서 일차적으로 증언되어야 할 과제이다. 뉴비긴은 그의 역작 『다원주의 사회에서의 복음』에서 이러한 주장을 잘 정리해 놓았다. 다원사회의 광장에서 그리스도인들은 겸손과 배려심을 가져야 하지만, 복음이 공적 진리라는 사실을 잊지 말고 광장의 일에 대해 침묵해서는 안 된다. 세상의 평화, 정의, 사랑과 하나님나라의 실현을 위해 살아가야 할 '선교적 사명'이 모든 그리스도인과 교회에 있다는 사실을 잊지 말아야 한다.

그래서 '선교적 교회'는 '변혁'의 선교적 과제를 그 사회의 정치사회적 과제들과 분리하여 논의하지 말아야 한다는 것이 뉴비긴으로부터 얻을 수 있는 중대한 통찰 중 하나이다. 공적인 진리로서의 복음을 증언하는 '선교적 교회'라면, 그 사회의 어두운 현실을 외면하고 침묵해서는 안 된다. 동시에 우리가 고백하는 복음이야말로 진정한 자유와 해방의 열쇠가 될 것임을 담대하게 증언해야 한다. 개인의 영혼구원이나 내세의 축복만을 선전하는 사적인 종교로 전락해서는 '선교적 교회'의 여정을 제대로 수행하기가 어렵다. 예컨대, 복음의 공공성을 고백하는 '선교적 교회' 중 '세월호 침몰사건'과 같은 불의한 사건과 관련하여 작은 교회들이 사회적 행동에 적극적으로 참여하는 것이나, 또 지역사회의 관행과 지자체의 잘못된 행정을 개혁하고자 나서는 것은 모두 선교적 삶의 한 표현이다. 그러한 참여적 행동을 두고 이데올로기적으로 비판하는 것은 옳지 않다. 오히려 갈등을 부추기고 사회적 분쟁을 일으키는 경우가 더 문제라고 보아야 한다. 사실 한국교회가 그 자원의 규모와 세력에 비해 사회적 화해와 중재의 공적 역할을 제대로 감당하지 못하고 있는 것은 선교적 직무유기와 같은 일이다.

그렇다고 '선교적 교회'는 무조건 정치적인 문제에 참여해야 한다는 뜻이 아니다. 그리스도인 개개인이 삶 속에서 정직하고 바르게 살아가는 일의 중요성은 더 말할 필요도 없다. 특히 한국사회에 만연한 물질만능주의와 소비주의와 같은 문화를 변혁하는 일은 그리스도인들이 일상적으로 대처해야 할 선교적 과제가 아닐 수 없다. '선교적 교회'는 '선교적 삶'이 없이는 구호나 선전으로만 그칠 가능성이 큰 것도 사실이다.

지역공동체와 함께 하는 교회의 새로운 도전들
- 한국적 '선교적 교회'를 향하여 -

서두에 언급한 그 온라인 토론에서 한 신학자는 필자의 이런 주장들이 자칫 복음의 정체성을 훼손할 가능성이 있다고 사려 깊게 지적해 주었다. 또 얼마 전에도 필자가 모르는 상황에서 필자와 <한국선교적교회네트워크>의 활동이 '선교적 교회'를 윤리적 실천으로만 인식되도록 한다고 비판하는 의견을 접했다. 보수적인 견해를 가진 분들의 조언은 과거 자유주의 신학자들이 저지른 과오를 되풀이해서는 안 된다는 경고로 받아들이고 있다. 하지만 지금 한국교회의 위기적 상황에서, 복음의 정체성을 지키기 위해 수세적으로 대처하기보다는, 복음의 공공성을 증언하는 '선교적 교회'의 적극적이며 사회적인 실천이 더 절실하다고 믿는다.

초대교회에서는 그리스도인들이 세상의 방식과 전혀 다른 방식으로 나누고 돕고 섬기며 살아가는 사람들이라는 소문이 크게 있었다. 필자는 한국교회가 우리사회의 가장 어두운 곳에 가장 먼저 찾아간다는 선한 소문이 날 때 복음은 한국사회에서 또 지역사회에서 강력한 변혁의 능력을 드러낼 수 있을 것이라 여긴다. 복음이 교회 안에 갇혀 있는 것이 아니고, 세상의 한 가운데에서 증언되는 능력이 되어야 한다. '선교적 교회'의 선교는 그렇게 공적인 복음을 증언한다. 이제 그 '공적인 복음'의 핵심적 신학 사상이자, '선교적 교회'가 증언해야 할 가장 중요한 선교적 삶의 핵심이 되는 '하나님의 나라'에 대해 이야기 해 보자.

'하나님의 나라'와 '선교적 교회'

'선교적 교회'에 대해 논할 때면 '하나님의 나라(the Kingdom of God)'도 같이 언급된다. 만약 '선교적 교회'에 대해 설명하면서 '하나님의 나라'를 말하지 않는다면, '선교적 교회'에 대해 제대로 이해하지 못한 것일 수도 있을 만큼 핵심적 주제이다.

'하나님의 나라'는 그리스도인에게는 익숙한 개념이기는 하지만, '선교적 교회'에 참여하는 이들 중에도 '하나님나라'와의 연관성을 깊이 이해하지 못하는 경우가 있다. 또 '하나님의 나라'를 이해하는 방식도 다양해서 '선교적 교회'가 '하나님의 나라'와 어떻게 연관되어 있는지를 설명하는 것이 간단하지 않다. '하나님나라'를 죽어서 가는 천국이나 내세로만 여기는 그리스도인들에게는 더욱 쉽지 않은 일이다. '선교적 교회'는 하나님의 선교에 동참하는 교회이지, 교회가 선교를 기획하여 주도하는 것이 아니라는 점을 여러 번 설명했지만 그것이 의미하는 신학적 함의는 '하나님나라'의 개념과 관련이 깊다.

'선교적 교회' 운동을 '하나님나라'의 의미를 제대로 이해하지 못하면 '건강한 교회론'이나 혹은 '성경적 교회론'과 유사한 유행으로 여기는 경우가 특히 한국 목회자들 중에 많다는 사실을 필자는 여러 세미나에 참석하면서 알 수 있었다. '하나님의 선교', 즉 하나님이 주도하시는 선교와 그에 동참하는 교회에 대해 진지하게 고민하지 않기 때문이다. 지역 속으로 뿌리를 내리는 교회, 문화 속에서 복음을 표현하는 교회가 증언하는 '하나님의 나라'는 어떤 모습인가?

지역공동체와 함께 하는 교회의 새로운 도전들
- 한국적 '선교적 교회'를 향하여 -

'하나님의 선교'와 '하나님의 나라'

'선교적 교회'를 지향하지만 그저 작은 규모의 교회일 뿐 특별히 '선교적 교회'의 정체성을 찾아보기 어려울 때가 있다. 그저 좋은 교회, 개혁적이고 건강한 교회와 '선교적 교회'는 같은 의미인가? 아니면 어떻게 다른 것인가? 그것은 그 공동체가 세상, 지역, 사회에서 '하나님나라'를 어떻게 증언하고 있는지에 달려 있다. 하나님께서 아들을 파송하시고, 또 성령님을 파송하시는 그 목적에 교회도 동참해야 한다. 그러자면 삼위일체 하나님께서 보내신 그 이유를 아는 것이 중요하다. 아버지께서 그리스도를 세상에 보내신 것처럼 주님도 교회를 세상에 보내셨다. 동일한 이유 때문이었다.

필자는 몇 년 전 아직 완전히 모양이 갖춰지지 않았을 때 남양주 별내 신도시로 이사를 왔다. 가까운 곳에서 신앙생활을 하는 것이 좋겠다는 생각에 가족들이 몇 주 동안 교회를 찾아다녔다. 예상했던 대로, 당시 신도시의 교회들은 무한경쟁에 돌입해 있었다. 교회가 왜 존재해야 하고, 어떤 공동체를 형성하려고 하는지 고민하기보다는 경쟁에서 생존할 방법이 무엇인지 고민하게 되는 것이다. 그런 상황에서 목회자가 교회의 본질을 고민할 여유가 없겠는가? 가족은 적당한 교회를 찾기는 했지만, 신도시 교회들의 경쟁은 지금도 계속되고 있다.

모든 교회가 궁극적으로 따라야 할 하나님의 선교의 목적은 무엇일까? 에베소서와 골로새서의 증언에 따르면, 하나님이 그리스도를 통해 이루고자 하시는 구원의 모습은 단지 교회에 출석하는 교인이 되는 것이 아니다. 그것은 "하늘에 있는 것이나 땅에 있는 것이 다 그리스도 안에서 통일되게 하려(엡 1:10)"는 것이다. 교회는 "만물 안에서 만물을 충만하게 하시는 이의 충만함(엡 1:23)" 위에 존재하고, 주님은 "하늘과 땅의 모든 것을 하나님과 화목하게 하시는 분(골 1:20)"이시니, 하나님이 그리스도를 통해 이루시는 구원은 온 우주와 온 세상의 회복이요, 통일이요, 하나님과의 화해이다. 구원을 단지 교인이 되는 것으로 국한하는 것은 신앙을 협소하게 이해하는 것이다. 구원의 사건은 나와 관계된 모든 영역에서 하나님의 다스리심이 구현되는 것이다. '선교적 교회'는 삼위일체 '하나님의 선교'에 헌신하면서 '하나님의 나라'를 지향하는 교회이다.

'하나님의 선교'를 '하나님의 나라' 즉, 하나님의 다스리심을 구현하는 것으로 이해하는 이들이 있는가 하면, 개인적 차원의 회심과 영혼의 구원만 이해하는 이들도 있다. 그러나 어느 한 쪽만을 강조할 때 '하나님의 선교'를 온전히 증언하기가 어렵다. '하나님의 나라'는 하나님의 통치가 이뤄지는 공의롭고 평화로운 세상이기도 하고, 그리스도를 통해 한 사람 한 사람에게 주어진 하나님의 사랑의 증거이기도 하다.

전자를 강조할 때, '하나님의 나라'를 지향하는 '선교적 교회'는 사회적 불의나 불평등에 대해 민감하게 반응하며 약자나 고통 받는 이들과 함께 하는 것이 '하나님의 선교'라고 주장하게 된다. 후자를 강조하면, 복음을 모르는 이들을 전도하거나 개종시켜 교회공동체에 참여하게 하고, 그리스도를 구속주로 고백하며 살아가도록 초청하는 것이 그에게 '하나님의 나라'가 임하는 것으로 본다. 그런데 '선교적 교회'는 교회가 '하나님나라'는 아니라는 점을 분명히 인식한다. 후자의 경우 교회와 '하나님의 나라'를 같은 것으로 이해할 수 있는데, '하나님의 선교'의 사건이 교회 안에서만 발생하는 것처럼 생각한다. 하나님은 교회 밖에서도 당신 자신의 일을 하고 계신다. 특히 한국교회는 '하나님의 나

지역공동체와 함께 하는 교회의 새로운 도전들
- 한국적 '선교적 교회'를 향하여 -

라'조차도 보수적으로 이해하는 경향이 강하다보니 사회적 행동을 통해 교회가 '하나님의 나라'의 사역에 참여할 수 있다는 고백에 동의하지 못하는 이들이 많다. 이런 경우 '하나님의 나라'는 교회를 많이 세우고, 부흥하면 실현되는 것이라고 생각한다.

'하나님의 나라'에 대한 신학적 진술 중 가장 많이 알려진 것이 "이미 또 아직"이다. 예수 그리스도의 십자가 사건을 통해 '하나님의 나라'는 이미 실현되었다. 그를 하나님의 아들로 고백하는 이들에게는 '하나님의 나라'가 임한다. 그리스도인은 하나님의 통치를 자신의 삶 가운데 받아들이게 되기 때문이다. 그러나 궁극적인 "새 하늘과 새 땅"은 주님이 다시 오실 때 완성된다. 우리는 이 땅에 사는 동안 '하나님의 나라'를 살아갈 수 있지만, 아직은 희미하여 온전하게 그 나라가 임하실 때까지 악한 세력들과 분투하며 살아가야 한다.

'하나님의 나라'는 단지 개인적인 구원을 의미하는 것을 넘어 정치, 경제, 사회, 문화 모든 분야에서 하나님의 온전하신 뜻을 실현하는 것이다. 주님이 기도하신 대로, "아버지의 뜻이 하늘에서와 같이 이 땅에서도 이루어지도록" 애쓰고 헌신하는 것이 그리스도를 따르는 제자가 감당해야 할 선교적 삶인 것이다. 주님은 '하나님의 나라'를 관계로 설명하시는 경우가 많았다. 우리가 맺는 관계를 통해 '하나님의 나라'가 실체가 되는 것이지, 특정한 형태나 양식이, 그것이 교회라 할지라도, '하나님의 나라'를 대변하거나 독점할 수 없다. '하나님의 나라'는 "숨겨진 보화"이며, "두 세 사람이 주님의 이름으로 모인 곳"에서 드러나는 신비한 관계, 즉 삼위일체 하나님의 주권을 자신들의 삶 속에서 받아들이는 공동체이다.

'선교적 교회'는 '하나님의 선교'에 동참하는 교회이다. 삼위일체 하나님이 파송하시는 목적에 헌신하는 것이다. 그것은 그리스도 안에서 만물이 충만하게 회복되며 구원에 이르도록 하는 것이다. 하나님은 교회 밖에서도 하나님의 통치가 이뤄지기를 원하신다. 그리스도는 만물을 충만하게 하시는 분이시다. 따라서 '선교적 교회'가 참여해야 하는 '하나님의 선교'는 하나님의 통치를 파송 받은 곳에서 고백하며 증언하는 모든 행위를 포함한다. 그것은 때로 광장에서 외치는 예언자의 소리가 되기도 하고, 또 한 개인의 영혼을 구원으로 초청하는 소리가 되기도 하고, 동시대 문화로 표현하는 찬양과 예배이기도 하다. 그것은 교회를 성장시키고 부흥시키려는 것과는 상관없다. '하나님의 통치'를 실현하려는 이들의 선교적 삶이다.

'선교적 교회'의 구원사역

현대의 많은 '선교적 교회'의 주창자들은, 레슬리 뉴비긴을 참고해서, '하나님의 선교'가 아버지와 아들의 파송의 관계에서 명확히 드러났다고 고백한다. 복음을 직접적으로 전하는 일은 '선교적 교회'의 본질적인 사명 중 하나인 것이 분명하지만, 스스로 선교하시는 삼위일체 하나님의 모범을 따른다면, 정복주의적이거나 배타적인 방식의 개종 전도의 방식을 넘어, 보내심 받은 곳에 따라 달라지는 사명을 다양한 표현으로 증언할 수 있어야 한다.

'선교적 교회'는 선교의 주체는 '교회'가 아니라 '하나님' 자신이심을 고백하는 공동체이기에 구원을 위한 선교적 활동에 있어서도 하나님께서 일하시는 주도권을 인정하는 교회이다. 일방적으로 강요하거나 선포하는 직접적 방식은 상황에 따라 필요하겠지만, 정상적인 다원적 사회에서는 그런 방식이 교회성장의 방편을 미화하는 경우가 많았다. 교회는 하나님이 행하시는 구원사역의 도구인데, 그 동안 개혁교회에서는 성경의 은유적 표현인 '그리스도의 몸으로서의 교회'를 제도적 교회와 동일시하여 절대화하지 않았는지 반성이 필요하다.

상황중심의 선교신학적 논의에 중대한 근거를 마련해 준 것으로 인정받는 데이비드 보쉬(David Bosh)는 '하나님의 선교'의 근원을 하나님의 마음(heart)이라 하고, 윌리엄 캐리 이후 선교가 자원, 돈과 조직을 동원하는 방식으로 이뤄졌으나, 그렇게 '교회론', '구원론' 중심으로 추동되는 선교를 삼위일체론 또는 '신중심적 신학'을 중심으로 재해석된 선교로 전환되어야 한다고 주장했다. 이럴 경우 선교란 '교회의 일'이 아니라, '하나님의 본성'에서 나오는 하나님의 일인 것이다. 그것이 옳다면, 교회의 구원사역도 하나님의 본성에서 나오는 하나님 자신의 일 하심이 되도록 해야 한다. 미전도 종족을 선교하기 위해 해외에 선교사를 파송하고, 자원을 지원하는 일이 무의미하거나 가치가 없다는 것이 아니라, 교회공동체가 파송의 주체가 아니라 파송 받은 객체이니 파송 받은 곳에서 먼저 하나님이 보내신 목적을 파악하고 그에 응답하는 것이 '선교적 교회'가 가야 할 방향이다.

보쉬는 "선교에 참여한다는 것은 사람을 향해 움직이는 하나님의 사랑행위에 동참하는 것이다."라고 말한다. '선교적 교회'에서 교회의 구원사역은 복음을 전하는 일이며, 그것은 하나님의 사랑의 마음을 따라 일하는 것이다. 그래서 복음을 전한다는 것은 곧 사람과 인격적으로 관계를 맺는 일을 포함하며, 하나님의 사랑으로 타인을 섬기고 돕는 것이다. 주님이 아픈 사람을 치유하고, 갇힌 자들을 자유롭게 하시며, 소외된 이들과 함께 하셨던 것처럼 말이다. '선교적 교회'의 구원사역은 그렇게 총체적(holistic)이며 통전적(integrated)이다. '하나님의 나라'의 가치와 삶을 받아들이는 이들이 지역과 사회에서 제자로 살아가고 또 그런 삶을 살아가도록 사람들을 초청하는 것이다. 복음을 전하는 것은 단지 입으로 전하는 것이 아니라, '선교적 삶'을 통해 증언되어야 한다. 우리 사회의 어둡고 악한 영역에 하나님의 공의로우신 통치가 실현되도록 하는 일도 '선교적 교회'는 구원사역의 하나로 여겨 기꺼이 참여한다.

복음을 증언하지 않는 교회는 '선교적 교회'이기 이전에 아예 '교회'일 수가 없다. '선교적 교회'가 증언하는 복음은 '하나님의 나라'의 복음이다. 주님께서 "천국이 가까이 왔으니 회개하라."고 선언하신 것처럼, 이 복음은 회개를 일으키는 요청이며, 구원의 소식이다. 이 복음을 만나는 이들은 자신의 뜻이 아니라 주님의 뜻에 따라 사는 제자가 된다. 제자는 자신이 그리스도께서 파송하신 존재임을 깨닫고 그 파송하신 목적에 따라 살아가기로 결심한다.

'하나님의 나라'는 가난하고, 온유하며, 애통하고, 마음이 청결하고, 화평하게 하고, 의로 인해 박해를 받는 이들이 복을 누리는 나라이다. 그들은 하나님의 통치를 받아들이고, 자신에게 주어진 선교적 삶을 기꺼이 받아들이고 살아가는 이들이다. '선교적 교회'는 이런 이들의 공동체이며 그것이 곧 '주님의 몸'을 이루는 것이다. 그들은 구원을 베푸는 하나님의 사랑을 증언한다. 하나님이 사랑하기 원하시는 이들을 먼저 찾아간다. 그렇게 '선교적 교회'의 구원사역은 하나님이 이끌어 가신다.

'선교적 교회' 운동을 통해 한국교회의 협소한 구원관과 '교회론 중심'의 선교관이 변화되기를 기대한다. 선교의 기원은 삼위일체 하나님의 선교적 본성에 있다. 교회는 이 모범을 따라 삼위일체 하나님의 구원 사역에 동참해야 한다. 온 우주와 만물이 그리스도를 통해 충만케 되는 일이 하나님께서 그리스도를 파송하셔서 이루시고자 하신 목적이었다. 교회도 동일한 목적에 따라 세상 속으로, 도시 속으로, 마을 속으로 파송 받았다. 한 개인의 영혼을 구원하는 일만이 교회의 구원사역이 될 수 없다. 우리가 파송 받은 곳에서 일하고 계시는 하나님의 선교에 적극 참여하는 '선교적 교회'의 주장이 한국교회에 큰 도전이 되기를 기대한다.

제3장

선교적 공공성의 기초: '이웃되기'와
'경청(listening)'의 해석학

'경청'이 '이웃되기'의 시작인 것은 경청 자체가 가진 해석학적 역동 때문이다. 경청은 그저 건성으로 타인의 이야기를 듣거나 대화에 그저 참여하는 것이 아니다. 경청은 타인의 존재를 인정하는 사회적 행위이다. 사회적 행위는 언제나 사회적 정황 가운데 발생한다. 그래서 사회적 행위는 반응과 책임을 동반한다. 이 책임에 응답하지 못하는 이는 결코 경청의 해석학적 역동이 선물하는 자기변화와 세계변혁의 과정에 참여할 수 없다. 경청의 참여자는 언제나 타인에게 자신을 개방한다. 심지어 타인으로부터 오는 고통을 당할 준비를 한다. 타인을 인정하는 사회적 행위는 언제나 자신의 부정을 요구한다.

그런데 경청의 체계화는 경청 자체를 제도화함으로써 경청 자체를 우상화할 위험에 직면한다. '경청'은 그것에 대해 배움으로써 참여할 수 있는 것이 아니라, 자신의 견고한 경계를 무너뜨리는 자기부인의 가능성을 수용함으로써 가능하다. 경청은 정의(definition)되는 것이 아니라 실천되는 것이기 때문이다. 경청에 대한 체계적 태도는 경청의 중요성을 부각시키지만 경청이 놓여야 할 상황을 중립화함으로써 경청의 제도화를 추구하려 한다. 이는 경청 자체에 권위를 부여하여 경청에 참여하는 이들로 하여금 타인에 주목하지 않고도 얼마든지 경청에 임할수 있는, 아니 경청에 임하는 것처럼 느끼게 하는 자기기만이다.

경청의 행위는 자기경험치를 포기할 때만 사회적 사건이 될 수 있다. 즉 자신이 지금까지 경험한 세계를 부정할 용기가 없이 결코 타자와의 만남에서 '지평융합'의 사태에 이르지 못한다. 가다머(Hans-Georg Gadamer)의 비유대로 경기장 밖에서 바라보는 이와 경기장에서 뛰는 이가 이해하는 현실은 전혀 다른 모습일 것이기 때문이다. 자기부정을 감행하는 사람만이 타인이 자기의 세계에 들어오도록 허용한다. 따라서 경청은 자기를 부정하고 자기의 십자가를 지고 따라 오라고 하신 예수의 요구(마 16:24)에서 신학적 사건으로 확인된다. 성육신 사건은 우리가 본원적으로 추구해야 할 경청의 존재론적 근거이다. 하나님과 동등됨을 포기하시고 자기를 비워 종의 형체로 사람이 되신 성육신 사건은 삼위일체 하나님의 선교적 삶을 분명히 증언한다(빌 2:6-7). 이런 점에서 삼위일체 하나님의 사회적 관계에 대한 해명이 경청의 신학을 구성해야 할 정당한 근거가 된다.

삼위일체 하나님과 '상황'의 해석학

그렇다면 삼위일체 하나님의 사회적 관계가 우리에게 무엇을 증언하는가? '십자가에 달리신 하나님'은 세계와 인간에게 자신을 내어준다. 그것은 하나님 자신의 결단이자 사랑이며, 동시에 인간의 고통스러운 현실에 주도적으로 참여하는 행위였다. 삼위일체 하나님은 파송하고 파송받으며 인간의 현실 속으로 침입해 오신다. 파송의 하나님은 언제나 인간의 고통스러운 현실 가운데 파송 받아 오신다. 그것은 하나님의 주도적 행위이면서 동시에 인간의 고통을 향한 자기개방이며 자기 스스로의 권리를 제한하는 무한한 사랑의 행위이다. 급기야 하나님과 인간의 주도권이 전도된다. 하나님의 주체성은 인간의 고통 속에서 사라지고 고통스러운 인간이 주체가 되어 하나님을 고통의 현실로 불러들인다. 하나님은 그러한 능욕을 스스로 당하신다.

교회가 '성도의 교제'인 것은 윤리적 공동체이기 때문이다. 타인에게 주도권을 넘기는 삶을 사는 이들의 교제가 교회이기 때문이다. 그들은 자신들을 구원하신 삼위일체 하나님의 삶을 따라 살기로 작정을 한 이들의 교제 가운데 있는 이들이다. 이들의 교제는 하나님께서 가르쳐 주신 삶을 증언한다. 언제나 타인에게 주도권을 허용하는 윤리적 삶이다. 여기서 중요한 것은 '성도의 교제'는 성도들이 모인 모임이 아니라, 삼위일체 하나님의 삶을 사는 이들의 교제라는 점이다. 그 교제의 진정성은 성도들에게 있지 않다. 그 교제가 발생하는 현실 속에서 나타난다. 그것은 신학적 언어로 정의되는 것이 아니라 언제나 사회적 삶의 현실 속에서 드러난다.

타인의 고통스러운 '상황', 즉 타인의 고통이라는 사회적 현실이 곧 '성도의 교제'가 발생되어야 할 자리이다. 그러므로 신학적으로는 그 고통의 현실에 대한 성육신적 이해가 더 중대하다. 그러므로 '성도의 교제'는 타인의 고통에 함께 참여하면서 타인의 그들과 '이웃되기'를 실천하는 것이다. '경청'의 해석학은 '경청' 자체에 대한 제도화를 넘어 '경청'이 발생해야 할 정치사회적 상황, 다시 말해서 타자가 처해 있는 고통의 현실과 그 현실에 동참함으로써 시작되는 '이웃되기'의 실천으로 이어지지 않는 한 그 이기적 속성의 한계를 극복할 길이 없다.

종종 대화의 조건으로 내세우는 세련된 논리나 이해 가능한 어법의 등은 타자의 정치사회적 상황에 대한 관심을 몰수하고 오로지 중립화된 대화의 해석학 자체만을 규범화하는 오류를 범하게 된다. 그래서 '경청'의 해석학이나 '대화'의 담론은 결코 그 자체로 정당한 것이 아니다. 그것은 곧 '정의'의 문제이지 않을 수 없다. 이는 삼위일체 신학에 대한 최근의 성찰에서도 중요한 사태로 부각된다. 사회적 삼위일체의 증언은 그 관계의 정치사회적 함의가 분명히 해명될 때 그 신학적 의미 또한 명확히 드러난다. 삼위일체 신학이 가진 해석학적 도전은 오늘 우리가 살아가는 현실의 모순들을 극복하는 신적 프로그램을 요청하기 때문인 것이다. 따라서 '경청'의 행위와 관련된 논의들은 정치사회적 상황에 대한 날카로운 인식을 포함하지 않을 수 없게 된다.

도시의 인간과 교회

그러면 우리는 우리가 그 이야기를 듣고 대화하며 책임져야 할 타자는 어디에 있는가? 다시 말해, 삼위일체 하나님은 우리를 어디로 보내고 계시는가? 선교적 하나님은 우리가 어디에서 선교적 사명을 감당하기 원하고 계시는가? 그것은 그 삼위일체 하나님께서 어디에 계시는지를 묻는 것과 같다. 우리가 타자의 이야기를 '경청'해야 할 이유는 바로 삼위일체 하나님께서 그들의 이야기를 듣고 계시기 때문이다. 그분은 우리를 그곳으로 보내시기 때문이다. 그곳은 아마 가장 고통스럽고 모순으로 가득 찬 상황에 놓은 타자들이 신음하는 곳일 것이 분명하다. 대화는 있지만 정의가 없다면, 그곳은 그저 허울 좋은 공론장일 뿐이다. 오늘날 도시가 그런 곳이다. 스펙터클한 오늘의 도시들에서는 온갖 광고의 홍수와 소비의 욕망을 부추기며 고통과 모순이 은폐되고 심지어 자연스럽게 익숙해진다.

사람들은 점 점 더 도시에 더 많이 거주한다. 도시는 온갖 편리한 장치와 자원들이 넘치고 있고 지금도 확장되고 있다. 콘과 오리티즈(Harvie M. Conn & Manuel Ortiz)는 *Urban Ministry* 에서 현대의 도시가 권력을 상징하며, 그 권력의 지형도는 이제 서구 도시에서 아시아의 여타 도시들로 이동하고 있다고 평가한다. 도시선교는 부정의한 권력관계의 지형도를 변혁하는 것을 선교적 과제로 포함한다. 지그문트 바우만(Zygmunt Bauman)에 의하면, 유동적 근대화의 현실은 유동적 도시인을 낳았고, 자본의 유령을 따라 배회하는 그저 소비자들이며 방랑객들일 뿐이다. 그들은 지배하기 좋은 존재의 양식으로 이리저리 부유하며 권력과 자본이 더 큰 부를 축적하도록 허용한다.

자본의 힘은 도시의 권력과 확장 욕망의 근원이다. 현대인이 겪는 대부분의 고통과 모순은 자본의 불공정한 분배와 이로 발생한 신계급주의를 강화시킨다. 현대 도시인은 분주하고 서로 연결되어(connected) 있는 것처럼 느껴지나, 결코 사회적(social)이거나 관계적인 삶을 누리지 못한다. 파편화되고 분절적이며 서로 경쟁하며 얼굴이 아니라 앞서가는 이의 뒤통수만을 바라보며 산다. 자신의 소비능력을 과시하며 존재를 증명해야 하는 강박에 시달리게 된다. 현대인의 고통은 대부분 이렇게 도시적 삶에서 발생한다. 그래서 도시적 삶은 도시가 단지 지리적 공간만이 아니라 사회문화적 과정이라는 것을 보여준다. 그러한 과정 대부분이 자본과 권력에 의해 통제되고 조작되는 것이 현실이다.

세계에서는 도시의 주인이 바로 인간이라는 인식을 촉구하는 운동이 한창이다. 이른바 '도시권'을 주장하며 도시의 삶이 보다 정의롭고 인간다운 삶이 되어야 한다고 주장한다. 환경중심의 도시건축과 인간 중심의 도시재생 사업 등의 대안을 제시하고 있다. 도시는 공간이 아니라 삶이라는 인식을 각성시키고, 도시의 자원들을 인간을 위한 것으로 전환하려는 노력들은 뉴욕, 파리, 런던, 서울 등 대도시 뿐 아니라 동네와 마을에서도 다양한 방식으로 전개되고 있다. 사람들의 생활을 관계적이며 공동체적으로 변화시키려는 노력들은 언제나 '경청'과 '대화'의 사회문화적 양식을 복원하고자 노력한다. 도시라는 물적 공간에서 삶이라는 인간의 관계가 복원되려면 도시의 삶이 더 이상 소비와 경쟁과 과시로 채워져서는 안 된다. 타자는 나의 경쟁자가 아니라 이웃이다. 아니 타자는 나의 인간적 삶을 가능케 하는 존재이다.

이런 도시의 파괴적 삶의 영향력은 교회에 결정적인 충격을 준다. 도시의 권력은 비인간화를 초래하며 종교가 설 자리를 빼앗아간다. 설 자리를 잃은 도시의 교회는 자신을 도시로 파송한 삼위일체 하나님의 뜻을 분별해야 한다. 선교학자 콘과 오르티즈는 러쉬(Myron D. Rush)의 의견에 따라 '경청'이 도시선교의 지도자들이 반드시 갖추어야 할 훈련 항목으로 본다. '경청'은 타인의 이야기를 단지 듣는 것이 아니라, 공감하고 거부당하지 않을 것이라는 확신을 주는 행위이다. 그것은 타자를 하나님의 형상으로 인정하고 '경청' 행위가 하나님의 선교에 동참하는 중대한 계기임을 고백하는 것이다. 그것은 타자가 놓인 상황을 이해하고 심지어 그 상황에 함께 하는 것이다. 도시선교에 있어 타자는 선교의 대상이 아니라 형제와 자매로 받아들여진다. 그것은 그들을 교인으로 등록시킴으로서가 아니라 그들의 이야기를 듣기 시작하면서 시작된다. 그들의 이웃이 되어주는 일이다. 사람들의 도시적 삶을 경쟁과 분열의 고립적 방식으로부터 함께 더불어 살아가는 방식으로 변화시키는 일이다.

그러나 오늘날 교회는 이러한 일에 빈번히 실패한다. 교회는 여전히 '구원의 방주'로서의 이미지를 구축하고, 이웃과 지역사회를 경계 밖으로 밀어내며 대상화한다. 교회는 사람들의 이야기를 듣기 보다는 말하고 가르치려 한다. 특히 교회의 지도자들은 타자의 고통과 전혀 상관없는 이야기들을 쏟아내며 교회의 고립을 가속화시킨다. 도시의 으리으리한 교회당에서 쏟아져 나오는 무수히 많은 신자들의 무표정한 얼굴은 타자의 이야기에 '경청'할 여유가 없다는 것을 웅변하는 듯 보인다. 여전히 도시를 정복하라고 말하며 도시를 교회로 만들어야 한다고 주장하지만, 정작 도시인의 빼앗긴 권리와 부정의한 현실로 인해 겪는 고통에 대해서는 입을 닫고 그들의 신음소리를 외면한다. 구역조직도 있고 셀, 순, 다락방 등 세분화된 관계망이 있지만, 그들은 자신들의 내적 소통을 위해서만 존재하고, 외부의 타자들은 자신들 안으로 편입시켜야 할 대상일 뿐이다.

도시에서 공동체를 복원하는 일은 너무도 절실하다. 삼위일체 하나님은 도시의 고통에 귀를 기울이시고 도시의 자원을 하나님의 자원으로 사용하시기 원하신다. 그래서 '파송하시는 하나님(sending God)'은 교회를 도시 한 가운데로 파송하신다. 그리스도인이 타자의 이야기를 '경청'하는 것은 그들과 관계를 맺는 일이다. '대화'의 해석학은 불의한 도시의 현실에서 '정의'의 실현으로 실천되어야 하며, 그것은 삼위일체 하나님께서 교회를 도시로 파송하시며 부여하신 선교적 사명이다. 도시의 공동체를 형성하는 일에 교회는 선교적으로 참여해야 한다. 그것은 도시의 권력지형을 변혁하고 정의로운 도시적 삶을 지향하는 것이다.

교회가 지역사회의 아픔에 동참하고 그리스도인이 타자의 이야기에 귀를 기울인다는 것은 그들에게 선교의 주도권을 내어준다는 것을 의미한다. 물론 '경청' 자체를 제도화하거나 타자를 우상으로 만들지 말아야 한다는 점을 다시 상기해야 한다. 타자는 중립적 대상이 아니라 언제나 특정한 고통스러운 상황에 놓인 이들, 즉 강도를 만난 이와 같이 도움이 절실한 이들이라는 점에서 교회의 선교적 주도권은 급격히 이웃과 지역사회에게로 넘어간다. 이렇게 하여 선교적 교회는 선교의 주도권이 삼위일체 하나님께 있다고 고백할 수 있게 되는 것이다. 타자와 함께 하시는 하나님의 선교에 동참하는 것이 교회의 선교적 사명이기 때문이다. 도시의 교회는 도시의 분열적 상황에서 살아가는 이들에게, 즉 자신들이 부당하고 부정의한 상황에 놓여 있다는 사실을 자각조차 못하는 이들에게 하나님의 공의와 사랑을 증언해야 할 사명이 있다. 그러나 교회가 실패하는 주된 이유는, '경청'을 수동적으로 실천하거나 대화의 장에서 기득권적 지위를 유지하려는 욕망 때문이다.

후기세속사회의 '이웃되기'

후기세속사회에서 종교의 문화적 의미생산 역할이 다시 주목받고 있다. 종교의 세속화를 주장했던 피터 버거(Peter Burger)조차 발 빠르게 전향하여 종교의 재부흥 현상에 대해 분석하고 있다(그는 이런 상황을 '탈세속화 desecularization'라고 부른다). 신자유주의가 지배하는 대부분의 사회에서 사회적 제도들의 공공성이 심각하게 위협받고 있는 상황에서, 보편적 가치의 정당성에 대한 각 구성원들 간의 합의가 절실한데 종교가 그러한 공적 역할을 해야 한다는 것이다. 물론 20세기 중반부터 재발흥하고 있는 종교들은 대체로 개인주의적 영성을 지향한다는 점에서 한계가 없지 않으나, 최근 기독교 내부에서는 이에 대한 반성으로 새로운 교회의 존재적 양식에 대한 대안을 모색하려는 움직임이 치열하다. 그 새로운 교회의 모습은 공적이며 또 지역적이다. 이 둘을 신학적으로 결합하면 이른바 '선교적 교회'의 교회론이 출현하는 시대적 요구와 만나게 된다.

'선교적 교회'는 미시적으로는 '경청'의 해석학을, 신학적으로는 '삼위일체 신학'을, 형식적으로는 '지역사회(문화)로의 성육신'함을, 거시적으로는 교회의 공적 역할을 강조한다. '선교적 교회'의 '경청'은 '이웃되기'의 시작이다. 록스버러(Alan J. Roxburgh)는 2015년 필자에게 직접 건네 준 Joining God, Remembering Church, Changing the World에서 하나님의 성도들이 자신들의 상황에서 하나님의 일하심을 분별해야 하며, 성경을 통해 하나님의 음성을 듣는 훈련을 회복해야 함을 강조했다. 이웃의 이야기를 경청하고 하나님의 말씀을 청종하는 것은, 하나님의 임재를 상황 속에서 느끼는 사회적 행위의 것이다. 상황 속에서 이웃의 이야기를 들음으로 종국에는 상황 속에서 일하시는 하나님으로부터 오는 질문을 대면하게 된다.

'선교적 교회'는 '삼위일체 하나님'께서 피차 보내시며 보냄을 받는

지역공동체와 함께 하는 교회의 새로운 도전들
- 한국적 '선교적 교회'를 향하여 -

분이시라는 점을 인식한다. 서로 사귐의 관계에 있으신 삼위의 하나님은 십자가에서 고통당하시는 아들과 함께 하셨고 부활 가운데 두려워 떠는 제자들에게 성령의 위로와 평강을 주셨다(요 20:19). 그래서 오늘도 고통 가운데 있는 이들 가운데 성령께서 위로와 평화를 허락하시며, 교회로 하여금 그들의 이야기에 귀를 기울이도록 감동을 주신다. "나를 보내신 것 같이 나도 너희를 보낸다(요 20:21)."고 말씀하신 주님께서 제자들에게 보내 주시겠다고 약속하신 대로 성령께서는 교회를 선교적 삶으로 인도한다. 보냄 받은 공동체로서의 교회는 자신의 목적이 아니라 파송하신 하나님의 선교에 동참하는 것이 존재의 목적이다.

그래서 '선교적 교회'는 언제나 보냄 받은 곳에서 '삼위일체 하나님'의 사귐의 삶을 실천한다. 오늘날 도시적 삶 가운데로 파송된 교회는 도시에서 살아가는 이들이 처한 고통에 귀를 기울이고 지역사회 안으로 찾아가며 그곳에서 하나님의 선교에 참여해야 한다. 오늘날 '마을 만들기', '지역공동체 세우기', '사회적 기업'으로 대표되는 공유경제 활동 등에서, 맘몬과 권력의 횡포로 인해 고통당하고 배제된 이들을 해방과 자유로 인도하시는 성령님의 활동을 분별하는 감수성이 '선교적 교회'에게 요구되며, 이는 곧 '경청'과 '이웃되기'로부터 시작된다.

지역사회의 아픔은 곧 교회의 아픔이다. 지역사회는 더 이상 동원과 흡수의 대상이 아니라 섬겨야 할 이웃이다. 교회는 지역사회의 타자가 되어 '고립된 공동체'로서의 삶을 거부하고 지역사회의 일원으로 살아가는 선교적 삶을 요청받는다. 한국의 도시의 공간들은 임대 아파트와 민영 아파트 사이에 흐르는 긴장만큼 계급적 경계가 뚜렷하고, 아파트 구조는 극도로 폐쇄적이고, 2년마다 주거를 옮기는 문화 때문에 도시공동체 형성을 사람 간의 심리적이고 지리적인 거리를 줄이는 것만으로 접근하기 어렵다. 그것은 문화적 공동체로 이해되어야 하며, 식탁으로 초대하는 행위도 긴요하지만, 우선 이웃이 처한 고통의 현실에 동참하려는 결단이 우선적으로 필요하다. 적어도 한국에서는 '경청'의 행위와 '이웃되기'의 실천은 정치사회적 함의를 전제하지 않을 수 없을 정도로 도시적 삶은 계급적이고 파편적이기 때문이다.

'선교적 교회'는 현대사회의 공론장에서 교회의 공적 역할에 주목한다. 복음의 공공성은 교회의 공공성을 존재론적으로 요구한다. 사실 교회의 어떤 표현도 사적인 것은 없었다. 근대의 세속화 과정에서 종교의 영역을 내세와 영혼의 영역으로 환원시킴으로써 교회가 공적 영역에 관여하지 않는 것이 정당한 것으로 인식되어왔지만, 세상 가운데 '성도의 교제'가 존재하면서 본질적으로 사적인 행위란 불가능하다. 다만 신학적으로 정당한 공적 삶과 정당하지 않은 공적 삶이 있을 뿐이다. '선교적 교회'는 고통당하는 타자와의 연대를 통해 공적인 삶을 실천한다. 현대사회의 공론장에서 발생하는 갈등과 충돌 상황에서 가장 도움이 필요한 이웃들의 입장을 대변하는 위험한 실천이 도시의 공동체적 공공성을 확장하는 일에 기여한다는 한국적 상황에 대한 이해가 필요하다. '선교적 교회'의 '경청'과 '이웃되기'의 실천은 정치사회학적 상황 인식을 토대로 더 고통스러운 이들과의 연대를 향한 당파적 특성을 숨길 수 없다. 물론 이는 또 다른 배제의 논리를 정당화하는 것이 되어서는 안 된다. 더 고통스러운 이웃을 위한 연대에 덜 고통스러운 이웃들의 동참을 이끌어 내며, 심지어 고통의 원인을 제공하는 이들이 회개하고 자신들로 인하여 힘들어 하는 이들을 섬길 수 있도록 하는 것이 '선교적 교회'의 공적 역할이다.

그래서, '경청'은 '선교적 교회'의 삶과 실천에 있어서 가장 기초적

지역공동체와 함께 하는 교회의 새로운 도전들
- 한국적 '선교적 교회'를 향하여 -

이며 가장 본질적인 요소이다. 그러나 '경청'하는 그 행위 자체를 규범적으로 제시하는 것이 아니라, 그 행위의 해석학적 함의와 정치사회학적 함의를 인식하고 그것이 요청하는 신학적 결단을 따를 때 비로소 정당한 선교적 삶이 시작될 수 있다. 이런 점에서 '경청'은 오늘날 한국교회에게 가장 절실히 요청되는 선교적 삶이다. 성령께서 강도를 만난 도시의 이웃을 향해 '하나님나라'의 증언을 감행할 용기를 한국교회의 '경청'하는 그리스도인들에게 허락해 주시기를 간절히 소망한다.

제4장

선교적 공공성의 실천 1: 지역공동체 세우기

종교사회학자 로빈 길(Robin Gill)은 현대 사회에서 교회는 도덕공동체로 보았다. 도덕공동체는 한 사회의 공적 지표를 제시하는 기능을 한다는 것이다. 문제는 오늘의 상황이 다원주의적이기 때문에 기독교 신앙공동체만이 공적 지표를 제시하는 것이 아니라는 점이다. 60년대 후반부터 진행된 다원주의적 상황은 지구화의 진전에 따라 더욱 강화되어 한 공동체에서 공적 동의를 구하는 일이 매우 어렵게 되었다. 포스트모더니즘은 이런 상황을 더 가속화시켰다. 이제 누구도 단 하나의 공적 가치나 질서를 주장할 수 없게 되었고, 또 동시에 모든 이들이 자신만의 기준을 주장할 수 있게 되었다.

한국은 민주화 이후 90년대를 전후로 사회문화적 다양성이 확대되고 각 주체들이 자신들의 입장을 주장하면서 극심한 사회혼란과 무질서를 경험했었다. 이 상황이 여전히 지속되고 있음에도 불구하고, 정치, 경제, 사회 모든 분야에서 이 혼란과 갈등을 조정할 지도력을 찾아

지역공동체와 함께 하는 교회의 새로운 도전들
- 한국적 '선교적 교회'를 향하여 -

보기 힘들다. 이 국면에서 한국교회는 더 곤혹스럽다. 최근 세습논란이나 목회자들의 성적 타락이 공개적으로 언론에 오르내리고, 사회적 신뢰도는 나날이 떨어지고 있으며, 사회적 갈등의 현장에는 어김없이 편을 갈라 싸우는 통에 한국사회에서 공적 지도력을 발휘하기가 어려운 지경이다. 한국 사람들의 고유한 문화적 속으로 뿌리를 내리기도 전에 벌써 쇠퇴기를 맞이하고 있다는 평가도 있다. 공적 지도력을 발휘해야 하는 신앙공동체들이 공적 지도력은 고사하고 도덕의 수준을 떨어뜨리고 있다는 평가도 받는다.

얼마 전 『정의란 무엇인가?』(*JUSTICE: What's the right thing to do?*)로 많은 이들에게 도전을 주었던 마이클 샌델(Michael Sandel)은 또 다른 책 『왜 도덕인가?』(*Public Philosophy: Essays on Morality in Politics*)에서 현대 사회의 공공성 증진과 복지 공간을 확대하려면 그 공동체의 공적 가치를 새롭게 하는 것이 필요하다고 주장한다. 다양한 공적, 종교적 신념들을 특정한 이해관계에 경도되어 있다는 이유로 회피하기보다는 그것이 갖는 긍정적 역할에 관심을 기울여야 한다는 것이다. 다원주의적 상황에서는 서로가 다른 주장을 하기보다는 피차 경청하고 공적인 삶의 수준이 높아지는 일에 기여해야 한다는 주장이다.

'파송된 공동체'로서의 교회는 선교적 사명을 부여받았다. 파송된 곳에서 하나님의 선교에 참여하고자 하는 '선교적 교회'는 갈등과 분열로 인해 고통 받는 이들을 섬기고 서로 경청하는 공동체, 배려하는 공동체를 우리 삶 가운데 복원하려는 사회적 실천에 구체적으로 참여하는 교회이다. 그래서 카페도, 도서관도, 복지관도 모두 선교적 목적에 따라 운영되며, 교회를 중심으로 힘을 과시하려 하지 않는다. 공적 지위를 쟁취하려 하지 않고, 공동체를 위해 헌신하는 삶 속에서 자연스러운 구성원들이 합의하는 공적 지도력을 얻게 된다.

깔뱅의 목회와 '선교적 교회'

한국사회에서 공적 지도력을 회복하려면 교회는 본질적인 질문 앞에 서야 한다. 바로 "교회란 무엇인가?"라는 질문이다. 정통 신학에서는 교회를 정의할 때 "하나의, 보편적인, 거룩한, 사도적 교회"를 말한다. 그런데 이러한 신학적 정의가 특정한 현실의 시, 공간에서 존재할 때 교회는 언제나 문화의 옷을 입고 표현된다. 교회는 시대마다 그 존재의 양식이 달랐고, 오늘날처럼 다원적 상황에서는 더욱 다양하게 표현될 수밖에 없다. 주님의 몸이며 각 지체의 연합인 교회가 오늘 우리 시대에는 어떻게 표현되어야 하는가에 대한 질문이 제기된다.

개혁교회 전통에서 생각해 봐도 교회의 표현은 매우 다양한데, 우리가 지금 고민하고 있는 '공적 지도력'을 어떻게 발휘할 수 있을지 깔뱅의 경우를 통해 잠시 생각해 보자. 깔뱅은 제네바에서의 목회를 통해 교회가 본질적인 소명을 따라 존재하는 모범적인 방식을 구체적으로 보여주었다. 지역 전체를 하나의 공동체로 인식하고, 교회가 그 일에 헌신하도록 하였다. 지역 교회가 하나님의 선교에 동참하고 고통 받는 인간을 섬기는 것이 가장 중요한 요소였다. 하나님은 교회를 지역 속으로 파송하시어 사람들을 섬기고 구원의 소식을 증언하라고 하셨기 때문이다.

깔뱅은 교회가 세상과 맺는 관계 속에서 교회의 목적을 발견했는데, 그 관계란 섬김의 내용으로 드러난다. 가난한 사람들과 약한 사람들을 돌보는 사역은 깔뱅에게 있어서 교회의 본질적 사역 중에 하나였다. 가톨릭이 위계적 수직구조를 가지고 있었던 것에 비해 깔뱅은 교회를 섬김의 직분들 간 협동과 연합의 현실로 인식했다. 예배 또한 교회 안에서의 예전만이 아니라 구체적인 사회적 삶 한 가운데에서, 곧 사랑과 섬김의 삶으로 나타나야 한다.

'선교적 교회'는 개혁교회의 신앙을 그대로 이어받아, 오늘의 상황에서 교회의 본질을 고백하고자 한다. 깔뱅의 목회는 '선교적 교회'의 전형이라고 할 만하다. 지역사회를 한 공동체로 여겼다는 점에서, 또 신앙과 삶을 교회의 경계선으로 구분하지 않았다는 점에서, 또 무엇보다 당시 고통받는 이들의 아픔을 외면하지 않고 섬겼다는 점에서 20세기 말에 등장한 '선교적 교회' 운동의 선례라고 말해도 과언이 아닐 것이다. '선교적 교회'는 스스로를 '파송된 공동체'로 고백한다는 점에서, 제네바 시의 정치, 경제, 사회의 모든 질서를 성경적 원리와 개혁교회의 원리에 입각하여 구조화한 깔뱅의 사례는 지금도 우리에게 주는 교훈이 크다. 다원주의적 상황은 우리에게 주어진 오늘의 객관적 현실이지만, 그렇다고 해서 교회가 공적 질서를 제시하는 공적 역할을 감당하지 못할 이유가 없다. 교회의 본질적 기능과 역할에 충실하고 진정성을 갖는다면, 다원적 상황은 오히려 우월한 공적 수준을 드러내기 위해 좋은 기회일 수도 있다. 문제는 지금 한국교회의 공적 수준과 사회적 신뢰도가 그리 높지 않은 상황이라는 점이다.

도시를 새롭게 하는 지역중심의 선교로

교회는 지역사회에 뿌리를 내리는 지역교회이어야 하며, 지역과 함께 공동체로 존재해야 한다는 것이 '선교적 교회'의 주장이며, 이미 오래 전에 깔뱅이 제네바에서 그 사례를 보여주었다. 지역과 아무런 관련도 없는 메시지들을 일방적으로 쏟아내기보다는 지역의 현안과 필요들을 교회의 선교적 과제로 인식하고, 책임적으로 응답하는 것이 오늘날 한국교회가 신뢰를 회복하는 길이다. 대부분의 교회는 교회의 부흥과 구성원들의 헌신에 초점을 맞추게 되는데, 이 경우 구성원들의 삶의 예배나 봉사의 실천보다는 교회의 조직을 위한 헌신과 희생을 강조하게 된다. 이렇게 되면, 교회는 지역사회의 지도적 위치에 놓이기보다는 성장을 지향하는 다른 단체나 교회들과 경쟁하는 집단으로 존재할 뿐이다.

대형교회일수록 지역과 무관하게 존재하기 쉽다. 몸집이 큰 사람들이 더 많은 열량을 필요로 하듯, 대형교회는 그 자체의 조직을 유지하기 위해 소비적인 구조를 띠게 된다. 내부의 필요를 위해 모든 에너지를 동원하다보니 교회의 물적, 인적 자원이 지역사회로 흘러갈 여유가 없다. 물론 대부분의 교회들이 지역에 전혀 무관심한 것은 아니다. 때가 되면 구제나 자선활동도 하고 불우이웃을 돕기 위한 바자회도 한다. 그러나 교회중심의 활동이 대부분이고 지역주민들의 필요에 응답하는 것이 아니라 공급자 입장에서 주고 싶은 것을 나누어주는 한계를 갖는다. 이 경우 일회적이거나 임시적인 활동에 머물기 때문에 이웃의 구체적인 삶의 고통이나 구조적 모순에 대해서는 민감하게 대처하지 못할 수가 있다.

지역공동체와 함께 하는 교회의 새로운 도전들
- 한국적 '선교적 교회'를 향하여 -

한국사회가 발전하면서 지역자치나 주민자치가 활발해졌는데, 교회는 점점 더 탈지역화되었다. 서울에 있는 대형교회의 프로그램을 그대로 답습하여 성장을 지향하는 행태가 태반이다. 자신들이 '파송된' 지역사회의 필요에 응답하기보다는 유행하고 성공하는 것들을 모방하기에 급급했으니 한국사회의 발전방향과는 전혀 다른 방향을 지향했던 것이다. 한국의 도시화가 시작될 초기에만 해도 교회는 공적인 기능을 나름대로 발휘했다. 경쟁과 일에 지친 이들에게 위로와 용기를 주었고, 도시의 가난한 이들에게 도움을 베풀었다. 도시의 경쟁적 삶에 지친 이들이 공동체를 경험할 수 있는 곳은 교회였다.

이를 바탕으로 도시 교회들이 급격하게 성장하였고, 도시교회는 도시인들의 도시적 삶을 실현하는 또 하나의 양식을 제공했다. 그런데 교회가 성장하고 중산층이 중심이 되다보니, 도시교회는 초기의 영적, 공적 역할을 하기보다는 제도적이고 형식적인 역할을 담당하게 되었다. 경쟁적이고 치열한 도시적 삶이 재현되는 또 하나의 공간이 되어버렸다. 교회의 탈지역화는 교회가 성장하면서 어쩔 수 없이 감당해야 할 대가였지만, 교회 본연의 공적이고도 영적인 기능을 회복하기 위해서는 반드시 성찰해야 할 문제이다.

이제 도시를 새롭게 하는 지역교회들이 필요하다. 파편화와 분열, 경쟁과 갈등의 현장인 도시를 화해와 조화, 나눔과 공동체라는 이미지로 변화시키기 위한 '선교적 교회'의 역할이 필요하다. 이미 이러한 필요에 응답하는 사회적 움직임들이 많이 있다. 예컨대, '마을 만들기' 사업, '지역통화'의 유통, '마을기업' 육성 등 사회적 경제를 실험하는 시도들이 대부분 지역공동체를 기반으로 생겨나고 있다. 지방자치단체들마다 지역과 마을 살리기를 위해 막대한 예산을 투입하여, 주민들의 역량을 강화하기 위해서 노력하고 있다.

그러나 국가나 공공기관이 할 수 없는 일이 있다. 한정된 예산으로 가시적 효과를 거두기 위한 정책실행에는 반드시 사각지대가 생기기 마련이다. 이전 정부에서 실패한 정책들을 개선하여 현 정부도 지역복지에 막대한 예산을 투입하려 하고 있지만, 여전히 한국사회의 복지수준은 선진국에 비해 부족한 상태이다. 그런 부족을 채우는 일은 시민단체나 종교단체가 감당할 수 있어야 한다. 지역교회가 국가나 정부가 감당할 수 없는 사각지대를 찾아내고 지원하는 지역선교가 필요하다. 도시에서 교회가 '공적 지도력'을 발휘하는 것은 큰 건물만으로는 불가능하다. 진정성이 중요하다. 큰 규모의 건물이나 의례적인 구제 프로그램만으로는 부족하다. 예컨대, 재개발 논의에 있어서 갈등당사자들의 입장을 조정하여 지역공동체가 상생하는 합의를 이끌어 낸다거나, 지역의 낙후된 영세 상인들을 돕기 위해 지역재래시장 적극 이용하기 등 당국이 정책적으로 강요할 수 없는 사안들에 대해 교회가 공동체적 실천을 통해 공적 지도력을 발휘할 수 있을 것이다.

지역사회에서 교회가 화해자가 되는 것은 오늘 한국사회를 돌아볼 때 너무도 절실한 역할이다. 앞서 언급한 대로, 이미 한국사회도 다원주의 사회가 되었고, 하나의 기준만을 제시하기 어려운 공론장이 확대된 상태에서 갈등과 분열을 조정하고 하나의 합의를 도출할 수 있는 지도력이 절실하다. '선교적 교회'로서 도시에 '파송된' 지역교회가 이런 역할을 감당한다면 그것은 하나님의 선교에 동참하는 가장 의미 있는 삶이 될 것이다.

최근에 교회의 공공성을 주제로 삼는 '공공신학(Public theology)'이 활발하고 논의되고 있는데, 종교를 개인의 취향이나 기호에 따른 선택적 문제로 축소시킨 근대의 사사화 현상을 비판하고 종교의 새로운 공적 역할을 조명하고 있다. 지역교회가 지역에서 감당해야 할 공적인 역할에 대해 선교적으로 고민하지 않는다면, 오늘날과 같은 다원적 사호에서는 아무런 공적 지도력을 발휘할 수가 없을 것이다.

근대주의자들이 종교를 사적 영역에 국한시키려 했는데, 이에 대해 교회와 그리스도인들조차 동의해 온 경향이 컸다. 이는 종교개혁으로 유발된 개신교의 공적 특성을 제대로 이해하지 못해서 나타난 현상이다. 깔뱅의 경우에서도 보았듯이 개혁교회는 본질적으로 공적이기에 언제나 사회적 실천을 통해서 그 존재의 의미를 확인하게 된다. 물론 우리는 기독교의 진리에를 전함에 있어서 일방적일 경우 오히려 그 설득력을 잃게 되는 다원주의 사회의 특성을 이해해야 할 것이다. 교회의 공적 역할은 기술적이거나 기능적 방식으로 접근해서는 안 된다. 기독교적 교리를 전파하거나 교회의 성장을 위한 것이 아니라, 지역공동체 혹은 사회공동체 모두의 '공동선(the Common Good)'을 위한 것이어야 한다.

지역공동체와 '선교적 교회'의 공적 지도력

공적 역할을 통한 교회의 공적 지도력을 발휘하자면 다양한 주체들의 이해를 조정할 수 있어야 가능하다. 그를 위해 반드시 필요한 사역이 바로 지역의 네트워크를 형성하는 작업이다. 지역의 다양한 주체들과 협력하여 복잡한 문제를 해결하기 위해 노력하는 것은 장기적으로 볼 때 선교적으로도 매우 중요한 시도이며, 사실 그 자체로 '선교적 교회'

의 삶이다. 교회가 파송받은 지역에는 다양한 공공재와 콘텐츠들이 있다. 병원, 학교, 경찰서, 관공서 등의 공공 조직들, 또 한 지역에서 10년이 넘게 장사를 하신 분들, 동장, 지역의원 등과 공적 네트워크를 형성하는 이른바 '사회적 자본(Social Capital)'을 형성하는 것이다. 이 사회적 자본을 동원하여 교회와 목회자는 공적 역할을 발휘할 수 있다. 이들의 이야기를 경청하고 조정하는 화해자로서의 역할을 감당할 수 있는 선교의 장이 되는 것이다.

카페나 도서관을 하는 경우 지역사회의 네트워크를 만드는 일이 더욱 용이하다. 사실 이런 일이 유행처럼 일어나고 있기는 한데, 무작정 공간을 만들어 놓는다 해서 주민들의 자발적인 네트워크가 형성되는 것은 아니다. 필자는 서울시에 위치한 통합교단 산하 교회들 중 카페나 도서관을 설치한 교회를 조사를 의뢰받아 진행한 적이 있다. 20%에 못 미치는 교회들이 이런 시설을 가지고 있었는데, 그들의 목적을 묻는 질문에 대부분 지역사회와의 소통이라고 답했으나 실제로 그 공간을 사용하는 이들이 누구냐는 질문에는 대부분 교인들이라고 답했었다. 교회의 공간을 지역주민들이 사용할 수 있게 되려면, 적어도 3년 이상의 꾸준한 의사소통을 통해 그러한 공간이 지역주민 모두를 위한 공간임을 증명해 보여야 가능한 일이다. 카페나 도서관은 공적 공간이 될 수 있다는 점에서 매우 효과적일 수도 있으나, 오히려 교인들만의 친교공간으로만 전락하여 선교적 기능을 발휘하지 못하게 된다. 이를 위해 지역사회의 반상회나 주민모임을 적극 유치하고 모임과 회의를 위해 제공할 수 있도록 유연성을 발휘해야 한다.

제안하자면, 도시에서는 협력하고 네트워크를 형성할 수 있는 풀뿌리 시민단체나 조직들이 이미 많이 있으니 이들과 함께 공동 프로젝트

지역공동체와 함께 하는 교회의 새로운 도전들
- 한국적 '선교적 교회'를 향하여 -

를 개발하거나 혹은 기존의 프로그램에 참여하는 방식을 취하는 것이 오늘과 같은 네트워크 사회에서 더 적절한 전략이다. '선교적 교회'의 정체성으로 접근한다면, 지역사회에서 사회적 약자에 대한 따뜻한 배려와 지원, 그리고 함께 상생하는 공동체를 만들어 가는 창조적이고 신선한 방법을 모색할 수 있을 것이다.

도시의 교회는 도시의 다양한 자원을 활용하여 하나님나라의 원리가 작동하는 지역공동체를 형성하기 위한 선교적 실험에 나서야 한다. 필자는 몇 해 전 영국 성공회에서 도시선교를 담당하고 있는 앤드류 다베이(Andrew Davey)와 함께 런던의 도시선교 현장을 탐방한 적이 있었다. 그는 "도시선교는 도시에서 하나님의 통치의 표식(signs)을 발견하는 것"이라고 말했다. 그러면서도 그는 우리의 도시선교가 다만 시민단체나 NGO와 같은 기준으로 평가되기보다는, 고통 가운데 있는 이들을 만나주시는 주님과 우리가 만나는 것이어야 한다고 주장했다. 그와의 대화 속에서 한국교회가 도시에서 어떻게 공동체를 형성하며 하나님의 선교에 참여할 것인지 고민이 되었다. 윤리적 소비, 공정무역, 지역통화, 주민역량강화, 가난한 이들을 위한 사회적 네트워크 형성 등의 사역들을 도시가 제공할 수 있는 다양한 자원들을 엮어내는 것은 대도시에서 교회의 공적 지도력을 선교적으로 발휘하는 좋은 전략인 셈이다. 이는 '공동선(the Common Good)'을 추구하는 공적 책임을 다하여 "우리의 착한 행실을 보고(마 5:16)" 공의로우신 하나님께 영광을 돌리게 하는 것이다. 다원적 사회에서 교회의 '공적 지도력'은 교회의 선교적 본성에 충실할 때 세상이 먼저 인정하게 될 것이다.

제5장

선교적 공공성의 실천 2: '윤리적 소비' 운동에 참여하기

'윤리적 소비', 교회가 함께 해야 할 선교적 실천

'윤리적 소비(ethical consumption)' 혹은 '착한 소비'는 생산, 소비, 유통의 과정에서 보다 더 친환경적이고 지속가능할 뿐만 아니라 모든 이에게 공정하고 정의로운 결과를 도출하고자 하는 사회적 운동이다. 조용훈은 이것을 "소비행동을 결정하는 데 있어서 가격이나 품질 사이의 경제적 합리성만 아니라 보다 포괄적인 소비자의 책임성, 즉 오늘날 문제가 되고 있는 다양한 사회문제들을 고려하는 윤리적 소비행동"이라고 정의한다. 그 기원은 분명하지 않지만, 오늘과 같은 의미는 대체로 신자유주의적 체제가 시작된 20세기 말엽부터 회자되었지만, 자선무역이나 환경문제와 에너지문제 등과 관련한 의미에까지 확장해서 본다면 적어도 50-70년대까지 거슬러 올라갈 수 있다.

소비를 윤리적으로 해야 한다는 주장은, 윤리적으로 생산된 것을 구매하여 윤리적으로 소비한다는 것인데 따라서 윤리적 소비 행위가 일반적인 건전한 소비 행위와 구별되는 점은 소비자가 자신의 건강과 행복 등을 고려하여 친환경적으로 생산된 상품을 구매하는 것을 넘어 더 공정하고 정의로운 질서를 만드는 일에 동참하려는 특별한 의지와 목적을 가진다. 그러니 '윤리적 소비'는 개인적 수준에서 하는 낭만적 참여를 넘어 사회적 연대와 실천에 참여하는 것을 의미하게 된다. 그것은 우리가 살아가는 세상에 대한 비판적 성찰에서 기인한다.

물신(物神)의 세상

신자유주의 경제질서는 2007년 미국 발 경제위기를 겪고 나서도 여전히 힘을 유지하고 있다. '사람의 얼굴을 한 자본주의'가 필요하다는 강력한 문제 제기가 있었지만, 돈을 마치 신처럼 섬기는 '물신주의'는 여전히 현대인의 삶의 많은 부분을 지배하고 있다. 소비의 능력으로 평가받는 소비문화는 성실히 일하는 노동자, 근로자들을 부추겨 욕망을 자극하고 있고, 승자만이 모든 것을 독식하는 문화는 대부분의 사람들에게 상대적 박탈감을 가져다준다.

우리나라도 한 가장이 한 직장에서 성실히 일하면 가족들을 돌볼 수 있었으나, 신자유주의 체제가 뿌리를 내리게 된 1997년 IMF 사태를 겪고 나서는 평생직장의 개념은 사라지고 노동유연성을 확대한다는 명분으로 비정규직과 일용직, 임시직이 일자리의 반 이상을 차지하고 있는 실정이다. 그럼에도 불구하고 소비를 통해 유지되는 경제 시스템 탓에 사람들은 저축과 절제가 아니라 빚을 지고 살아가는 것이 당연한 삶의 패턴이 되었다.

폴란드 출신 저명한 사회학자인 지그문트 바우만(Zygmunt Bauman)은 오늘의 세계를 가리켜 '신빈곤 사회(new poor society)'라 명명했다. 과거에는 빈곤층을 노동자로 훈련시키는 것이 경제적 측면에서도 생산력을 높이는 일이고, 정치적으로도 사회적 통합에 합당한 일이었다. 그러나 지금은 과거보다 필요한 노동의 양이 현저히 줄어들었고 생산규모를 시장의 소비욕망에 의존하기 때문에 소비능력이 없거나 열등하고 무능한 이들은 시장에서 제외되고 사회에서 배제된다.

신자유주의는 경쟁과 자유로운 시장에 의해 경제성장이 가능하고, 그 효과가 저소득층과 다른 사회 영역에도 소비의 여력을 갖게 하여 더 나은 미래를 이끌어 갈 수 있을 것으로 보는 이른바 '낙수효과'를 주장한다. 그러나 그 주장이 제대로 실현된 곳은 지금 세계의 어느 곳에서도 확실히 드러나지 않고 있다. 빈부의 격차는 더 벌어지고 있고, 노동의 가치는 이전 세기에 비해 현저히 떨어졌다.

하비 콕스(Harvey Cox)는 『신이 된 시장: 시장은 어떻게 신적인 존재가 되었나?』에서 "'시장'은 구약에 등장하는 야훼에 가까운 존재가 되고 있다. 단지 다른 신들과 경쟁하는 우월한 신이 아니라 온 세상이 그의 통치를 받아들여야 하고 어떤 경쟁자도 허용하지 않는 '지고신(Supreme Diety)', 즉 유일한 참된 '신'이 되었다."고 단언한다. 즉 그가 보기에 우리시대의 '시장'은 거의 종교로 작동하고 있으며, 사람들은 모두 물신을 섬기고 있다는 것이다.

막스 베버(Max Weber)는 기독교의 금욕적 태도와 직업에 대한 소명적 인식이야말로 새로운 자본주의의 정신의 근간을 제공한 것으로 보앗다. 사람들은 노동의 대가로 발생한 부를 미래를 위해 저축하면서 오늘의 쾌락을 보류할 수 있는 도덕적 태도를 칭찬하였다. 또한 나의 부로 가난한 이웃을 돕는 일은 모두에게 존경받는 미덕이었다. 그러나 지금은 부를 과시하고 독점하는 이들을 모두 부러워하고, 수단과 방법은 가리지 않는 부의 축적이 정당화되고 있다.

이런 왜곡된 경제체제와 물신의 시장이 낳은 가장 치명적인 폐해는 바로 공동체의 파괴이다. 경제(economy)는 본래 '가정', '경영'을 뜻하는 헬라어 '오이쿠메네(oikoumene)'라는 단어에서 유래했다. 가족처럼 서로 돌보고 사랑하며 살아가야 하기 위한 활동이 경제인데, 지금 우리는 사람들의 관계와 공동체보다 돈을 더 중시하는 시장을 섬기게 되었다. 어떻게 이런 상황을 극복하고 대안을 모색할 수 있을까?

다른 방식으로 살기, '윤리적 소비' 운동들

진보적 성향을 가진 이들이 주장하는 대안은 거대 담론일 경우가 많다. 그럼 '자본주의가 아니면 다른 무엇이란 말인가?'라고 묻는 질문에 명확한 응답은 하지 못한 채 현재 신자유주의 체제의 모순을 비판하고 그 부정적 결과들을 고발하는데, 그런 무수한 이론들을 듣다보면 정작 구체적으로 무엇을 어떻게 하라는 말인지 제대로 이해하기 어려울 때가 많다. 그런 의미에서 '윤리적 소비(자)' 운동은 구체적인 행동양식을 제시한다는 점에서 다르다.

'윤리적 소비'는 앞서 전술한 우리시대의 시장논리를 각자 다른 방식으로 살아가는 대안적 사회운동 프로그램이다. 넓은 의미로 보면 '윤리적 소비' 운동은 여러 가지 다른 이름을 가지고 있다. 우선 우리에게 훨씬 이전부터 익숙한 '절약운동' 혹은 '녹색운동'이 있다. 쓰레기를 줄이고, 환경친화적인 상품을 구입하고, 재생된 물품을 활용하는 등의 환경운동과 연관되기도 했다. '윤리적 소비' 운동의 본격적인 시작은 아마도 '공정무역'의 등장부터일 것이다.

국제 공정거래기구(Fairtrade International)는 '공정무역'을 "생산자와 상인, 거래업자들, 그리고 사업자와 소비자 사이의 동반자정신에 기초하여 전통적인 거래를 대안적으로 접근하는 것"이라고 말하고, 캠브리지 사전에는 "상품을 생산하는 이들에게 정당한 가격을 보장하는 상품을 사고 파는 방식"이라고 정의하고 있다. '공정무역'은 생산자와 노동자들의 안정적 생계를 돕고, 경제적 자급자족을 도와 가난에서 벗어나도록 하려는 것이다.

'윤리적 소비' 운동 중 '공정무역'은 가장 큰 성과를 낸 활동이다. 국제적 연대와 기구가 만들어졌다. 연구자들은 대부분 2차 세계대전 이후 비정부기구들이나 종교를 기반으로 하는 자선단체들이 수공예품을 수입하여 판매했던 실험적인 시도들을 공정무역 운동의 시작이라고 본다. 앞서 신자유주의에 대한 대안적 관점에서 본다면, '공정무역'은 '지배적 경제 모델을 변화시키는 도구'인데, 국제무역의 규칙과 관행을 변화시키려는 목적의 정치적 과제를 구체화한다는 측면에서 매우 중요하다. 세계 무역 거래량을 보면, 석유가 1위이고 다음이 커피인데, 그래서 커피 생산자들을 고려한 '공정무역' 운동이 가장 활발하게 일어났고, 그것은 커피의 생산, 소비, 거래만이라도 공정하고 정의롭게 할 수 있다면 세계경제의 대안 모색에 큰 영향을 끼치리라는 기대가 있었다.

우리나라의 경우, 2003년 <아름다운 가게>가 시작하면서,

지역공동체와 함께 하는 교회의 새로운 도전들
- 한국적 '선교적 교회'를 향하여 -

<YMCA>, <기아대책>, <굿네이버스> 등이 커피나 수공예품을 다루었다. 그러나 지금은 이런 시민단체나 비영리단체만이 아니라 심지어 초국적 기업들도 공정무역을 하고 있다는 캠페인을 벌이기도 한다. 그래서 지금은 '공정무역'의 실효와 동력이 많이 떨어져 있고, 시장에서 만날 수 있는 접근성이 약하다보니 유럽처럼 활성화되지 못하고 있다.

일상에서 '공정무역'의 커피를 구입하기 위해서는 여러 가지 제약이 현실적으로 따른다. 커피취향이 개인마다 다르고, 커피 생산자들의 실제적인 삶이 과거에 비해 그리 크게 달라지지 않는다는 사실이 알려지면서 '공정무역'은 또 하나의 세계질서이며 결국 북반구 선진사회의 자선에 지니지 않는다는 비판이 일게 되었다. 그래서 더 대안적인 방식으로 우리의 삶을 교정해야 한다는 생각으로, '윤리적 소비' 운동은 새로운 경제체제를 모색하게 되었다.

그래서 등장한 운동이 바로 '생활협동조합(생협)' 혹은 '사회적 기업'을 중심으로 하는 '공유경제' 혹은 '사회적 경제' 운동이다. '윤리적 소비' 운동이 다소 개인적 차원이라면 이러한 운동들은 본격적으로 대안적 경제체제를 제시하고자 한다. 1990년대 초반까지 전국적으로 100여개의 생협이 자생적으로 생겨나 활동했고, 한국에서는 <두레생협>, <한살림>, <iCOOP생협>, <여성민우회>, <전국생협연합회> 등이 활동하고 있다.

이 운동들은 조합원들의 출자를 통해 운영하고, 지역사회와 깊이 연계되어 있어서 지역경제의 활성화와 사회적 약자에 대한 지원 등 시민민주주의 발전에 기여할 뿐만 아니라 신자유주의로 붕괴된 우리사회의 지역공동체를 복원하려는 활동을 포함하고 있다. 건강한 먹거리와 자원의 공유를 통한 '윤리적 소비'를 진작시키고, 기업이나 시장 중심의 경제가 아니라 소비자의 주권과 시민의 주체적 참여를 독려하고자 한다.

'사회적 경제'는 '공동의 선(the Common Good)'을 지향하며 사회 구성원 모두의 가치가 실현되는 경제를 목표로 한다. 돈보다 사람을 우선시하는 새로운 경제와 시장을 기대하는 이 운동은 '윤리적 소비'라는 행동지침을 동반하게 된다. '공동 거주', '공용 사무실', '공용 차량'등의 일상적 경험이 이미 우리사회에 확산되어 있는데, 모두 공동체적 삶을 복원하기 위해서 물신의 시장을 사람 중심, 즉 '사람의 얼굴을 한 시장'으로 변혁하려는 노력의 일환이다.

우리나라의 경우 서구와 조금 다른 정치사회적 의미를 지닌다는 점을 앞서 잠시 언급했다. 1987년 제도적 민주주의의 정착이 시작되었지만, 1998년 IMF 사태를 경험하면서 민주주의의 문화적 정착은 지연되고 자본논리에 의해 사회변동이 추동되었다. 공동체가 와해되고 경쟁이 극한으로 치닫는 상황에서 공동체를 복원하고 시민민주주의를 실현할 대안이 바로 '마을 만들기'와 같은 지역공동체 운동이었다. 거기에 '사회적 경제'로 이어진 일련의 사회운동들이 연동되어 동력을 보태게 되었던 것이다.

특히 '윤리적 실천' 운동은 지역사회의 공동체적 연대와 실천으로 확장될 때 더 큰 열매를 얻게 되는데, 예컨대 '지역화폐'를 유통하여 지역에서 발생하는 소득이 초국적 기업이나 외부로 유출되지 않도록 하고, 또 지역에서 생산된 먹거리를 유통함으로써 역내 자급자족의 경제적 자립을 강화하는 등은 그 자체로 대안적 삶의 방식을 자극할 뿐만 아니라 새로운 경제체제에 대한 가능성을 모색하는 것이다.

지역공동체와 함께 하는 교회의 새로운 도전들
- 한국적 '선교적 교회'를 향하여 -

교회가 참여하는 '윤리적 소비' 실천

'윤리적 소비'는 처음부터 미국과 영국의 종교단체나 교회가 적극적으로 참여했다. 예컨대 1946년에 미국 <메노나이트 중앙위원회(MCC)>의 <텐싸우전트 빌리지'>가 남미와 같은 저개발 국가에서 수공예품을 구매하여 교회에서 판매하였다. 영국의 경우 <옥스팜(Oxfarm)>이 비슷한 방식으로 기독교 유관단체들을 통해 유통하였다. 필자는 영국 옥스퍼드를 방문할 때마다 그 지역에 폭넓게 자리한 교회들의 '공정무역' 판매처를 보며 놀라움을 금치 못한다.

또 5년 전에 방문했던 영국 기독교인들의 축제인 '그린벨트 페스티벌'에 참여했을 때, 당시 참가자들의 자녀들에게 '윤리적 소비'를 훈련하고 체험하도록 하는 집단교육을 실천하는 것을 보며 매우 부러워했던 기억이 있다. 친환경 물품을 사용하는 것은 기본이고, 현장에서 만난 한 가족은 공정무역 사회적 기업인 fair ground를 운영하며 남미의 저소득층의 물품을 구입하여 판매하는 일을 선교적 실천으로 여기고 있었다. 방문할 때마다 만나는 좋은 친구들이 되었다.

우리나라에서도 교회의 커피숍에서 <기아대책>의 공정무역 원두를 사용하거나, 또는 교회에서 <아름다운 가게>를 위한 공간을 마련하여 운영하는 사례가 꽤 있다. 필자는 대학로의 교회에서 사역할 당시 대학로에 위치한 '아름다운 헌책방'과 연대하고 또 '기독교환경연대'와 협력하여 교인들에게 '윤리적 소비' 실천과 연대에 함께 참여하도록 행사를 마련하기도 했었다. 물론 일회성 행사만으로는 그러한 실천을 지속하기가 쉽지는 않다.

가장 큰 걸림돌은 '윤리적 소비'의 필요성을 하나님이 원하시는 다른 삶을 살기 위한 실천이라기보다는 하나의 이벤트로서 신앙과 관련 없이 사회적 프로그램으로만 보는 인식수준이다. 한국교회는 사회적 의제에 대해 대체로 보수적인 입장을 가지고 있다 보니, '윤리적 소비'를 정치적 편향성이 있는 사회적 프로그램으로 인식하여 신앙의 실천으로 연결시키는 것이 매우 어렵다.

그러나 교회가 '윤리적 실천'의 지역적 거점이 되어준다면, 선교적 효과들을 기대할 수 있는 몇 가지 실천전략이 있다. 우선, 기독교적 언어를 사용하지 않고도 지역사회와 협력하여 지역의 공동체를 형성하는 일에 기여할 수 있다. 물신에 지배받는 현대인의 경쟁적이며 분열된 일상을 보건대, 교회의 이러한 노력은 선교적으로도 매우 큰 의미가 있을 것이다. 최근 주목받고 있는 '선교적 교회(Missional Church)'의 교회론으로 볼 때도 '윤리적 실천'을 통한 지역교회와의 협력과 교제는 현대사회에서 가장 효과적인 선교적 만남이 될 수 있을 것이다.

둘째, 지역사회에서 교회는 대부분 지역에서 가장 큰 공간이거나 건물인 경우가 많다. 교회는 주일 예배시간을 제외하면 대부분의 공간을 비워둔 채로 사용한다. 만약 교회가 유휴 공간을 '윤리적 소비'를 위한 공론장으로 제공한다면 그 자체로 선교적인 효과가 있다. 문화센터를 운영하는 교회들이 꽤 있는데, '윤리적 소비'와 관련된 강좌와 체험 프로그램을 제공할 수 있을 것이고, 도서관에서도 이와 관련된 책을 선정하여 지역주민과 함께 읽고 참여할 수 있는 프로그램을 제공할 수 있을 것이다.

구체적인 실천방법을 생각해 보자. 특히 만약 교회 안에 카페가 있다면, '윤리적 소비'의 실천을 위해 '일회용 사용하지 않기'를 적극적으로 전개하고, '공정무역' 커피를 제공하여 신자유주의 경제의 물신적

지역공동체와 함께 하는 교회의 새로운 도전들
- 한국적 '선교적 교회'를 향하여 -

문제점을 알릴 수도 있다. 물론 대부분의 교회에서는 여전히 '일회용 컵'이나 '종이상자', '플라스틱'의 사용을 별다른 문제의식 없이 막대하게 소비하고 있는 것이 현실이다. 교회학교 단위에서부터 이러한 잘못된 행태를 교정하고, '윤리적 소비'의 기초적인 교육부터 실행해야 하는 경우가 허다하다. 또 한 가지 가능한 실천은, 지역의 먹거리를 생산하는 이들에게 유통할 수 있는 경로를 제공할 수도 있다. 나아가 교인들이 함께 지역의 생협활동에 참여하여 구체적인 현장과 신앙적 실천을 연결한다면 지역공동체의 거점으로서의 역할을 역동적으로 감당할 수 있을 것으로 본다.

이 일을 위해서 외부 단체에 도움을 요청할 수 있겠다. 예컨대 예장통합은 독자적으로 <온생명소비자생협>을 결성하여 도농간 먹거리 유통을 돕고 있고, <YMCA>에서도 '윤리적 소비'와 관련된 교육과 체험을 돕는 프로그램을 제공한다. 교회학교 단위나 국내선교부 내부에 독자적인 팀을 구성하여 개교회의 '윤리적 소비' 운동본부를 구성하여 지역사회, 시민사회와 연대하는 것도 고려할 수도 있을 것이다.

교회학교에서는 해마다 개최하는 겨울, 여름 수련회를 구태의연하게 진행하지 말고, '윤리적 소비'를 배우고 체험하는 기회로 삼는다면 특히 중, 고등학생들에게 큰 도전이 될 것이다. 중고생을 대상으로 개최되는 신앙수련회에서 이런 '윤리적 소비'에 대한 기독교적 전망을 교육하고 그 사회적 의미를 신학적으로 해명해 준다면 다른 곳에서 할 수 없는 대안적 신앙교육을 감당할 수 있을 것으로 확신한다.

이런 점에서 교회의 공공성을 신학적으로 실천하는 '윤리적 소비' 운동에 그리스도인들이 적극적으로 참여해야 한다. 한국교회는 사회적 신뢰를 잃고 교회의 사회의 간격이 점차 벌어지고 있는 상황인데, '윤리적 소비'를 실천함으로써 그 간격을 좁히고 시민사회의 공론장에 참여하는 좋은 계기로 삼는다면 교회가 '공동의 선'에 헌신하는 모범적 사례를 만들어 낼 수도 있을 것으로 기대한다.

교회가 이런 일에 참여하는 것은 자선이나 구제의 차원에서 뿐만 아니라, "재물과 하나님을 동시에 섬길 수 없다."고 하시며 "먼저 그 나라와 그 의를 구하라."(마 6:33)고 명하신 주님의 말씀에 순종하는 사회적 실천의 중요한 선교전략이라고 말할 수 있을 것이다. 지역사회로부터 분리되고, 시민사회로부터 고립된 지금의 한국교회가 '윤리적 소비'라는 사회적 실천과 대안적 삶의 방식에 참여함으로써 새로운 공동체적 비전을 한국사회에 제시할 수 있기를 바란다.

제6장

선교적 공공성의 전망:
'후기세속사회(post-secular society)'와 교회

현대인에게 공동체는 이미 사라져버린 상태이다. '4차 산업혁명'에 환호하고 있지만, 실제로 인간은 모두 개인주의와 성과주의에 지배되고 있어서 '4차 산업혁명'의 열매는 소수의 몇 몇 기업이나 국가가 독식할 것이고, 개인은 '욜로'니 '나홀로족'이니 하면서 점 점 더 분열되고 원자화될 것이다. 이런 상태에서 기독교의 새로운 역할에 대한 공적인 요구가 쏟아지는 역설적인 상황을 맞이하고 있는 이 시대를 학계에서는 '후기세속사회(the post-secular society)'라고 부른다. 다음 세대를 결정지을 두 가지 트렌드, '개인주의'와 '4차 산업혁명'을 중심으로 후기세속화 시대에 교회의 공적 역할에 대해 생각해 보기로 한다.

새로운 개인주의의 등장, '욜로'의 시대

최근 유행하고 있는 신생어, '욜로(YOLO; You Only Live Once)', 즉 "당신의 인생은 한번 뿐이다!"로 번역될 이 말은 캐나다 랩퍼 가수인 드레이크(Drake)가 'the Motto'라는 곡에 일종의 짧은 후렴구인 '훅(hook)'으로 사용했고, 오바마 대통령이 '오바마 케어'를 홍보하기 위한 짧은 영상에 등장하면서 대중적으로 알려졌다고 한다. 우리나라에서는 2-3년 전부터 자기개성이 강한 청년들을 중심으로 퍼진 독특한 라이프스타일을 의미하는 말이 되었다. 그런데 이 표현은 한편으로 보면 기성세대와는 다른 발랄하고 활기찬 청년들의 삶의 태도를 말하는 것 같기도 하고, 또 한편으로 보면 취업난에 시달리며 불안하게 살아가는 청년세대가 미래를 포기하고 현재만을 즐기려는 태도를 말하는 것 같기도 하다. 혼자, 자기만을 위해 즐기는 삶이 왜 주목을 받는 것일까?

해마다 그해 트렌드를 전망하여 분석 보고서를 출판하는 <서울대 소비트렌드 분석센터>의 김난도 교수팀은 2017년에 '1코노미', '각자도생' 등의 예측한데 이어 2018년에도 비슷한 경향의 트렌드를 전망했다. 특히 '소확행(작지만 확실한 행복을 추구)', '워라벨(Work-Life-Balance)'과 같이 자기 자신의 삶을 최우선시 하고, 타인에게 감정과 비용을 투자하지 않는 세태로 예측했다. 이런 모습을 부정적으로만 볼 것이 아니라고 분석하기도 한다. 즉 자기 자신의 발전을 주체적으로 확보하려는 노력일 수 있다는 것이다. 하지만 심리적으로 볼 때, 이런 경향은 사회적 관계망이 약해지고 피차 감정의 소비가 덜한 온라인에서 주로 활동하다 보니 자기의 개성을 특별하게 표출할 방법을 찾으려는 욕구라고도 볼 수 있다. 다이어트와 운동 열풍, 가성비를 찾으면서도 희소 아이템에

지역공동체와 함께 하는 교회의 새로운 도전들
- 한국적 '선교적 교회'를 향하여 -

대해서는 기꺼이 고비용을 지출하려는 이른바 '탕진잼' 등이 이런 주장을 뒷받침하는 또 다른 양상이다. '작은 사치'로 '소확행'을 추구하면서 폼 나는 삶을 추구하려는 욕구 이면에는 미래에 대한 불안의 심리가 자리하고 있는 것이다. 큰 성과나 성공을 추구하기보다는 자신이 감당할 수 있는 비용을 지불하고 비용대비 최고의 만족을 누리고자 한다.

자신이 원하는 일에 충분히 비용을 지불할 수 있다면, '욜로족'은 등장하지 않았을 것이다. 원하는 일을 다 할 수 없는 상황이지만, 기꺼이 하루를 즐기려는 '욜로족'의 심리는 사실 불안하다. 그들은 마음 깊은 곳에서는 불안을 느끼지만, 그것을 극복하려는 라이프스타일로 '욜로'를 선택했을지 모른다. 자기 자신에게 투자하고, 하루라도 멋지게 살고자 하는 욕망은 '혼자라도 괜찮아!'라고 스스로에게 말한다. 역설적이게도 실상 그들이 갈망하는 것은 그들을 품어줄 수 있는 '공동체'이다. "연결되어 있지만, 관계적이지는 않은" 그들에게 절실한 것은 서로 관심을 표현하고 어려울 때 도움을 요청할 수 있는 그런 공동체이다.

'4차 산업혁명'의 시대, 불안한 미래

다음 세대의 삶을 지배할 또 하나의 큰 흐름은 그들의 살아갈 세상이 지금 예측하고 있는 '4차 산업혁명'의 새로운 삶의 양식이다. '4차 산업혁명'의 실체는 아직 명확하게 드러나지 않았다. 앞으로 어떤 세상이 될지 정확하게 추측할 수가 없다. 그것이 바로 '4차 산업혁명'의 특징이다. 지금까지와는 전혀 다른 방식으로 우리의 삶이 변화될 것이라는 점만 예상할 뿐, 그 변화가 너무도 급격하고 강력한 것이라서 미래의 삶이 어떤 모습일지 상상하기가 쉽지 않다. 증기기관의 발명으로 시작된 '산업혁명'은 대량생산방식으로 전개된 2차 산업혁명을 넘어, 컴퓨터, 자동화로 대변되는 '3차 산업혁명'까지는 예측가능한 선형적 속도였으나, '4차 산업혁명'은 이전과는 다른 속도로 기하급수적으로 진행된다는 것이다. 그렇다보니, 지금은 '4차 산업혁명'에 대한 공포와 기대가 중첩되어 있다. '4차 산업혁명'으로 인해 인공지능이 모든 일자리를 대체해서 모두가 실직자가 될 것에 대한 괴담에서 SF 소설에나 나올 법한 이야기처럼 기계가 인간을 지배하게 될 지도 모른다는 공포에 이르기까지, 그 결과를 부정적으로 보는 견해가 있다. 그런가 하면 4차 산업혁명으로 인해 결국 인간이 노동으로부터 해방되고 더 창조적이며 자신을 발전시키는 일에 더 많은 시간을 투자할 수 있게 될 것이라는 장밋빛 기대감도 있다.

최근 등장한 '알파고 제로'는 기존의 '알파고'와 벌인 대국에서 100전 100승을 거두었다 하여 모두에게 충격을 주었다. 이미 인공지능 무인자동차가 주행 중이고, 무인 은행이나 마켓이 선보이고 있다. 편리해지는 것은 분명한데, 이렇게 급격한 변화에 적응하는 데 필요한 시간이 절대적으로 부족한 상황이라 그 편리함이 다만 편리함이 아니고 당황스러움, 불안함으로 다가 올 가능성이 더 크다. 과연 인간에게 이 변화는 유익할 것인가?

'4차 산업혁명'의 시대는 IT 기술의 발전으로 인해 모든 사물이 인터넷으로 연결되고, 인공지능이 인간의 역할을 대신하여 높은 효율의 생산성을 유지할 수 있게 되는 시대이다. 그러나 '4차 산업혁명'의 담론의 핵심 의제는 기술발전이거나 변화된 미래상이 아니라 인간의 의미와 삶에 대한 새로운 정의를 어떻게 내릴 것인가와 관련되어 있다. 지금

지역공동체와 함께 하는 교회의 새로운 도전들
- 한국적 '선교적 교회'를 향하여 -

학계에서는 '포스트 휴먼(post-Human)'에 대한 인문학적 연구가 활발히 진행되고 있는데, '4차 산업혁명'의 시대에 가장 중요한 질문이 "인간이란 무엇인가?"이며, "인간의 가치는 어디서 오는가?" 등이다. 또 '4차 산업혁명'으로 새롭게 형성될 인간의 삶은 지금보다 더 나아질 것인가? 아니면 더 불평등해질 것인가? 등 이와 관련된 윤리적 질문들이 제기되고 있다. 이 질문들에 대한 인류의 공동의 합의가 마련되지 못한다면, '4차 산업혁명'의 시대가 지금보다 더 나은 세상이 되리라는 보장을 그 누구도 하지 못할 것이다. '4차 산업혁명'을 2016년 <다보스 경제포럼>에서 공식적인 의제로 제기한 클라우스 슈밥(Klaus Schwab)도 그의 강연에서 이미 이 문제를 경고했다.

그는 '4차 산업혁명'의 시대에는 현재의 직업 대부분이 사라지게 될 것이며, 인간의 노동력이 필요한 직업보다는 서비스, 관리, 프로그래밍, IT 직종이 미래사회를 지배하게 될 것이라고 예측했다. 문제는 지금도 인류가 경제적 불평등 문제에 적절한 대안을 제시하지 못하고 있는데, 노동의 가치가 더 약화되고 기존의 직업이 사라지고 새로운 직업에 필요한 기능이 요구된다면 이에 적응하지 못한 사람들은 이 '4차 산업'의 열매를 공유하지 못하고 지금보다 더 심각하게 소외될 가능성이 크다. 기술발전과 문제해결 능력만을 앞세우면, 그러한 능력을 갖추지 못한 인간은 '4차 산업혁명'은 다가오지 말아야 할 미래인 것이다. 다음 세대의 삶에 가장 중요한 문제는 이제 어떻게 인간다운 삶을 보장할 수 있는 새로운 틀을 제시할 것인가 하는 것이다.

자본주의의 미래, 개인이 먼저냐, 공동체가 먼저냐

몇 해 전, 피케티의 『21세기 자본주의』가 열풍을 일으켰다. 그는 지금의 경제는 '세습자본주의'로서 불공평하고 부정의한 분배구조를 지속시키며 부의 편중과 세습을 정당화시킨다고 고발했다. 노동이 아니라 자본에 의해 부가 축적되고, 열심히 일하는 이들에게 정당한 대가가 돌아가지 못하는 불평등 상황이 지속된다면 경제양극화 상황은 결코 극복될 수 없을 것이다. 이를 위해 조세제도를 공정하게 수정하고 재산세를 강화하는 지구적 연대가 필요하다고 제안했다. 경제는 단지 수학이 아니라 정치, 사회, 문화, 역사 등의 집적된 영향이 공적으로 구성된 결과이기 때문이다.

'1코노미'니 '욜로'니 하는 트렌드는 무가치적인 중립적 표현이 아니다. 그것은 자본이 모든 것을 지배하는 시대에 원자화된 개인이 최소 비용으로도 생존할 수 있다고 믿도록 만드는 미화된 라이프스타일이거나 기업의 전략이다. 문제는 '개인주의'에 토대를 둔 이런 자본주의가 지속된다면, 부를 세습하는 특정 계층을 제외하고 대부분의 사람들은 자신들이 불공평한 분배구조에 의해 희생되고 있다는 사실 자체를 인식할 수 없게 될 것이라는 점이다.

그래서 '공동체주의'에 토대를 둔 새로운 경제구조로 전환해야 한다고 주장하는 이들이 등장했다. 대표적 학자로 마이클 샌델(Michael Sandel)은 '정의'를 공동체적으로 구성한다. 그에게 개인의 권리와 자유보다는 공동체적 가치가 더욱 중요하다. 존 롤즈(Jon Rawls)가 공정한 분배와 합당한 차등을 위해서는 절차적 정의가 필요하고, 이를 위해서는 '무연고적 자아(the unencumbered self; 어떠한 연고도 배제된 상태의

지역공동체와 함께 하는 교회의 새로운 도전들
- 한국적 '선교적 교회'를 향하여 -

순수한 자아)'의 자유가 보장되어야 한다고 말했지만, 샌델은 오히려 자아는 '연고적 자아'로서 각자가 속한 관계망과 역사와 종교와 시간과 지역 등의 영향 아래 놓여 있다고 주장함으로써 우리가 속해 있는 이런 공동체들의 '공동의 선'을 추구하는 것이 더욱 중요하다고 보았다.

여기서 그 동안 자본주의의 원리에 포섭되어 세속주의에 물들어버린 현대 교회들의 선교적 사명을 발견하게 된다. 번영신학에 기대어 성장과 성공만을 추구한 것이 한국교회의 위기의 근원이었다. 그러면서 신앙도 철저히 개인주의적 신앙이 되었다. 개인의 성공과 내 가족, 내 교회의 번영이 신앙의 목표가 되었다. 이런 '사사화(privitization)'는 교회가 근대주의에 굴복하고 교회 스스로 사적 영역만을 선교의 장으로 인식했기 때문에 나타난 부정적 영향이었다. '욜로족', '나홀로족', '1인 세대'의 라이프스타일의 배후에는 뒤틀어진 개인주의적 자본주의의 모순이 자리하고 있다는 것이 사실이라면, 교회가 그 동안 그 공적인 역할을 제대로 감당하지 못했음을 통감하지 않을 수 없다.

다음 세대를 위해 교회는 무엇을 준비할 것인가?

이런 점에서, '4차 산업혁명'으로 발생하는 막대한 소득과 자산은 사회 모든 구성원의 '공동의 유익(common good)'이 되도록 할 제도적 대비가 필요하다는 주장이 설득력이 있다. 그래서 유럽의 몇 나라에서는 '4차 산업혁명' 시대를 내다보면서, '기본소득(basic income)'의 필요성을 실험하고 있다고 한다. 브라질(지자체), 미국(알래스카), 네덜란드(지자체), 아일랜드(국가), 핀란드(국가) 등은, 기술발전이라는 시대적 공유재를 사적으로 활용하여 발생한 이득을 사회로 다시 환원하는 통로로 '기본소득'을 활용하고 있다. 이런 제도적 실험은 미래사회가 더 평등하고 더 정의로운 삶을 보장할 수 있어야 한다는 전제를 두고 시도되었다. 아직은 불완전하지만, 이런 실험들이 '4차 산업혁명' 시대에 대한 막연한 불안감이나 공포심을 완화하고 생산적인 미래를 나아가기 위한 준비과정 중의 하나라고 말할 수 있을 것이다.

슈밥은 "산업혁명의 미래에는 우리 모두의 공동된 목표와 가치가 반영되어야 한다. 이를 위해서 우리는 기술이 어떻게 우리 삶에 영향을 주고, 경제적, 사회적, 문화적. 인간적 환경을 어떻게 새로 만들어내는지에 관해 포괄적이면서 세계적으로 공유할 수 있는 권한을 개발해야" 한다고 말했다. 그래서 궁극적으로 "4차 산업혁명은 인간 본성의 정수인 창의성, 공감, 헌신을 보완하는 보완재의 역할을 하며, 우리의 인간성을 공동 운명체라는 생각에 바탕을 둔 새로운 집단적 윤리의식으로 고양시킬 수도 있다. 후손들의 번영이야말로 우리 모두의 책임"이라는 것이 그의 주장이다. 결국 '4차 산업혁명'의 담론에서 우리가 놓쳐서는 안 되는 주제, 그러면서도 자칫 소홀하여 이 담론의 본질인 그 주제는 바로 '인간의 가치'라는 것이다.

그렇다면, 바로 이 지점에서 교회와 그리스도인의 선교적 요청이 발생한다. 하나님은 '4차 산업혁명'의 도전을 통해서 인간에게 부여하신 청지기권을 지혜롭게 사용하시도록 요청한다. 인간이 기술과 과학의 발전에 기대어, 자신들의 힘을 과신했을 때 도덕과 윤리의 부재를 경험한 20세기의 역사를 반추하여, 함께 더불어 살아가는 연대를 더욱 공고하게 다지지 않는다면 인간의 청지기권은 돈과 권력을 향한 사적인 탐욕으로 변질될 것이 분명하다. 교회와 그리스도인은 인간이 이러한 지혜를 발휘할 수 있도록, '공동의 선(common good)'을 증진시키는 사회적 제도와 안전망을 구축하는 일에 대한 관심을 가져야 한다. 그렇다면 다음 세대를 위한 새로운 선교를 위해, 후기세속사회에 놓여 있는 교회의 공적 역할이란 구체적으로 어떻게 이해할 수 있는가?

'후기세속사회'의 교회

근대주의는 계몽주의를 거치며 개인의 자유와 권리를 가장 중요한 것으로 여겼다. 그것은 주체적이며 합리적인 자아의 권리를 국가로부터, 또 종교로부터 보호하려고 했던 것이다. 종교개혁 이후 종교의 자유를 허용하는 '관용(tolerance)'은 종교를 공적 영역에서 퇴출하는 결과를 낳았다. 세속적인 삶을 성직의 삶으로 신학화한 종교개혁의 본래 정신과는 달리, 근대주의는 종교를 오히려 영적이고 사적인 일에만 관여하도록 했다. 이렇게 개인의 자유에 토대를 둔 자본주의가 공적인 영역들을 지배하면서 근대주의 초기에 제시되었던 순수한 이념들이 도구화되었고, 자본주의는 공공의 영역을 사유화하며 막대한 부를 축적했다.

그런데 세속화로 인해 사라질 것이라고 예견되던 기독교는 교회도 개인의 구원과 성공을 축하하며 기업처럼 성장했고, 또 20세기 후반부터는 지구의 분열과 다툼의 현장에 뿌리 깊은 동인으로 작동하기 시작했다. 이제 다시 종교가 문제가 되는 시대가 된 것이다. 유럽의 지식인들은 자신들이 확신했던 근대적 이상이 무너지고 구성원 간 합의가 불가능해지고 각종 윤리적 도전에 대안을 제시하기 어려워진 상황에서, 다시 종교의 역할에 주목하고 있다. '욜로'니 '휘게'니 하는 선진국 형라이프스타일이 우리나라에서는 배후의 좌절감을 감추기 위한 순간적 만족추구로 나타났다면, 그런 삶이 보편적인 문화가 되어 있는 유럽에서는 공동체적 가치의 복원을 위해서 종교의 문화적 의미생산의 역할을 다시 주문하고 있다는 것이다.

복지문제를 다루면서, 보다 공정하고 적절한 분배를 위해 종교인의 의견이 공적 영역에서 경청된다. 지역사회의 복지문제에 깊은 관심을 갖고 지역사회의 공동체적 삶이 복원하는 일에 헌신하는 교회들이 한국에서도 많아지고 있다. 또 앞서 다룬 생명공학과 '4차 산업혁명'의 발전에 따라 발생하는 윤리적 문제를 다루는 일에도 교회의 견해가 공론을 형성하고 대안을 모색하는 일에 기여하기도 한다. 국제적인 분쟁과 전쟁의 현장에서 종교적 갈등이 자주 발생하는데 교회가 오히려 화해의 역할을 감당해야 한다는 요구가 높아지고 있다.

이런 일을 통해 교회가 해야 할 가장 중요한 일이 바로 공동체를 복원하는 일이다. 타인에게 감정과 비용을 소비하지 않겠다는 다음 세대의 청년들에게, 자기 자신만이 소중하다고 생각하는 현대인들에게, 하루를 살아도 의미 있게 살고 미래를 대비할 필요가 없다고 여기는 이들에게 교회는 하나님이 원하시는 공동체적 가치를 증언하고 그 삶에 동참하도록 초청해야 한다.

그러자면 후기세속사회의 교회는 공적인 교회가 되어야 한다. 2018년 1월 1일 모 신문의 한 칼럼은 한국사회의 보수 세력이 지나치게 강한 '주인 의식' 혹은 '소유욕' 때문에 국가, 학교, 기업, 신문사, 심지어 교회까지도 "내 것이니 내 맘대로 한다."고 주장한다고 비판했다(경향신문, 2018. 1.1 박성민, "한국의 주인이 바뀌고 있다."). 교회도 여기 거론되고 있으니 한국교회의 대 사회적 이미지가 어떤지 충분히 알 수 있다.

지역공동체와 함께 하는 교회의 새로운 도전들
- 한국적 '선교적 교회'를 향하여 -

이런 이미지를 벗기 위해서는 공적인 교회로 거듭나야 한다. 우리에게 과연 공동체를 복원하고 새로운 가치를 전파할 수 있는 번역의 능력이 있을까? 분열과 파편화의 현대적 삶을 함께 더불어 사는 삶으로 변화시킬 수 있는 능력이 있을까? 부모 세대보다 가난한 최초의 세대가 될 것이라는 암울한 다음 세대의 청년들에게 위로와 용기를 줄 수 있을까? '욜로'를 외치지만 타자와 단절되어 살아가는 그들에게 교회가 새로운 공동체적 비전을 제시할 수 있을까?

선교적 공동체로서의 교회

'공동체주의'를 주장하는 이들이나 세계의 새로운 질서를 주장하는 이들이 부르짖는 윤리적 키워드가 있다면 그것은 바로 공동체를 가능하게 하는 '연대(solidarity)'이다. '각자도생'을 강요하고 경쟁으로 밀어넣는 신자유주의 경제 질서를 당연한 것으로 받아들이지 않고, 공정한 분배와 '공동의 선'을 실현하는 정의로운 삶을 위해 서로 협력하고 힘을 모아야 한다는 것이다. 그러자면 가장 중요한 것이 '공동체'가 '개인의 권리'에 앞선다는 합의를 도출하는 일이다. 바로 교회가 다음 세대를 위해서 감당해야 할 공적 역할이 여기에 있다.

히틀러에 대항했던 본회퍼 목사는 교회를 공동체로 정의했다. '성도의 교제'인 교회는 그리스도의 몸으로서 언제나 공동체로 존재한다. 교회는 그리스도의 현존으로서 세상에 있지만 세상에 속하지 않은 제자들의 모임이다. 이 공동체는 배타적인 공동체가 아니라 그리스도의 몸을 증언하기 위해 세상을 향한다. 종교적 틀에 갇히지 않지만, 언제나 그리스도의 몸임을 증언하고, 지체들과의 연합과 공동체적 삶을 찬양한다. 리처드 니버에게도 역시 교회는 공동체이다. 그리스도인의 삶은 하나님 앞에 서 있는 책임적 삶이다. 본회퍼나 니버 모두 타자를 위한 교회, 타자와 연대하는 그리스도인의 윤리를 주장한다. 우리가 '사도신경'에서 고백하듯이, 그래서 교회는 '공교회'이다.

지금 개신교가 개교회주의에 의해 분열되고 파행적 일탈을 아무렇지도 않게 행하면서 비난을 받는 이유도 이 '공교회'적 특성을 잃어버린 까닭이다. 교회는 모두 주님의 교회이며, 하나님의 형상인 인간은 모두가 그리스도 안에서 가족이다. 그리스도 안에 있는 그리스도인들은 세상의 모든 타자들을 이웃으로 호명하며 기꺼이 받아들임으로서 '공교회'의 우주적 연대를 실천한다. 복음이 이러한 기적을 가능하게 한다. 복음을 통해 거듭난 이들은 타자를 이웃으로 고백하고, 자기 자신이 교회라는 사실을 알게 되며, 세상을 하나님이 보시기에 좋은 세상으로 변화시켜야 할 소명을 깨닫게 된다. 우리는 모두 이러한 소명에 따라 세상 한 가운데에 파송되었다. 교회의 그리스도인들은 언제나 '파송된 공동체'이다.

이러한 선교적 교회관이 다시 복원되며 전개된 북미의 운동을 일컬어 '선교적 교회(missional Church)'이라고 말한다. 영국의 경우에는 '선교형 교회(mission shaped Church)'로 나타났는데, 두 흐름 모두 교회의 공동체성을 변화된 상황에서 어떻게 증언할 것인지를 고민했다. 교회는 '그들'만의 모임이 아니고 세상 가운데 파송된 개방된 공동체라는 점을 분명히 했다. 특히 지역공동체의 복지와 행복을 위해 교회가 해야할 일을 다양하게 모색하면서, 교회의 성장과 교세의 확장이 교회의 존재의 목적이 아니라는 점을 분명히 인식하게 되었다. 파송된 공동체로

지역공동체와 함께 하는 교회의 새로운 도전들
- 한국적 '선교적 교회'를 향하여 -

서 도움이 필요한 이들을 환대하고 사랑하는 것이 교회의 소명이다.

한편, 21세기에 요구되는 공동체는 20세기의 공동체들과 다른 양식으로 존재한다. '브라더 호프', '라르쉬', '떼제', '아미시', '퀘이커' 등 잘 알려진 집단거주 형태의 대안공동체는 성경적 삶을 그대로 실현하고자 노력한다. 모두 도시에서 떨어진 거주지역에서 공동체를 형성한다. 이런 형태의 공동체는 여전히 사람들에게 영감을 불러일으키고, 세상의 질서와 다른 방식으로 살아가도록 도전한다. 그런데 21세기에 필요한 공동체는 이런 공동체와 지향점은 같겠지만, 거주형태나 존재양식은 다소 달라야 한다. 도시에서, 그것도 자본주의의 치열한 경쟁과 다툼이 엄존하는 곳에서, 공동체적 문화를 경험하며 공정하고 평화로운 삶에 연대하는 '이웃되기'와 나눔을 실천할 수 있어야 한다. '4차 산업혁명'의 혼란과 긴장 속에서 더욱 심화되는 소외와 경쟁의 삶은 다음 세대의 존재를 황폐화할 가능성이 크다. 교회가 감당해야 할 책임은, 다음 세대를 교회로 불러들이는 일 이전에 그들의 삶이 더 나은 삶이 되도록 환경을 조성하는 일에 힘을 함께 모으는 것이다.

최근 날로 심각해지는 청년들의 주거 문제를 해결하기 위해 '공동주거' 사역을 시도하는 교회들이 늘어나고 있다. 정부나 지방자치단체가 실시하는 사회적 경제 프로젝트에 참여해서 지역의 공동체성을 만들어가려는 사역자들도 늘어나고 있다. 미래에 대한 불안 때문에 '욜로'를 명분 삼아 현재만을 즐기며 '탕진'하는 것이 아니라, 미래를 차분히 준비하며 지금의 개인주의적 자본주의의 방식이 아닌 공유와 나눔의 방식으로 새로운 도시공동체를 만드는 일에 헌신하려는 이들이 많아지고 있는 것은 매우 고무적인 일이다.

바울은 고린도전서 12장에서 공동체적인 교회의 비전을 잘 설명했다. "몸은 하나인데 많은 지체가 있고(12) … 다 한 성령을 마시게 하셨느니라(13) … 분쟁이 없고 서로 같이 돌보게 하셨느니라(25) … 너희는 그리스도의 몸이요 지체의 각 부분이라(27)."고 말한다. 이렇게 한 몸에서 각자 다른 은사를 통해 서로를 돕게 하시는 이유는 "(모두에게 공동으로) 유익하게 하려 함(7, "given for the common good")"이다. 맘몬의 노예가 되어 살아가는 현대인들에게 새로운 소망을 제시하려는 교회는 공동체적 삶이 가능하다는 것을 실제로 보여줄 수 있어야 한다. 그렇다면 지친 청춘들에게도 쉼과 위로와 함께 연대할 수 있는 용기를 제공하게 될 것이다. 이런 일에 교회가 기꺼이 참여해서 하나님의 일하심에 동참하는 것이 '선교적 교회'의 공적 역할이다. 오늘의 교회는 '공동의 선'에 헌신하는 공동체로 서야 한다.

지역공동체와 함께 하는 교회의 새로운 도전들
– 한국적 '선교적 교회'를 향하여 –

선교적 공공신학자로서의 삶: 〈도시공동체연구소〉에서 〈We Help People〉까지

나의 선교적 여정: 한국사회에 파송된 '선교적 공공신학자'

필자는 선교적 교회가 한국에 알려진 초기에는 그 논의를 알지 못했다. 처음 선교적 교회에 대한 논의를 접하게 된 것은 우연한 기회를 통해서였다. 교회가 지역공동체 운동에 참여하는 것을 이 시대의 요구에 적합한 선교방식이라 생각하고 있었고, 관련된 강의를 위해 부산에 내려갔다가 〈일상생활사역연구소〉의 소장인 지성근 목사로부터 '선교적 교회' 세미나인 〈미셔얼 컨퍼런스 2012〉에 참여해 달라는 요청을 받았다. 당시 필자는 선교적 교회에 대해서는 잘 알지 못했지만, 주최측은 〈도시공동체연구소〉를 통해 필자가 하려던 지역공동체선교를 선교적 교회의 한 실천이라 보았던 것 같다.

필자는 그 행사의 발제에서 에큐메니컬 관점의 '하나님의 선교 (Missio Dei)' 개념을 설명했었고, 북미의 '선교적 교회론'은 이 신학을 복음주의적 관점에서 재해석한 것으로 말했다. 그때 행사에 참여한 이들이 대부분 구체적인 현장을 증언한 반면 필자는 에큐메니컬 관점에서 '하나님의 선교'에 대해 이야기하며 지역공동체 운동을 설명한 것으로 기억한다. 어쩌면 그 동안 이 행사에 참여해 온 복음주의 실천가들에게는 낯선 내용이었을지도 모른다. 필자가 느낀 이날의 기억은 이후 선교적 교회를 논의하는 공론장에 필자가 어떻게 참여해야 하는지에 대한 고민을 던져 주었다. 필자는 이후 북미의 선교적 교회론이 복음주의적으로 재해석된 것은 인정하나, 적어도 '하나님의 선교'의 신학적 토대는 반드시 '한국적 상황화'를 통해 실천되어야 한다고 생각하게 되었다. 이런 견해는 이후 필자가 선교적 교회론을 통해 공공신학을 전개하고 한국적 실천을 주장하는 결정적 계기가 되었다.

도시공동체연구소를 설립하고

필자는 과거 안양소재 대학에 재직시절인 2009년 봄에 <도시공동체연구소 The Center for City and Community>를 여러 동역자들과 함께 설립하고 소장을 맡아왔다. 연구소는 "교회가 지역사회의 일원으로서 지역공동체를 형성하는 일에 헌신하도록 지원하고 돕는다."는 비전으로 설립되었고, 박종근 목사(서울모자이크교회)를 이사장으로, 당시 희망제작소 상임대표였던 박원순 선생과 건축가 승효상 선생을 자문위원으로 위촉하였으며, 목회자들과 신학자들이 함께 운영위원회와 연

지역공동체와 함께 하는 교회의 새로운 도전들
- 한국적 '선교적 교회'를 향하여 -

구위원회를 구성했고, 이들은 연구소와 선교적 교회 운동에 참여하는 주요 지도자들로 활동 중이다.

필자는 그후 2-3년 동안 지역사회 조사와 연구세미나를 진행하며 당시 '마을 만들기', '윤리적 소비', '교회의 공공성' 등을 주제로 세미나를 개최했고, 한국에서 주요한 이슈로 떠올랐던 사회혁신과 공공성 의제를 나름대로 신학적 관점에서 논의하였다. <도시선교연구소>라고 하지 않고 <도시공동체연구소>라고 한 것은, 영국과 미국의 사례를 조사하고 연구한 결과 시민사회와 함께하는 새로운 기독교의 공적 역할이 필요하다고 생각했기 때문인데, 이 결정은 지금 생각해도 백번 잘한 것이었다. 이로써 연구소는 '도시', '공동체', '공공성' 등 한국사회에서 시급하게 부상하는 주요 의제들을 다루며 시민사회와의 접촉면도 갖게 되었다.

그러나 필자가 이 문제를 다룰 당시만 해도 대부분의 교회나 기독교계에서는 낯설게 여겼고 크게 공감하지는 못했다. 87년 이후 고조되었다가 IMF 사태를 겪으며 자본논리에 좌절된 한국사회의 민주주의에 대한 시민사회의 열망은 이후 공동체적 사회운동으로 옮겨져 뜨거운 주제로 부상하고 있었으나, 한국교회는 여전히 '부흥', '교회개혁', '성장' 등의 원론적이거나 구시대적 의제에 묶여 변화해가는 새로운 사회적 변동에 제대로 응답하지 못하고 있었다.

필자는 연구소를 설립하기 전에 <문화선교연구원>에서 책임연구원으로 꽤 오랜 동안 일했는데, 이때 문화담론과 문화운동의 필요성에 대해 깊이 깨닫게 되었다. 애초에 문화적 다양성에서 열리는 새로운 변화를 신학적으로 대화하려던 관심에서 문화운동 자체로 선교적 역할을 전환해야 하는 시대가 다가오고 있다고 보았다. 그래서 '지역사회'와

'도시/시민사회'를 그 구체적인 실천의 장으로 삼고 이와 관련된 여러 학문적 성과들을 연구하며 서구의 사례들을 직접 탐방하기도 했다. 필자는 그 당시 신자유주의 체제로 인해 급격히 변해가는 한국사회의 고통에 응답하는 대안을 모색하는 것이 신학적 책무라 생각했었다. 그리고 이전과 다른 새로운 문화지형에서 과거와 같이 이분법적 방식의 선교방식으로는 교회의 사회적 신뢰를 잃어버리게 될 것이고 선교적으로도 매우 심각한 도전에 직면하게 될 것이라고 생각했었다.

한때 포스트모던 상황에 응답하는 '이머징 처치'를 그 대안으로 여겼던 적이 있었으나, 곧 그 한계를 깨닫게 되었던 필자는 지역사회와 시민사회에 참여하여 그 현장에서 신학을 시작하고 거기에서 교회의 공동체가 참여하여 교회의 공공성을 회복하는 새로운 존재양식을 고민하게 되었다. 그러나 앞서 밝힌 대로 이런 생각은 당시로서는 너무 빨랐던 것으로 보인다. 영국의 런던에서 시작한 공동사무공간인 '허브'를 도입하려던 고민은 교회 밖에서 먼저 시작됐고, '사회혁신'에 대한 고민은 이미 시민사회에서 국제적 네트워크를 통해 진행되고 있었던 반면 이런 변화에 둔감했던 한국교회는 '지역공동체운동'이 전도와 교세확장에 별 도움이 되지 않는다고 보았다.

필자는 특히 '도시'를 주제로 삼았는데, 그것은 '농어촌'을 배제하거나 무시했기 때문이 아니었다. 나에게 도시는 공간이거나 건물이 아니라 현대인이 살아가는 삶의 현장이었고 현대인들의 욕망과 갈등과 권력투쟁이 현실화되는 일종의 '장(field)'이었다. 또한 도시는 삶의 스타일이거나 양식이었고, 우리가 '도시'라고 말할 때 그것은 이미 '도시적 삶'을 의미하지 않고서는 이해가 불가한 상황이 되어 있었다. 그러나 필자가 '도시'를 주제로 삼겠다고 했을 때, 많은 이들은 왜 '농어촌'을

지역공동체와 함께 하는 교회의 새로운 도전들
- 한국적 '선교적 교회'를 향하여 -

가볍게 대하느냐 묻기도 했다. 우리나라 농어촌도 이미 도시화되었을 뿐 아니라, 도시는 언제나 '도시화(urbanization)'와 같은 동적 의미이고 그것은 '도시적 삶'을 지시한다는 점에서 전통적인 도시선교신학의 이해와는 다른 것이었다.

이렇듯 여러 지점에서 너무 빠른 의제 설정을 한 탓인지 교회를 설득하고 참여시키는 일이 쉽지 않았는데 개인적으로 학자의 길을 걷기는 하지만 한 번도 학교에 남아 연구에만 매진하겠다는 생각을 해 본 적이 없었던 터라 현장과 소통하지 못하는 연구소 사역이란 나에게 별 의미가 없는 것처럼 느껴지기도 했다. 어떤 식으로든 목회자들에게 곧 닥칠 새로운 도전을 호소하고 교회가 지역사회에 함께 하는 새로운 선교적 방향성을 설득하고 싶었는데 그때 마침 우연한 기회였지만, 후에 생각해보니 '선교적 교회'를 알게 된 것은 필연이었다.

'선교적 교회' 운동에 참여하면서

필자는 신학이 학교에 갇혀 있거나 세미나 주제로 '논의'되는 것만으로는 부족하다는 소신을 가지고 있다. 신학은 언제나 상황에 응답해야 하고, 실천되는 현장에서 그 진정성을 확인할 수 있어야 한다. 필자는 북미에서 시작된 '선교적 교회'의 논의가 한편으로는 '교회론'으로 신학적 공론장에서 다뤄지고 한편으로는 운동으로서 목회현장에서 실천되고 있다는 생각을 갖게 되었다. 따라서 이 논의가 교회의 운동으로 자리를 잡아야 한다고 보았고, 특히 목회자들이 앞서 필자가 논의했던 교회의 지역공동체선교나 교회의 공공성 의제에 대한 새로운 시각을 접하는 통로가 될 수 있기를 기대했다. 그래서 2014년부터는 이 모임을 <한국선교적교회네트워크The Missional Church Network in Korea: MCNK>로 명명하고 목회자들과 함께 새로운 교회 운동을 전개해왔다.

네트워크(Network)에는 지금도 유지되고 있는 몇 가지 원칙이 있다. 네트워크로서 조직체를 만들어 세력화를 하지 않겠다는 것과 '교단/교파'를 초월하여 '선교적 교회론'에 동의하는 목회자와 신학자들이 함께 만나고 교제하는 모임이 되자는 것이었다. 이렇게 생각한 이유는 한국교회에서 새로운 운동이 등장하면 곧 조직화되면서 매번 초기의 본의를 상실한 채 유행처럼 사라져버린 사례가 너무 많았기 때문이었다. 복음주의 운동은 사실 몇 사람 안 되는 이들이 명칭을 바꾸어가며 마치 새로운 운동인 양 반복했지만 매번 비슷한 이들이 비슷한 개념을 주장했고, 에큐메니컬 역시 제도화, 조직화로 인해 지역교회와는 상관없이 자신들의 주장을 교조적으로 외치는 데 그치는 경우가 많았다. 실제적인 현장과 실천적 사례가 없이 주장과 선언만 있는 교회운동은 20세기의 특별한 정황이 만들어 낸 한 형태이기 때문에 이제는 더 이상 작동할 수 없는 논리임에도 불구하고 한국교회의 교회운동은 언제나 조직 운동으로 환원되어 버리고 말았다.

한편 한국교회가 '선교적 교회'를 배우고 이해하는 과정에서 과거의 진영논리가 그대로 재현되어 우리가 지향했던 초교파적 협력을 만들기는 쉽지 않았다. 무엇보다 '하나님의 선교'에 대한 신학적 이해의 차이가 가장 치명적인 걸림돌이 되었다. '하나님의 선교'는 60-70년대 에큐메니컬 선교에서 부상한 개념으로 선교는 '교회의 선교'가 아니라 '하나님의 선교'이며, 삼위일체 하나님의 선교가 교회를 파송한다는 것으로서 단지 교회의 전도나 활동으로 축소될 수 없다는 것이었다. 당시 상황적 인식이 강력하게 일어나다보니 이러한 주장은 극단적으로 펼쳐지게 되었고, 세속사의 구속사의 구분이 엷어져 '하나님의 선교'를 위해서는 교회는 방해물이 될 뿐이라거나 심지어 교회는 필요가 없다는 주장까지 있었다. 이에 교회성장을 중시하는 복음주의 진영은 '교회의 선교'가 여전히 중요하며 개종전도와 영혼구원을 강조하며 에큐메니컬 진영과 긴장을 유지했다. '로잔 대회' 이후 양측의 간격은 데이비드 보쉬의 말처럼 '창조적 긴장'으로 상호보합적 관계가 형성되었다. 한국교회는 WCC에 대한 인식차이에서부터 복음주의와 에큐메니컬의 경쟁과 비판에 강화되는 과정을 거쳤기 때문에, '선교적 교회'가 '하나님의 선교'를 표방할 때 이에 대한 의심과 비판은 어쩌면 당연한 것인지도 모르겠다. 하여튼 이러한 전력으로 인해 한국의 선교적 교회 운동은 양 측이 서로 다른 결로 실천하고 있는 듯 보인다. '선교적 교회' 운동이 프로그램이거나 행사가 아니라 교회의 선교적 본질을 회복하자는 것이라는 점에는 모두 동의하고 지지하였으나, 한쪽은 성장이 정체된 한국교회의 새로운 동력으로서 기존 교회를 새롭게 변화시키는 방법론으로 실천하고자 하고, 한쪽에서는 한국사회의 변동에 따라 요구되는 지역적 공공성을 실천하고자 하였다. 이러한 간격을 좁히기 위해 여러 가지 노력을 기울이지 않은 것은 아니나, 한국교회에 깊이 남겨진 각인들로 인해 한국적 선교적 교회 운동을 다양한 주체들이 함께 전개하는 일이 쉽지 않은 것이 사실이다.

그래서 필자가 네트워크를 통해 주장한 것은 '제 3지대론'이었다. 기존의 양 진영, 복음주의와 에큐메니컬의 차이나 예장합동과 통합의 차이를 인정하고, 오직 '선교적 교회'의 본질적 논의만을 위해 새로운 공존의 지형을 창조해 보자는 것이었다. 필자가 기억하는 선교적 교회의 한국적 실천과 관련된 결정적 장면 중 하나는 2013년 7월 8일 대학로 동숭교회에서 개최된 '한국의 선교적 교회, 평가와 전망을 위한 토론회'이다. 당시 앞이 보이지 않을 정도로 비가 내려 전국에서 초청한 참가자들이 얼마나 모일 수 있을지 확신할 수 없었으나 시간이 되자 거의 모든 참석자들이 정시에 모였고 신학자들, 목회자들, 활동가들은 한국의 선교적 교회를 위해 4시간여 동안 열띤 토론을 벌였다. 참석자들은 10개항의 선언문도 채택했는데, 개인적으로는 이 선언문에 담긴 내용이 한국적 선교적 교회의 이정표가 될 수 있을 만한 것이었다고 믿는다. 제 3항은 "우리는 '선교적 교회'에 대한 논의를 먼저 시작한 서구교회의 신학적 성찰을 공유하되 이 시대 우리를 한국에 파송하신 하나님의 거룩한 선교적 명령에 응답할 것을 선언합니다."라는 것이었는데, 이로써 북미의 선교적 교회 운동을 한국적으로 실천해야 한다는 다짐을 초교파적 양 진영의 참가자들이 함께 공유한 역사적인 자산이 아닐 수 없다. 그러나 이후 이 자산의 토대는 다양한 분파들의 개별적 활동으로 공유되지 못하고 말았다. 그 자체로 한국적 역동성을 표현하는 것일 수도 있으나, 앞서 언급한 오랜 갈등과 긴장의 역사는 북미형 '선교적 교회'의 한국적 실천을 두고서도 그대로 드러났다고 보는 것이 나의 입장이다.

영국 성공회의 '선교형 교회'를 만나서

필자는 '제 3지대론'의 실현을 북미의 '선교적 교회론'과 함께 거의 비슷한 상황적 요청에 의해 등장한 영국 성공회의 '선교형 교회론'을 통해 그 가능성을 넓혀 나가고자 했다. 필자는 영국 성공회가 전개하고 있는 '선교형 교회'를 네트워크 구성원들과 함께 몇 차례 현지에서 탐방할 기회를 가졌다. 이 '선교형 교회'의 존재를 알게 된 것은 북미의 '선교적 교회'와는 전혀 다른 궤도를 통해서였다. 필자는 기독교문화를 전공한 학자로서 복음의 문화적 표현과 적용을 다루는 학문적 영역에 늘 관심을 가지고 있었던 차에 소위 '이머징 처치'에 대해 연구한 적이 있었고, 2008년 뉴질랜드 학자 스티브 테일러(Steve Taylor)의 책을 『교회의 경계를 넘어 다시 교회로』라는 제목으로 번역하였다. 이 책에서 저자는 새로운 교회의 영성을 '축제의 영성'으로 명명하고 세계 여러 기독교축제를 지명했는데 그 중 하나가 영국의 '그린벨트 페스티벌(Greenbelt festival)'이었다. 필자는 당시 <도시공동체연구소>를 설립하던 즈음이었고 영국에서 벌어지고 있는 사회혁신과 지역공동체 운동을 주목하고 있었던 터였기에, 그 주제와 축제를 연결하여 영국을 방문할 계획을 세우게 되었고, 이 주제의 연구가 한국연구재단의 지원을 받게 되면서 더욱 탄력을 받게 되었다.

필자는 런던의 지역공동체 운동과 사회혁신 현장을 동료 사역자들과 함께 방문하였고, '그린벨트 페스티벌'에서 영국의 다양한 교회개척 운동과 새로운 교회 운동에 대해 구체적으로 알게 되었다. 이후 '선교형 교회(mission shaped Church)' 보고서와 '교회의 새로운 표현들(Fresh Expressions of Church)' 운동을 연구하게 되었고, 어느 해인가 대한성공회의 사제들에게 영국 성공회의 새로운 변화를 소개하기도 했다. 이후 대한성공회는 이 운동을 주체적으로 감당할 '브랜든 연구소'를 세웠고, '한국선교적네트워크'와 협력적 관계를 유지했으나 지금은 각자 역할에 충실하며 발전하고 있다. 영국 성공회의 '선교형 교회'와 '교회의 새로운 표현들'의 교회개척 운동은 북미의 그것과 서구사회의 변화에 대한 상황적 인식은 비슷하나 그 실천에 있어서는 차이를 보인다. 가장 큰 차이는 북미의 선교적 교회 운동이 주로 중대형 교회를 중심으로 두각을 보이는 반면 성공회의 새로운 교회개척 운동은 사회적 접촉면이 더 넓고 지역사회형 소규모 사례가 많다는 것이다. 이런 점에서 필자는 한국적 선교적 교회 운동은 북미형보다는 영국형이 더 적절할 것으로 보았다. 학문적 연구를 통해 '선교적 교회'의 한계가 '교회론'의 실천적 상황의 차이에서 발생한다는 것을 알게 되었고, 성공회의 교회개척 운동은 한국적 시민사회의 형편을 볼 때 더 효과적으로 수용할 만한 부분이 많다고 보았던 것이다. 그것은 아마도 필자가 처음부터 '선교적 교회'와 같은 대안적 교회운동 자체에 관심을 가지기보다는 '도시공동체'나 '지역선교'에 관심에서 출발하여 목회자들과의 소통과 교감을 위해 '선교적 교회'에 관심을 가진 이유 때문이었을 것으로 추측한다.

회의와 열정 사이에서

필자가 '선교적 교회' 운동에 참여하며 개인적으로 가장 보람이 있었던 일을 꼽으라면, 단연코 분기별로 몇 분의 목회자들과 함께 스터디를 했던 것이다. 7기에 이르기까지 3년 반 동안 '선교적 교회' 운동에 헌신하고 참여하기 원하는 목회자들을 초교파적으로 선발하여 격주로 만나 책을 읽고 토론하며 '배움의 공동체(learning community)'를 이루었다. 각 기수별로 모임도 갖고 행사도 하며 정을 나누었고 매 기수 스터디의 마지막 순서는 언제나 1박 수련회였는데 이때 함께 밤늦게까지 고민을 나누던 기억은 잊을 수 없을 것이다. 어떤 기수는 잘 모이기도 하

지역공동체와 함께 하는 교회의 새로운 도전들
- 한국적 '선교적 교회'를 향하여 -

고 어떤 기수는 모두 흩어지고 만 경우도 있지만 지금은 네트워크에서 기둥과 같은 이들이 되어 함께 협력하는 모습을 보며 감사한 마음이 가득이다. 이제는 이 스터디 과정을 다른 동역자들과 함께 하고자 준비 중인데, 앞으로 새로운 도약을 통해 네트워크가 '제3지대'에서 서로 배우는 공동체를 이뤄가기를 소망한다.

<한국선교적교회네트워크>를 섬기며 아무런 회의가 없었다 말한다면 거짓말일 것이다. 학교에 적을 둔 교수로서 격주로 목회자들을 만나 함께 시간을 보낸다는 것이 그리 쉬운 일은 아니었다. 그래도 새로운 지도자들을 양육하고 길러낸다는 생각으로 열심을 다했지만 나 자신의 성품의 한계와 여러 문제로 인해 기대하는 만큼의 성과를 내지는 못한 것 같아 아쉬운 부분이 많다. 우선 신학자인 필자가 목회자들을 이끌어 간다는 사실의 한계를 느끼게 되었다. 목회자들이 현장에서 겪는 어려움이란 단지 논리적인 신학적 탐구만으로 해결되기 어렵다. 더구나 오늘의 한국교회가 본질에서 한참이나 벗어나 있는 상황에서 목회자가 바른 신학을 가지고 선교적인 교회를 실천하고자 할 때 직면해야 하는 어려움들은 상당하다. 필자는 그들의 어려움을 이해는 할 수 있었을는지 모르나, 그들의 깊은 내면의 고통을 충분히 공감할 수 있었는지에 대해서는 자신이 없다. 이는 '선교적 교회'를 공부하는 것과 실천하는 것은 전혀 다른 문제일 수 있다는 각성을 나 자신에게 주었고, 그래서 '선교적 교회론'을 나누는 나의 노력이 목회자들의 실천으로 이어지지 못하면 무슨 소용이겠는가 하는 회의에 빠지기도 했다.

스터디에 참여한 모든 목회자들이 다 성공적으로 실천하는 것은 아니었고, 어떤 이는 목회를 그만두기고 하고 어떤 이는 네트워크를 떠나 다른 공동체에서 다시 시작하는 경우도 있었고, 필자가 쏟는 노력에 별

가치를 두지 않는 경우도 있어 나에게는 마음의 짐이 되었다. 대가를 생각하고 하는 일이 아닌데 목회자들에게 쏟는 열정만큼 쉽게 변화를 보이지 않고 심지어 때로는 인간적인 섭섭함을 느끼게 하는 이들도 없지 않아 괴로워한 날도 없지 않았다. 비슷한 맥락에서 네트워크에서 떠나간 이들도 있었고 나로 인해 마음을 다쳐 이탈한 이들도 없지 않다. 필자는 이 모든 것이 나의 인격적 미성숙의 결과라 여기고 있다. 또 <한국선교적교회네트워크>와 다른 선교적 교회 운동의 지체들이 함께 연합하여 한국교회의 새로운 변화를 이끌어야 하는데 그러자면 신학자가 이끄는 운동이 아니라 목회자들이 목회적 감수성을 가지고 협력관계를 형성하는 것이 옳다고 본다. 하여 이제 이 '선교적 여정'을 목회자들이 이끌어 가는 여정이 되도록 그 리더십을 변화시키는 것이 옳다고 보았다. 이제 필자는 <도시공동체연구소>의 본래 사역에 매진하여 네트워크의 한 실천의 장으로서 지역사회와 시민사회의 접촉면을 마련하는 일에 헌신하려고 한다.

필자가 하려는 일

필자는 '선교적 교회' 운동을 한국적으로 실천하는 일에 관심이 많다. 그것은 '한국적' 상황에 대한 고민이 커서 더욱 그렇다. 지금 한국사회는 엄청난 변동의 시기이다. 이 시기에 종교가 그 변동의 의미를 해석하고 대안을 제시하는 것도 마땅한 선교적 과제라 생각한다. 한 교회의 공동체적 성숙이 단지 그들만의 '건강한' 모임으로 멈추어 있는 것에 대해 필자는 매우 비판적이다. 필자는 '선교적 교회'는 반드시 한국적

지역공동체와 함께 하는 교회의 새로운 도전들
- 한국적 '선교적 교회'를 향하여 -

상황에 자신들을 보내신 삼위일체 하나님의 뜻을 분별하여 공동체적으로 헌신하고 희생할 수 있어야 한다고 믿는다. 필자는 이런 점에서 흉내만 내는 '선교적 교회'들을 진정한 '선교적 교회'로 세워가는 일에 기여하기를 원한다. 그래서 한국교회가 지역사회와 시민사회와 같은 공공의 장에서도 제대로 헌신할 줄 아는 공동체가 되는 일에 작은 기여를 하고 싶다. 필자는 최근 『공공신학과 한국사회』라는 책을 출판하며 이 일에 더욱 분명한 비전을 지니게 되었다.

필자는 <도시공동체연구소> 창립 10주년이 되는 2020년에는 새로운 사역을 시작한다. "사람을 돕는 사람을 돕는" <We Help People>을 새롭게 시작한다. 그래서 우리 주위의 선한 이들과 함께 '공동의 선(the Common Good)'을 생산하고 유통하고 보급하는 통로를 만들어 내고 싶다. 네트워크와 연구소가 공공의 시민사회에 참여하여 더 좋은 사회를 만들어 선한 이들을 지지하고 격려하는 중간 매개의 역할을 통해 선교적 공동체를 이뤄가는 것이다. 이 일을 위해 준비된 것은 아무 것도 없으나, 그러니 하나님의 일로 더욱 소망이 있다 여기는 것이다. 필자는 그 동안 준비되지 않은 일들을 통해 일하시는 하나님을 만났으며, 보내주시는 동역자들과 하나님의 사람들을 통해 일하시고 이끌어 가시는 하나님의 섭리를 보았으며, 하나님이 기뻐하실 만한 비전을 준비하고 그 마음에 진정한 열망을 지키면 어느새 인도하시는 손길을 느끼고는 했다. 필자는 이제 새로운 여정을 통해 다시 10년을 열어 가실 그분을 신뢰하며 준비하려고 한다. 하나님이 하시는 선교에 기쁘게 동참하고자 한다.

필자는 나의 동역자들이 나의 비전과 전망을 지지해 주기를 소망한다. 나의 성품과 성격이 미숙하고 부족하더라도 너그러이 따뜻한 격려를 보내 주기를 기대한다. 필자는 공공신학자로서 한국적 선교적 교회 운동에 대한 공적 사명감을 느낀다. 공공성을 담보하지 않은 '선교적 교회'는 교회성장전략의 또 다른 얼굴에 불과하여 곧 시들어버리게 될 것이다. 필자는 앞으로 <도시공동체연구소>와 <한국선교적교회네트워크>가 '제 3지대'인 새로운 사역의 장에서 만날 수 있게 되기를 소망한다. 성령께서 나에게 지혜와 겸손의 영을 허락해 주시기를 바라는 마음 간절하다.

결론: 한국교회의 새로운 변화를 기대하며

'한국선교적교회네트워크(MCNK)'에서는 정기적으로 '선교적 교회' 운동을 확산시키기 위한 세미나를 개최한다. 세미나가 지향하는 바는, 북미의 새로운 교회 흐름과 유럽의 흐름을 소개하고, 그 신학적 근거를 배워서 한국교회에 적용할 수 있는 방법을 모색하기 위한 것이다. 미국교회의 성공사례를 모방하거나 해외에서 유행하는 스타일을 그대로 옮겨 왔던 그 동안의 한국교회 목회를 반성하고, '선교적 교회'의 신학적 취지대로 한국에 우리를 보내신 삼위일체 하나님의 뜻에 따라, 한국적인 실천방안을 찾아보려는 것이다. 각자 다른 상황에서 각자 다른 방식으로 '하나님의 나라'를 증언하는 것이 '선교적 교회'의 선교적 삶이기 때문이다.

다양성, 그리고 일치

그래서 '선교적 교회'는 다양성을 중요하게 여긴다. 다양성은 건강한 교회공동체라면 필수적인 특성이다. "은사도 직책도 다르지만 주시는 성령은 하나(고전 12:4-)"라는 성경의 가르침은 교회와 다양한 은사로 서로를 섬기는 공동체를 증언한다. 다양성이 중립적인 것은 아니다. 중간 지대를 의미하거나, 어떤 기준도 없이 모든 것이 허용된다는 의미도 아니다. 교회에서 드러나야 할 다양성은 그렇게 추상적 개념이 아니라, 구체적이고 실제적인 사역의 원리로 주어진 성경적 가치이다.

신앙공동체의 다양성은 나와 다른 이를 인정하자는 근대주의적 관용의 수준을 넘어, 나보다 부족한 사회적 조건에 놓인 사람들, 그래서 소외되고 억울한 이들을 품고 사랑한다는 의미를 갖는다. 종이나 자유자나 모두 한 성령께서 주신 은사에 따라 서로를 섬기는 것이 교회이다. 구한말 선교초기에 순교와 박해를 겪었지만, 남자와 여자의 구별, 양반과 노비의 구별이 분명했던 시절에도 교회에서는 신분고하, 남녀노소를 막론하고 함께 예배를 드렸던 것은 교회가 다양성을 교회의 본질적인 특성으로 인식했기 때문이었다.

그러므로 '선교적 교회'가 다양성을 지향한다면, 그것은 주님께서 보여주신 성육신의 원리를 따르는 것이다. 가난하고 억울하고 병든 이들을 받아들이고, '우리 공동체' 안에 그들의 자리를 마련하는 것이야말로 진정한 다양성의 실천이다. '선교적 교회'는 '하나님의 선교'에 동참한다. 보내심 받은 곳에서 하나님이 일하시는 그 일에 동참하고자 한다. 하나님이 우선적으로 돌보기 원하는 이들을 찾아가는 것이 '선교적 교회'가 이해하는 다양성이다. '선교적 교회'를 지향하면서도 여전히 사회적 영향력에 대한 욕망을 내려놓지 못하는 분들을 종종 만나게 된다. 우리가 지향하는 교회의 미래를 더 이상 그런 비신앙적 요소로 물들이면 안 된다. 교회는 정치적, 경제적, 사회적, 문화적인 은사가 있는 이들이 상대적으로 부족한 이들을 섬기는 것으로 모든 이에게 '공동선

(the Common Good)'을 실현하는 공동체이다. 21세기의 새로운 교회로서 '선교적 교회'는 주님의 성육신을 각자의 은사와 다양성을 격려하며 '하나님의 선교'에 동참한다. 이것이 고린도전서 12장에서 바울이 증언하는 교회의 모습이기도 하다.

교회개척에 대한 새로운 이해

'선교적 교회'를 해 보겠다며 교회를 개척하려는 이들이 많아지고 있다. 카페나 도서관과 같은 특이한 공간에서 개척을 한다는 것이 중요한 것이 아니라, 지역사회에 필요한 모습으로 성육신하는 것이 교회개척의 신학적 의미라는 인식이 확산되고 있다는 점에서 긍정적으로 평가한다. 최근 '선교적 교회'의 비전으로 개척을 준비하고 있다며 찾아온 한 목회자를 만났다. "왜 그곳에서 카페를 하려고 하세요?"라고 물으니, 그는 "준비된 돈이 교회공간을 마련할 수준이 아니라서 자비량 형태로 하려고 한다."고 응했다. 그리고는 다시 물었다. "거기에 카페가 필요한가요?" 사실 그 지역에는 벌써 많은 카페가 이미 들어서 있었다. 그는 "하나님이 함께 하시면 충분히 할 수 있다고 믿습니다." 신앙은 좋은 것 같으나 준비가 부족한 것 같다고 말해 주었더니, 적잖이 당황하여 돌아갔었다.

교회개척은 이런저런 과정을 이수하고, 여기저기에서 열고 있는 훈련학교를 다니고, 또 여러 세미나에 참석한다고 해서 준비되는 것이 아니다. 그런 것들은 신학적 준비가 부족했을 경우 오히려 개척자에게 독이 될 수도 있다. 개척에 필요한 자원을 모으고 훈련 프로그램에 참여하는 것보다 '하나님의 선교'에 동참하고자 하는 신학적 결단이 더 중요하다. 현대의 교회에서 선교사와 지역교회 목회자가 기능적으로 분리되다 보니, 대부분의 목회자는 자신을 선교사라고 생각하지 않는다. 그러나 '선교적 교회'는 교회공동체의 모든 구성원을 다 선교사로 간주한다.

'선교적 교회'의 신학을 배우고 그 사례들을 연구하면서 자신의 목회적 비전을 교정하고 선교적 삶에 동참하기 위한 영성을 갖추는 것이 필요하다. '선교적 교회'는 교회를 세우는 것을 선교의 목표로 보지 않는다. 교회는 선교의 결과로 주어지는 열매이다. 여기저기 교회를 세우고 자립시켰다고 해서 '하나님의 선교'를 수행한 것이라고 말할 수 없다. 우리는 20세기 선교의 역사를 통해서, 교회가 자신의 세력을 확장하려는 욕망에 굴복하면서 결국 성장주의와 번영신학을 낳았다는 것을 잊지 말아야 한다.

작은 교회에서 목회를 하는 목회자들을 만나면, 그들이 직면한 생활의 어려움 때문에 안타깝고 괴롭다. 기성교회의 목회자도 쉽지 않다. 요즘에는 교회가 목회자를 함부로 사직시키는 경우도 많아, 한 교회를 지속적으로 섬기는 일이 쉽지 않다. 직업인으로서 고용불안에 처해 있는 목회자가 바른 신학과 선한 양심으로 '하나님의 선교'에 동참하기 어려워 보인다. 그래서 '선교적 교회'를 지향하는 목회자가 감당해야 할 재정적 부담을 해결할 방안을 모색해야 한다.

선교적 삶을 위한 준비

요즘 목회자 이중직에 대한 논의가 활발하다. 필자는 소속 교단의

지역공동체와 함께 하는 교회의 새로운 도전들
- 한국적 '선교적 교회'를 향하여 -

'이중직 연구위원회'의 연구위원으로 활동하기도 했다. 눈치를 보지 않고 스스로 생활비를 벌어가며 사역을 하기 원하는 이들에게 그 정당성을 인정해 주자는 취지였는데, 필자는 이 논의가 개척교회나 작은 교회의 목회자들이 생존하기 위한 전략적 선택이어서는 안 된다는 점을 강조했다. 자비량 사역자의 삶은 생존의 위한 선택이 아니라 오히려 우리 시대에 요청되는 새로운 교회의 '선교적 삶'으로 인정해 주는 것이 더 바람직하다고 여겼기 때문이었다.

해외의 경우 새로운 교회를 개척하는 이들을 위한 공적인 지원체제가 갖춰져 있다. 영국의 경우 성공회 교단이 나선 터라, 교단에서 기본적인 삶을 유지하도록 지원한다. 미국의 경우에는 워낙 자원이 풍부해서 어떤 형태로든지 기부와 후원을 동원하기가 그리 어렵지 않다. 하지만 한국은 신학교 졸업생이 넘치고, 또 셀 수도 없는 교단과 교파가 경쟁하고, 거기에 국가경제가 어려워 일자리가 줄고 사회적 빈곤층이 늘어나는 상황이기 때문에 목회자가 '선교적 교회'를 생각하고 개척을 하자면 스스로 감당해야 할 일들이 너무 많아진다. 신학교 시절에 딱히 준비해 둔 것이 있는 것도 아니니, 생각은 있어도 막상 개척을 도전하기가 두렵다는 것이 필자가 가르친 신학생들의 솔직한 고백이었다.

그래서 만약 '선교적 교회'의 비전을 담은 다양한 표현의 목회가 필요하다는 것에 동의한다면, 총회나 신학교가 목회자의 이중직 문제를 단지 법적으로만 검토할 것이 아니라, 새로운 선교적 차원에서 검토해야 한다. 목회자의 생존 문제로만 인식하지 말고, 21세기의 네트워크 시대에 새롭게 요구되는 선교를 준비한다는 인식이 필요하다. 신학교에서부터 미리 준비시켜야 한다. 정규 커리큘럼 외에 특별한 비전을 가진 이들을 구별하여 필요한 훈련을 제공해야 한다. 사역에 필요한 자격증

이 있다면 졸업 전에 획득할 수 있도록 지원하는 체계를 갖출 필요가 있다. 교육학 분야나 복지학 분야에 더해서 더 다양한 전문지식과 자격을 구비할 수 있도록 지원하는 것이다. 왜냐하면 이제 '선교적 교회'의 현장은 단지 교회만이 아니기 때문이다. 삼위일체 하나님께서 파송하시는 어느 곳에서나 바로 거기에서 다양한 모습으로 사람들을 만나고 섬기며 공동체를 형성하는 데 필요한 실제적인 준비가 필요한 것이다.

이를 위한 한 가지 방법이, 신학교가 지역사회와 가까워지는 것이다. 최근 중학교에서는 지역 내 여러 직업군에 종사하는 분들과 연계하여 방과 후 수업이나 직업체험 수업을 진행하는 '자유학기제'가 실시되고 있다. 여기에 도움을 주려고 준비하는 교회들도 많이 있는 것으로 안다. 신학교도 지역사회와 긴밀한 연관 속에서, 신학생들에게 지역사회 전체가 교육현장이 되도록 하면 좋을 것이다. 지역사회가 선교의 현장이 되고, 삶의 현장이 곧 교육의 현장이 되도록 말이다.

함께 걷는 길

어느 해인가 필자의 수업을 듣는 졸업반 한 학생이 메일을 보내왔다. "교수님의 수업을 듣고 느낀 바가 커서 졸업 후 20여 명쯤 되는 작은 교회를 섬기려 합니다. 주중에는 일을 하면서 생계를 이어가려 합니다. 조언을 주십시오." 개인적으로 기뻤지만 또 겁도 났다. 이미 결혼을 한 학생이었고, 당시 곧 아이도 태어날 예정이었는데, 뒷감당을 할 수 있을까 싶어서였다. 그러나 아직 젊고 건강하니 하나님이 그 귀한 생각을 들어 써 주실 것이라 생각하고 격려했다. 또 한 학생은 요즘 유행하는

지역공동체와 함께 하는 교회의 새로운 도전들
- 한국적 '선교적 교회'를 향하여 -

지역공동체 사업의 하나로 '쉐어하우스' 사업을 실행하고자 대출을 받고 집을 구하며 애쓰던 중, 필자와 같은 공간을 사용하며 함께 사역하게 된 사례도 있다.

'선교적 교회'의 모험은 동반자가 절실히 필요한 여정이다. 각자에게 주어진 '선교적 삶'을 함께 걸어가는 길이 될 것이다. 삼위일체 하나님께서 우리를 여기에 보내셨다는 공동의 고백이 있어야 가능한 항해이다. 필자는 이 여정을 함께 할 많은 동역자와 동지들을 만난 것을 기쁘게 생각한다. 각자가 감당해야 할 모험은 외롭고 고달프지만, 함께 모여 비전을 나누고 격려하는 공동체가 있어서 다시 용기를 낼 수 있기도 하다. 이런 '공동의 비전와 이해'를 나누는 이들의 연대는 다만 목회자들로만 이루어지는 것이 아니다. 일반 신자들의 은사에 따른 협력과 동반자적 사역은 '선교적 교회'의 여정에 반드시 필요한 요소이다. 또 지역사회와 시민사회에서 '공동선(the Common Good)'에 헌신하고자 하는 이들과의 연대도 '선교적 교회'의 실천에 포함된다. 개방적이며 문화적인 유연성은 이 협력의 특성이다. 하나님께서 이미 일하고 계신다는 고백이 이 연대와 협력을 가능하게 한다.

필자는 함께 공동의 비전을 나누는 이들이 걸어야 할 선교적 여정을 통해, 삼위일체 하나님께서 한국교회를 새롭게 하실 뿐만 아니라, 21세기의 변화된 상황에 응답하는 새로운 교회의 존재양식을 보여주실 것으로 확신한다. 우리를 파송하신 하나님께서 이 여정에 언제나 함께 해주실 것이라 믿는다. 아버지께서 주님을 세상에 파송하신 것처럼 주님께서 우리를 세상에 파송하셨기 때문이다(요 20:21).

미국 캘리포니아 '선교적 교회'를 가다.

– 예장통합 국내선교부 '선교적 교회' 탐방기 –

* 2020년 2월 3일(월)에서 13일(목)까지 미국 캘리포니아 일대의
'선교적 교회'를 대한예수교장로회(통합) 국내선교부의 연구팀과
함께 돌아보고 정리한 글입니다.

'선교적 교회(Missional Church)' 운동은 북미에서 20세기 후반 전
개된 새로운 교회운동이다. 다가오는 21세기를 전망하면서 변화된 북
미의 선교환경을 고려하여 '선교적 교회론'을 주창하면서 선교가 곧 교
회의 존재의 이유라는 매우 선명하지만 강렬한 의제를 던지며 등장했
었다. 기술의 발전과 문화적 변화에 따라 과거와 같은 제도적 교회중
심의 선교방식이 효과를 발휘하기 어렵게 되었고, 무엇보다도 교회의
본질을 성장과 번영에 초점을 맞춤으로서 삼위일체 하나님의 성육신
적 공동체 형성과는 거리가 멀어진 오늘의 '교회의 선교'를 반성하는
의미가 담겨있었다. 그 신학적 의의는 물론이고 20세기 선교에 대한
성찰은 문화적 적응을 넘어서 삼위일체 하나님이 이끄시는 새로운 선

지역공동체와 함께 하는 교회의 새로운 도전들
– 한국적 '선교적 교회'를 향하여 –

교적 방식에 대한 진지한 고민을 담고 있었다.

이 운동이 한국에 알려진 것은 90년대부터였다. 미국의 신학교에서 이 운동을 알게 된 여러 목회자와 학자들이 한국교회에서 소개했지만, 당시에는 제대로 열매를 거두지 못했다. 여전한 부흥과 성장의 열망이 교회의 본질을 추구하며 과거의 선교방식을 성찰하고자 했던 '선교적 교회' 운동의 본의를 제대로 이해하기 어려웠던 것이다. 그러나 그 신학적 명분은 정당한 것이었기에 21세기가 시작되고, 한국교회가 심각한 위기에 봉착하자 주류 교회들과는 다른 비제도권 교회들로부터 '선교적 교회' 운동을 받아들이는 움직임이 활발해졌고, 특히 '선교적 교회'를 지향하는 개척교회를 시작하려는 이들이 늘어나면서 한국교회의 새로운 변화를 주도하고 있다.

'선교적 교회'의 핵심 메시지는 그 동안 교회가 성장을 위한 프로그램으로 선교를 인식하였다면 선교 자체가 교회의 존재의 목적이 되어야 한다는 것이다. 특히 그 신학적 핵심은 이른바 '하나님의 선교(Missio Dei)'로서 삼위일체 하나님이 먼저 역사와 문화 속에서 행하시는 선교를 신뢰하고 분별하여 지상의 교회공동체가 그 선교에 기꺼이 동참해야 한다는 것이다. 그것은 교회성장을 지향하는 것보다는 교회가 선교적 공동체로 존재하는 이유를 묻는 것이다. 각 신앙공동체는 자신을 파송하신 하나님의 선행하시는 일하심에 참여함으로써 그 존재의 의미를 증언하는 것이고, 그것이 곧 하나님의 나라를 드러내는 것이다. 복음주의 교회들과 에큐메니컬 교회들이 '하나님의 선교'를 해석함에 있어 다소 차이가 있지만, '선교적 교회'에 동참하는 교회들은 이 신학을 받아들여야 하며, 자신이 파송된 지역사회, 시민사회에서 구체적인 선교적 삶을 살아나가는 것이 중요하다는 것에는 이견이 없다.

지역교회나 개척교회들이 네트워크를 형성하고 새로운 교회운동을 전개해 나감에 따라 각 교단과 신학교에서도 교회의 본질을 회복해야 한다는 차원에서 이 운동을 긍정적으로 보기 시작했고, 특히 예장통합은 국내선교부를 중심으로 이 논의를 주목하다가 교단 내 교회를 새롭게 개척하는 목회자들을 훈련하는 프로그램에서 '선교적 교회'를 주요 주제로 다루기 시작했다. 노회마다 미자립교회를 위한 지원 프로그램도 있지만 실질적으로 자립 가능성이 저조한 상황인데, 이는 사역지를 찾지 못하여 다른 방법이 없어 개척을 했거나 모교회의 일방적인 결정에 따라 수동적으로 이뤄지다보니 한국사회에 대한 상황적 인식이 부족하고 개척교회의 성패를 자립으로 설정하면서 목회자 개인이 전적인 책임을 져야 하기 때문이다. 교단은 이런 문제점을 인식하고 수년 간 연구하던 중, 연구팀을 구성하여 해외탐방을 기획하였고 2020년 겨울 미국 캘리포니아 일대의 새로운 교회운동을 방문하여 한국교회의 교회개척에 대한 성찰과 함께 향후 '선교적 교회개척'을 실천하기 위한 구체적인 방안들을 모색할 기회를 가졌다.

탐방준비

국내선교부는 2019년 '선교적 교회'를 지향하는 담임 목회자 5명(개척교회 목회자 2명, 농촌교회 목회자 1명, 제도교회 목회자 2명)과 신학자 1명 및 총회관계자 1명으로 총 7명으로 연구팀을 구성하였다. 국내선교부의 적극적인 지원과 참석자들의 열정으로 준비모임은 총 3회의 사전연구모임을 진행할 수 있었고, '선교적 교회'에 대한 기본적인 이해와 방문해야 할 교회들에 대한 사전 정보를 습득하는 방식으로 진행하였다. 함께 연구를 진행하면서 더욱 확신할 수 있었던 것은, '선교적 교회'에 동참하는 길 외에는 현재 한국교회의 위기를 극복할 다른 방안이 없다는 것이었다. 중형규모의 목회자 2인은 제도화되어 있는 기성교회를 새롭게 변화시키는 일이 매우 어렵다는 것을 알면서도, 변화하지 않고서는 미래가 없다는 사실을 분명히 인식하게 되었고, 소형규모의 개척교회 및 개척 후 자립교회의 경우 한국적 상황에서 분명한 신학적 비전과 적절한 지원이 없이는 '선교적 교회'를 제대로 실천하는 일이 쉽지 않다는 것에 동의하게 되었다.

　　연구팀의 과제는 '선교적 교회' 운동이 시작된 북미의 몇 교회를 통해 우리가 새롭게 실천할 수 있는 한국적 교회개척 방식에 대한 창의적 아이디어를 발굴하여 교단의 정책에 반영토록 제안하는 것이었다. 이런 점에서 연구팀 모두가 담임목회자였음에도 불구하고 각별한 사명감을 가지게 되었던 것이다. 탐방할 교회들을 선정하고, 현지 목회자들과의 미팅을 주선하는 과정에서 기대감이 고조되었고, 각자 맡은 교회들에 대한 연구가 진지하게 진행되었다. 최근 한국교회에서 '선교적 교회'를 탐방하기 위한 여러 시도들이 있었고, 과거 대형교회 중심으로 탐방 프로그램이 진행되었던 것과 비슷한 방식으로 진행되어 문제의식을 느끼고 있었던 차에, '선교적 교회'의 흐름을 파악하기 위한 연구팀의 방문지는 개척교회와 대안적 목회를 하는 지도자들을 만나는 시간으로 구성되었고, 2020년 2월 연구팀은 미국으로 출발하였다.

　'선교적 교회'의 질문, "우리는 어디로 파송되었나?"

　　신학자로서 연구팀에 참여하기 전에 먼저 미국 풀러 신학교에서 한인 학생들과 목회자들을 대상으로 강연을 할 기회가 있었다. 〈풀러 코리안 센터 *Fuller Korean Center*〉에서 마련한 '목회와 선교 특강'은

"삶의 자리와 선교적 교회 *Sitz im Leben & Missional Church*"라는 주제
로 진행되었고, LA 지역의 한인목회자들에게 "한국형 선교적 교회의
길"을 강연하였다. 이 주제는 연구팀과 함께 이번 탐방을 통해 풀어내
야 할 과제이기도 했고, 〈한국선교적교회네트워크 *Missional Church
Network in Korea*〉의 일원으로서 여러 차례 반복하여 연구팀과 함께
고민해 온 주제이기도 했다.

'선교적 교회' 운동의 가장 중요한 질문은 "삼위일체 하나님께서 우
리를 어디로 파송하셨는가?"이며, 이는 언제나 상황화를 통해 복음의
증언을 담고 있고 신앙공동체가 성육신의 모범을 따라 선교적으로 존
재해야 한다는 고백으로 응답될 수밖에 없다. 이런 점에서 한국사회의
독특성과 사회적 변동에 따른 '한국형 선교적 교회'를 주장하는 것은
어쩌면 당연한 것이다. 문제는 최근 한국교회의 몇 영향력 있는 교회
들이 과거와 같이 규모와 프로그램을 통해 세력을 과시하려 하거나 외
국의 유명인사를 초청하여 대형 세미나를 개최하여 유행을 일으키려
는 움직임이 있다는 점에서 이 주장은 더욱 더 절실하게 요청받고 있
었다. 이 자리에서 LA 다운타운에서 홈리스(homeless)들을 돕는 비영
리단체 〈오병이어 *5 Breads & 2 Fishes*〉을 섬기는 〈필그림교회〉의
이기영 목사의 강연은 '선교적 교회'의 실천이 유행이거나 프로그램이
아니라 하나님이 파송하신 곳에서 직면하는 요청에 응답하는 것임을
분명히 알 수 있었다. 이곳은 후에 연구팀이 직접 탐방을 하게 되었다.

연구팀이 도착한 후 본격적인 탐방은 LA 다운타운에 위치한 *New
City Church*부터 시작되었다. 이 교회는 LA 다운타운이 도시계획에
따라 재개발되면서 급속도로 확산되고 있는 '홈리스 집단거주지역
(skid row)' 지역을 섬기기 위해 한인 2세 목회자인 케빈 하(Kevin
Hah) 목사가 2008년 개척한 교회이다. 오랜 기간 변호사로 일하다가

지역공동체와 함께 하는 교회의 새로운 도전들
- 한국적 '선교적 교회'를 향하여 -

풀러신학교에 가게 된 그는 한인교회인 〈나성영락교회〉의 영어권 사역자로 있다 다운타운을 향한 새로운 선교의 필요성을 느끼게 되어 교회의 지원을 받아 개척을 하게 되었다. 그러나 그는 한인교회의 교인파송을 정중히 거절했는데, 다운타운의 인적 구성에 맞는 방식의 새로운 공동체를 원했던 것이었다. 그는 풀러신학교에서 '선교적 교회'에 대한 도전을 받은 바, 다운타운의 마약중독자나 유색인종들과 홈리스들을 위한 교회가 아니라 그들의 교회를 세우는 것이 하나님의 뜻이라 생각했다. 그곳에 파송받았다면 당연히 그곳의 상황에 맞게 성육신 해야 한다는 생각에서였다. 2015년 기준, 6,000명이 넘는 홈리스들과 마약중독자들의 집단적 거주공간에 교회를 세운다는 것은 그 공간과 공동체의 정치사회적 의미에 민감하게 반응하는 것이었다고 한다. 미국의 '선교적 교회' 중 많은 교회들이 '다문화, 다인종 교회'를 지향하지만, 케빈 하는 진정한 공동체가 되려면, 정치사회적 신분을 넘어서 서로 다른 계급적 성향의 사람들이 함께 하는 공동체가 필요하다고 주장한다. *New City Church*의 비전인 "복음중심적(Gospel-centerd)이며, 포용적(inclusive)인 공동체(Community)"는 바로 이러한 '선교적 교회'의 선언인 것이다. 사회적 갈등이 치열한 문제에 있어서는 최대한 토론하여 모두가 동의하는 합의에 이르도록 노력하면서 성육신의 원리를 적용하여 상대방의 입장을 고려하는 것이 곧 교회의 의사결정 과정이다.

이 교회의 개척과정을 살펴보면, 최초 핵심 멤버들이 오랜 기간 함께 새로운 교회의 비전을 놓고 기도하는 시간을 가졌고, '선교적 교회'에 참여하기 위해 자신들이 선교적 삶을 기꺼이 감당하기 위한 훈련의 시간을 가졌다. 교인수를 늘리기 위한 프로그램보다는 '파송된 상황'의 요청에 따라 '회복(recovery & restoration)'에 초점을 맞추고 다양한 소그룹 활동을 통해 공동체의 소속감을 강조하고 있다. 자신의 있는 모습 그대로를 개방할 수 있는 안전한 공간이 되는 '교회 안의 교회'를 추구한 것이다. 사실 사회적 계급이 다른 이들이 한 공동체를 이룬다는 것은 오늘날 도시에서 매우 어려운 문제이다. 그러나 이 교회는 그것이 곧 자신들을 파송하신 하나님의 선교라 여기고 최선의 노력을 다하고 있다. 연구팀과 만난 케빈 목사는 '선교적 교회'를 성육신하는 실천하는 하나님나라의 증언이라고 강조했었다. 탐방 기간 내내 이 교회는 연구팀이 다른 선교적 사례들을 평가하는 기준이 되었다.

이와 비슷한 사례는 앞서 잠시 언급했던 역시 다운타운의 〈오병이어〉의 활동이다. 이 사역을 전한 이기영 목사는 교인이 그리 많지 않은 〈필그림교회〉를 섬기지만 지금 하고 있는 〈오병이어〉의 사역은 수천 명이 모여도 하지 못하는 일이라 평가했다. 너무도 겸손하고 진실어린 마음으로 연구팀의 탐방을 맞이해 준 이기영 목사의 설명을 듣는 동안 연구팀 모두 감격과 은혜에 빠지지 않을 수 없었다. 매일 5,000여 명의 홈리스에게 음식을 제공하는 사역이 어떻게 가능했을까? 이 단체는 몇 몇 목회자들이 모여 책을 읽는 모임에서 성령의 파송하심을 깨닫고 어느 날 갑자기 다운타운의 홈리스들 5,000명에게 핫도그를 먹이기로 마음먹고 시작했는데, 지금까지 매일 그 사역을 감당하게 되었고, 수없이 많은 도움의 손길과 지원단체들이 협력하게 되었다고 한다. 이 사역팀의 리더인 이준 목사의 특별한 영적 지도력을 바탕으로 자신들에게 돌아오는 아무런 이익이 없고 심지어 목회자들은 각자의 사역지가 있음에도 자원봉사자들과 이 어마어마한 일을 계속해 오고 있다. 음식을 받으러 온 노숙자들에게 자원봉사자들은 이렇게 말한다고 한다. "와 주셔서 감사합니다. 마음껏 드세요. 그 값은 이미 예수님이 지불하셨습니다. *Meals on Jesus*" 이기영 목사는 "성령의 인도하심"에 즉각적으로 순종함으로써 정말로 '오병이어'의 기적을 날마

지역공동체와 함께 하는 교회의 새로운 도전들
- 한국적 '선교적 교회'를 향하여 -

다 체험하고 있다고 하였다. '선교적 교회'는 '선교적 삶'이 없이는 공허한 구호에 불과하게 된다.

또 이 단체에 참여하는 목회자들은 많이 배운 신학적 지식도 든든한 교단적 배경도 없이 그야말로 자발적인 도움의 손길을 통해 날마다 위태롭게 이어가고 있다는 점에서 진정한 '선교적 공동체'의 사례였다. 연구팀이 이 단체를 찾아가는 길목에서도 수없이 많은 LA의 홈리스들을 보게 되었고, 순간적으로도 공포를 느낄 만한 지역이었는데 이곳에서 자신을 내어 놓고 매일 이들을 먹이는 '선교적 공동체'가 있다는 것이 놀라웠다. 연구팀의 탐방은 이 공동체의 증언을 들으면서 '선교적 교회'의 개척이나 실천은 목회자 자신의 결단이나 필요에 의해 이루어지는 것이 아니라, '선교적 교회론'이 고백하는 바 삼위일체 하나님 자신의 선교를 인정하고 그에 겸허히 동참하는 신앙공동체의 선교적 삶에 의해 자연스럽게 형성되는 것이라는 점을 분명히 알게 된 시간이었다.

그렇다고 모든 '선교적 교회'가 이처럼 치열하고 위험한 사역이 되어야 한다는 것은 아니다. 도시에는 다양한 현장이 있고, 전혀 다른 상황이 존재하므로 '파송된' 곳에서 하나님의 성육신하기 원하시는 일이 무엇인지 분별하여 그것을 진정성있게 표현하는 것이 필요하다. 그런 의미에서 연구팀을 집으로 초청하여 환대해 준 팀 목사와 파사데나(Pasadena)에 위치한 *The Way Church*는 또 다른 유형의 사례였다. 이 교회는 *Pacific Crossroads Church in Los Angeles*로 개척된 교회다. 팀 목사는 앨러바마에서 개척하여 수천 명에 이르는 교회의 담임목사가 되었으나 본래 진정한 '선교적 공동체'를 지향했기에 점차 공허해지기 시작했고, 결국 그 교회를 사임한 후 다시 캘리포니아에서 개척을 하게 되었다. 비교적 부촌인 파사데나 지역에서 특히 허리우드의 영화관계자들과 개인적인 삶의 이야기를 나누고 교제를 하며 작은 공동체를 형성하게 되었는데, 팀 목사는 경제적 여유도 있고 지식인들이 그들이 모두 영적으로 고립되어 있었고 진정한 공동체를 원하고 있다는 사실을 알게 되었다고 한다.

*The Way Church*는 경제적인 여유가 있음에도 자신들만의 독립적 공간을 갖지 않은 채 렌트하여 사용하면서 고정적이지 않고 소그룹 공동체의 역동성을 중심으로 '선교적 공동체'를 형성하고자 한다. 연구팀은 팀 목사 자신의 헌신과 희생에 감동을 받았고, 한 사람을 귀중하게 여기려는 그의 진정성에 큰 감명을 받았다. 그러면서도 *New City Church*와 비교하여 *The Way Church*가 서로 다른 상황에 응답하고 있으며, 팀 목사 역시 다운타운에 비슷한 공동체를 세우기 위한 고민을 하고 있다는 사실을 알게 되었다. 우리가 만난 진정한 '선교적 공동체'의 특징은 어떤 상황에 파송되었든 그곳에서 하나님이 원하시는 일을 하고자 고민한다는 것이었다. 지역사회와의 긴밀한 관계성을 형성하기 위해 다양한 전략을 구사하고 있다는 것이었다.

특히 팀 목사의 *The Way Church*는 우리에게도 익히 유명한 리디머 처치(Redeemer Church)의 도시개척교회 지원 프로그램인 CTC (City to Church)의 영향을 받았다. 이 공동체를 소개한 풀러신학교의 박한얼 목사와 함께 LA 지역의 CTC 프로그램에 참여하였다. 박한얼 목사 역시 최근 개척을 하였는데 모두 비슷한 도시선교의 비전을 가졌다. 연구팀은 좋은 '선교적 교회'의 개척을 위해서 전문적인 도움이 필요하고 지속적인 만남을 통해 비전을 공유하는 모임이 필요하다는 점에 동의할 수 있었다. 6개월의 지원 프로그램을 통해 개척을 준비할 수 있도록 돕고, 비슷한 비전을 가진 이들이 함께 고민하면서 서로 고민을 공유하고 있다는 점에서 연구팀을 파송한 예장통합 국내선교부

지역공동체와 함께 하는 교회의 새로운 도전들
- 한국적 '선교적 교회'를 향하여 -

의 '교회개척학교'는 나름대로 비슷한 목적을 지니지만 2박 3일의 짧은 일정이라서 장기간 관계를 형성하는 방법에 비해 보완되어야 할 부분이 있겠다.

한편 또 다른 다운타운 중심지 교회 *Mosaic Church*는 우리에게 잘 알려진 교회이지만 앞서 탐방한 교회들과는 전혀 다른 분위기와 공동체를 이룬다. 허리우드 한 가운데 위치한 이 교회는 젊은 세대들이 주축이 되어 창조성과 예술적 표현 등을 자유롭게 드러낸다. 맥매너스(Erwin McManus) 목사는 60년이 넘은 전통적인 교회에 부임하여 과감하게 새로운 교회의 비전을 선포하여 지금과 같이 혁신적이고 문화적인 창조적 공동체를 이끌게 되었다. 예배는 마치 공연장을 방불케하고 락사운드가 강렬하게 울려 퍼지는데, 설교시간에는 작은 움직임도 통제되면서 말씀에 집중하도록 한다. 맥매너스 목사는 그 자신이 문화적 예술가처럼 활동하고 있는데, 영화를 제작하기도 하고 스스로 출연하기도 한다. 허리우드 거리에 위치한 교회로서 문화적 창조성에 방점을 찍는 교회의 방향성은 역시 '파송된 공동체'로서의 정체성을 분명히 하고 있다. 심지어 초창기에는 나이트클럽을 빌려 예배를 드리는 등 파격적이지만 하나님을 예술가로 선언하고 한 사람 한 사람이 모두 모자이크처럼 각자의 조각이 되어 아름다운 공동체를 형성하려는 것이 곧 이 교회의 '선교적 공동체'의 비전이다. 연구팀이 참여한 예배에서도 놀라울 만큼 파격적인 찬양과 예배당을 가득 채운 젊은 청년들로 인해 놀라웠다.

이 교회는 "선교는 교회의 존재의 목적"임을 분명히 선언하고 있으며, 특히 "문화적 적응(relevancy)은 선택사항이 아니다."고 고백함으로써 '선교적 공동체'의 상황적 응답을 중시하고 있다는 것을 명확히 알 수 있다. 어떤 식으로 표현하든지 자신들이 파송된 곳에서 가장 절질하고 적합한 방법으로 하나님의 나라를 증언하고 복음을 전하는 것은 '선교적 공동체'의 본령이다.

이런 교회들은 대체로 주류교단에 속하지 않았고, 독립적 교회들이라는 점에서 오늘날 '선교적 교회' 운동이 교단보다는 새로운 네트워크를 중심으로 형성되고 있는지 알게 해 준다. 만약 주류교단이 이러한 '선교적 교회'의 개척을 지원하고자 한다면, 더 많은 창조성과 다양성을 인정해주지 않는다면 현실적으로 많은 어려움을 겪을 수밖에 없다는 것을 암시한다.

다음 세대를 위한 '선교적 교회'의 조건; 소통적 공공성

연구팀은 한인교회들의 여러 목회자들과도 만날 수 있었는데, 대부분 공통적으로 어려움을 겪는 사역 중 하나는 '다음 세대'를 위한 선교의 문제였다. 이민 1세대들에게는 한인들끼리 모여 공동체를 형성하고 함께 예배하며 소위 '안전한 공간'을 유지하는 것이 가장 중요한 이슈였다. 하지만 1.5세대 내지는 2세대는 언어의 한계도 넘어섰고 삶의 대부분을 도시적 공간에서 자유롭게 다양한 인종과 어울리며 보내기 때문에 한인들끼리만 모이는 공동체가 주는 의미가 1세대와 같을 수 없다. 이런 점에서 앞으로 한인교회들의 미래가 여러모로 쉽지 않을 것으로 예측된다.

가장 어려운 요인으로 언어적 한계를 꼽는 이들이 많았지만, 보다 근본적으로 들여다보면 이것은 한인교회가 외부사회로부터 지나치게 고립되어 있다는 것을 의미하며, 교회의 공공성을 제대로 확보하지 못해서 발생하는 것이라 판단한다. 예컨대 가난한 이들을 돕거나 지역사회와 함께하는 프로그램을 가지고는 있지만, 여전히 한인교회 대부분

지역공동체와 함께 하는 교회의 새로운 도전들
- 한국적 '선교적 교회'를 향하여 -

은 부흥하여 성장하거나 생존하여 유지하거나 둘 중 하나의 선교전략을 구사하고 있다는 점에서 교회의 본래적인 공공성을 표현하는 일에 한계를 겪고 있다. 개인적으로 잠시 만난 한 목회자는 이 문제를 해결하기 위해서 특별한 준비를 하고 있다고 밝혔다. 영어권 사역을 아예 독립시켜서 재정권과 인사권을 부여하고, 한인공동체의 자원들을 미국 주류사회와 접촉할 수 있도록 하기 위해 NGO를 설립하고 그 운영을 이미 존재하는 단체의 지부로 시작하고자 하는 것이었다. 아마도 의미 있는 시도가 될 것이다.

연구팀은 〈풀러신학교 코리안 센터〉에서 원장인 김창환 교수의 특강을 듣게 되었다. 그것은 미국에서 바라보는 한국교회의 공공성 형성에 대한 것이었다. 최근 한국에서 발생한 목회직 대물림 문제와 불법건축에 대한 법적 공방을 두고 교회의 공공성에 대한 방향을 제시한 것이었는데, 이는 이민교회들의 경우도 마찬가지로 사회적 보편성과 공공성의 관점에서 교회가 현저히 뒤떨어져 있다는 사실을 부인하기 어려움을 보여주었다. 한국교회이든 이민교회이든 '선교적 교회론'의 관점에서 본다면, '파송된 상황'에서 성육신하는 것이 곧 그 사회의 보편적 상식을 넘어서는 공공성을 띤다는 의미라 할 것인데 성장을 위한 '교회의 선교'만을 주장한 나머지 '하나님의 선교'를 제대로 수행하지 못하고 있다는 자성을 갖게 하는 것이다.

한편 앞서 언급한 팀 목사의 *The Way Church*에는 한인 다음 세대가 상당한 수를 이루고 있는데, 팀 목사의 전언에 따르면 그들은 부모 세대의 한인공동체에서 정서적으로 편안함을 느끼는 것은 사실이지만 미국사회의 전반적인 공적 요구에 무관심하거나 수직적 소통구조나 유교적 문화로 인해 자신들이 생각하는 복음과 선교에 대한 충분한 표현을 드러내 놓기 어렵다고 생각한다는 것이다. 그들은 미국의 백인들이나 다른 인종들과 섞여 서로 소통하며 자유롭게 신앙에 대한 고백과 증언을 나누고 싶지만, 한인교회는 과거 어른들이 익숙한 방식을 고수함으로써 어려움을 겪게 된다는 것이다. 연구팀이 방문한 미국의 주류교회들에 속한 한인들과 젊은 세대들은 모두 비슷한 생각을 가진다. 또 현지에서 연구팀을 인도한 이상훈 목사는 현재 현지 백인들 위주의 교회인 *Christian Assembly* 교회에 속하여 공립학교를 돕는 사역에 참여하고 있는데, 이 사역 현장을 방문한 연구팀은 앞으로 한인 다음 세대들이 이런 방식으로 복음의 공적 증언에 참여하는 것이 더 필요하겠다는 의견을 모았다.

'선교적 교회'는 교회의 공공성을 매우 중요하게 고려해야 한다. 이는 다만 사회적 정의를 주장하고 시민사회에 적극적으로 참여하는 것만을 의미하지는 않는다. 그 표현이 보수적인 방식이거나 다소 진보적인 방식이거나 그 공동체가 복음을 '공적으로' 증언하려는 노력 자체를 의미한다. 자신들만의 공동체에 갇혀 모든 자원을 내적으로 소모하고 자신들의 세력을 유지하거나 확장하는 일에 소용한다면 그것은 복음을 '사적으로' 소유하는 것이다. '선교적 교회'는 보냄받은 곳에서 요구하는 사회적 소통이 가능한 방식으로 복음을 증언해야 한다. 가난한 이들과 어려움에 놓인 타자를 돕는 프로그램을 가지고 있다는 것만으로 만족할 수 없다. LA 지역을 방문하는 대부분의 사역자들이 반드시 들르곤 하는 *Dream Center*는 아마도 프로그램을 넘어서면서도 그 복음의 공공성을 가장 잘 표현하고 있는 곳이 아닌가 싶다. 이곳은 홈리스들과 마약중독자와 같은 부랑자들에게 제자훈련을 통해 갱생하도록 돕고, 스스로 지역사회의 일원으로 돌아갈 수 있도록 직업교육을 제공하고 이 단체의 다양한 사역에 자원봉사자로 참여할 수 있도록 한다. '한 블록 입양하기 Adapt-A-Block'이라는 대표적인 구호가 이 단체의 전략을 말해준다. 매주 토요일마다 500여 명의 자원봉사자들이 130여 개의 구역(블록)에서 수만 명을 먹이는 푸드 트럭(Food Truck) 사역이다. 한 지역의 필요를 집중적으로 파악하여 그 필요에 응답하는 선교를 펼친다. 우범지대였던 해당 지역은 현재 매우 안전한 곳으로 탈바꿈되어 있다. 우리나라에도 시민사회에서는 이런 일들을 하는 곳이 있지만, 교회가 이 정도로 공공성을 띠면서 사회적 약자들을 위한 노력에 참여하기란 쉽지 않다. 이들의 공공성이 복음을 증언하게 하고, 이들의 사역을 통해 예배공동체에 참여하는 이들이 2,000명을 넘고 있다. 기회가 있을 때마다 *Dream Center와* 협력하여 한인 2세들에게 이 사역에 참여하도록 시도해 보는 것이 어떠냐는 제안을 했으나, 한인교회들은 자신들의 프로그램으로 만족하고 있다.

'선교적 교회'가 교회의 공공성을 고려해야 하는 이유 중 또 다른 이유는 소속한 이들이 느끼는 자긍심 때문이다. 그 공동체에 속해 있다는 것이 본인에게 큰 자랑이 되어야 하는데, 현재 한국교회에 대한 신뢰도는 심각하게 떨어져 있고 미국의 한인교회에 속해 있는 1세대들이 미국사회에서 느끼는 고립감은 그 자긍심과 반비례한다. 다음세대에게는 공동체에서 느끼는 자긍심이 매우 중요하다. 미국이나 한국이나 진정한 공동체는 더욱 더 필요한 시기이지만, 그렇다고 해서 모든 공동체가 참여자에게 의미를 부여하는 것은 아니다. 그 공동체가 제공하는 정체성이 자신이 가진 사회적 공공성과 소통이 가능할 때 그 자긍심은 배가 된다. '선교적 교회'는 프로그램이 아니다. 교회의 본질을 찾는 운동이다. 전통적인 교회는 '선교적 교회'가 될 수 없다던가, 개척교회나 문화적으로 급진적이어야 '선교적 교회'라는 생각은 잘못된 것이다. '선교적 교회'는 삼위일체 하나님의 선교를 인정하는 성육신적 교회론에 토대를 두고 '파송된 상황'에서 가장 절실히 요구되는

필요에 응답함으로써 하나님나라의 복음을 공적으로 증언하는 것이
다.

한국적 선교적 교회의 개척을 위해

연구팀은 앞으로 교회개척을 '선교적 교회론'에 기초하여 실행하
기 위한 몇 가지 제안을 하고자 한다. 우선 미국과 다른 한국적 상황을
고려해야 한다. 북미에서 시작한 '선교적 교회' 운동도 이미 20여 년이
지났다. 교회의 본질을 추구하는 방향성은 아직 유효하지만, 그 표현
은 다양하게 나타날 수밖에 없다. 그런 점에서 한국사회의 독특한 상
황을 깊이 고려해야 한다. 미국의 '선교적 교회' 운동은 대체로 규모가
큰 교회가 주도하거나, 혹은 그 교회가 생성한 새로운 네트워크가 개
척교회들을 지원하는 방식으로 전개되고 있다. 하지만 우리나라에서
'선교적 교회'는 여전히 교단체제에 지배를 받거나 초보적인 세미나 위
주로 전개되고 있어서 앞으로 이 운동이 한국교회에 긍정적인 영향을
끼치지 위해서는 보다 유연하고 실제적인 현장중심의 운동으로 전환
될 필요가 있다.

우선 한국적 상황을 고려해 보자. 현재 개척교회는 10 교회 중 2
교회 정도가 재정자립도를 보이고 있으며, 이런 교회들은 대부분 모교
회에서 재정적으로 뒷받침을 해 주거나 교인들을 파송하여 초기개척
에 참여한 경우이다. 아무런 지원 프로그램이 없이 교회가 자립하여
공동체를 이루기에는 매우 어렵다. 그것은 한국사회의 사회적 변동과
매우 밀접한 관련이 있다. 교회성장기와는 전혀 다른 상황이 전개됨으
로써 과거의 선교전략이 전혀 작동하지 않기 때문이다. 대부분의 주거
형태가 아파트인 도시에서 비기독교인을 만나 전도를 할 기회 자체가

차단되어 있기 때문에 기존에 교회를 다니는 이들의 수평이동만을 기대하게 된다.

또 신도시에 주로 들어서는 개척교회들은 처음부터 규모가 큰 공간을 마련하지 않으면 성장에 어려움을 겪는다. 왜냐하면 도시의 대형교회들이 신도시에 개척교회를 지원하여 처음부터 재정적 독립과 안정성을 공급하여 신도시에 이주한 이들을 끌어당기기 때문이다. '선교적 교회'의 비전을 가지고 '끌어당기는(attractional) 교회'가 아니라 '파송하는(missional) 교회'를 이루어보려 하지만 자원경쟁에서 역부족이다. 철저히 자본경쟁에 내몰려 있는 상황에서 '선교적 교회'를 지향하는 교회들이 제대로 자리를 잡는 일은 너무도 어려운 실정이다.

초기 개척교회가 정착을 하지 못하고 어려움을 겪는 이유는 여러 가지이다. 다만 재정적 어려움만이 아니고, 변화된 한국사회와 지역사회에 대한 구체적인 정보나 지식이 없이 비전만 가지고 개척을 시도하는 경우 개척자 자신의 능력에 전적으로 의존하게 되면서 아무런 지원도 받지 못하게 된다. 모든 목회자가 담임 사역지를 찾을 수 없는 물리적 조건이 엄존하고 있는 상황이라 개척교회를 준비하지 않을 수 없는 이들이 늘어나고는 있지만 이들을 지원하는 체계는 전무하다. 연구팀을 파송한 예장통합 국내선교부에서도 이미 개척을 진행하여 시간이 지난 사역자들을 대상으로 훈련학교를 제공하고 있는 상황이라 여러 시행착오를 겪은 이들에게는 다시 재개척을 할 수 있는 자원들이 남아있지 않게 된다. 누구나 선교적 소명감으로 개척을 시도하지만 사역자 개인과 그 가정에게만 그 책임이 주어진다면 그것은 '선교적 교회'를 향한 발걸음을 좌절시키고 말 것이다.

이런 점에서 한국사회의 변동에 대한 깊은 고민이 필요하다. 최근 한국사회의 공론장은 큰 변동을 겪었다. 소위 민주화 세대에게는 공론장의 의제가 '민주'였다면, 지금 젊은 세대는 이 '민주'를 '공정'의 담론으로 변화시켰다. 진보적 진영이든 보수적 진영이든 상관없이 그들에게는 '공정'이 더 중요한 문제가 되었다. 과거 세대가 진보와 보수라 나뉘어 경쟁했다면, 이제는 누가 더 공정하고 정의를 실천하는지를 두고 벌이는 경쟁에 들어섰다는 의미이다. '가나안 교교인' 200만을 헤아리는 지금, 교회를 빠져나가는 젊은 세대는 교회의 선교가 공정하지 않고 사회적 공공성에 비추어 볼 때 너무도 뒤떨어져 있다고 여긴다는 통계가 많이 나오고 있다. 교회에서 여성과 청년의 지위는 아직도 제대로 인정받지 못하는 경우가 많다. 사회적으로 물의를 빚으며 터져나오는 교회의 비리나 목회자의 타락상은 이러한 반사회적 이미지를 더욱 강화시킨다. 그래서 '한국적 선교적 교회'는 처음부터 한국사회의 공공성 요구에 대한 깊은 고려를 하지 않고서는 미국과 같이 제대로 정착하기가 쉽지 않다.

문제는 아무런 지원 없이 생존의 기로에 내몰린 개척교회가 지역사회와 소통하며 교회의 공공성까지 고려하기에는 그 상황이 여의치 않다는 것이다. 따라서 한국적 상황에서 '선교적 교회개척'은 개척지원 프로그램의 체계화와 전문화된 사역을 통한 공공성 확보에 대한 명확한 전략이 수립되어야 한다. 이는 개척자 당사자나 초기 구성원들로서는 감당하기 어려운 일이니 만큼, 신학교와 교단이 협력체제를 구축하여 교회개척을 위한 특단의 대책을 마련해서 풀어야 할 과제이다. '소 잃고 외양간을 고친다.'는 속담처럼 더 늦기 전에 '선교적 교회'의 실천으로 한국교회를 새롭게 하고 새로운 변화를 일으키기 위한 지원체제를 구축해야 한다.

몇 가지 사례를 들어본다. 미국에서 방문했던 교회들 중 *Redeemer Church*의 *CTC*(City to City)의 개척훈련 프로그램의 지원을 받은 사례가 가장 많았다. 6개월에서 9개월 정도의 그룹단위 훈련을 통해 '선교적 교회'의 기본적인 이해를 돕고, 개척을 해야 할 지역에 대한 이해는 물론이고 무엇보다 같은 비전을 가진 이들과 교제하며 물적, 인적 교류를 통해 풍요로운 준비과정을 거친다는 것이 큰 장점이다. 특정 교단에 매이지 않기 때문에 이 그룹은 다양한 교단/교파가 참여할 수 있어서 경직되지 않고 제도적인 통제가 없다는 것 또한 매우 중요한 요소이다. 그런데 한 가지 짚고 넘어가야 할 일은, 한국에도 이 지원 프로그램이 있고 비슷한 과정을 통해 훈련을 받는 이들이 있지만 미국과 같이 역동적인 영향을 끼치지는 못하고 있다. 한 가지 원인이라고 추측할 만한 것은, 주로 대형교회들이 리더십을 형성하면서 성장론에 바탕을 두고 있는 때문이 아닌가 싶다. 특히 *CTC*는 한국사회에 대한 이해를 하기 어려운 미국의 리더십에 의해 지도되기 때문에 한국적 실천에는 한계가 있을 수 있다.

또 이미 여러 방면을 통해 알려진 영국 성공회의 〈선교형 교회 Mission-Shaped Church〉의 교회개척 운동인 *Fresh Expressions of Church*의 〈파이오니아〉 프로그램은 대한성공회의 〈브랜든 연구소〉를 통해 보급되고 있다. 이 프로그램은 성공회 특유의 성육신적 신학을 토대로 교회개척자들에게 필요한 신학, 영성, 사회이해 등의 다양한 정보를 제공하면서 개척을 지원한다. *CTC*와는 달리 한국 지도자들의 주도에 의해 전개되면서, 한국사회와 지역사회 등 공론장에 대한 토론도 함께 진행되고 있다. 반드시 도식적으로 구분하기는 어렵지만, 전자는 주로 복음주의 계열의 교회들이 참여하고, 후자는 신복음주의 계열과 에큐메니컬 진영의 교회들이 모여 교제권을 형성하고 있다. 구체적인 개척과정을 지원하고 돕기 위해서는 한국적 상화에서는 결국 재정적, 인적 자원을 공급할 수 있어야 하는데, 이런 점에서 교회를 인큐베이팅 하는 단계까지 가야만 한다.

　이런 점에서 〈처치 브릿지 *Church Bridge*〉는 주로 통합측 교회들 중 개척을 통해 자립을 이룬 경험이 있는 교회의 지도자들이 모여 인큐베이팅을 목적으로 만들어진 네트워크라는 점에서 주목할 만하다. 본래 장신대의 세미나를 통해 시작되었으나, 지금은 독립하여 '선교적 교회개척'을 꿈꾸는 이들을 지원하고 도와 실제로 성수동 서울숲 지역에 1호 개척교회를 지원한 사례가 있다. 이 네트워크의 장점은 실제로 교회개척을 경험하면서 겪은 다양한 장애물들을 나누고, 인큐베이팅을 위해 자체의 예배공간을 마련하여 누구나 사용할 수 있도록 했다는 것이다. 광장동에 위치한 공간은 예배실, 카페, 사무실 등을 제공하고 있어서 초기 개척과정에서 큰 도움을 받는다. 다만 지도력을 발휘하고 있는 사역자들 대부분이 모교회로부터 지원을 안정적으로 받았거나 개인의 탁월한 달란트에 의존하고 있는 상황이라 모든 개척자들이 동일한 조건을 기대하기는 어렵다. 교제권을 형성하고 공동의 '선교적 비전'을 공유한다고 해서 미국처럼 자연스러운 개척을 기대하기가 어려운 것이, 한국에서는 공간을 마련하고 유지하는 것 자체가 너무도 큰 부담으로 다가오기 때문이다. 특정 공간을 점유하지 않고 임대를 한다고 해도 한국 부동산 시장의 불안정으로 인해 사역자들이 감당해야 하는 부담은 미국의 경우가 매우 다른 형편이다.

　이제 연구팀은 한국적 '선교적 교회개척'을 방향성을 마련하고 한국적 상황에 응답하는 방안을 제안하고자 한다. 이는 예장통합 교단의 교회개척선교의 방향성을 제고하고 기존의 방식을 더 발전시키기 위한 것이다. 아울러 한국교회의 새로운 변화를 기대하기 위한 기대를 담고자 한다.

　먼저 '선교적 교회개척'을 활성화하기 위해서는 '자립/미자립' 구도

지역공동체와 함께 하는 교회의 새로운 도전들
- 한국적 '선교적 교회'를 향하여 -

의 이분법적 인식을 변화시켜야 한다. 이 구도는 미자립교회를 불완전 공동체로 인식한다. '선교적 교회개척'은 교회를 파송하신 하나님의 선교에 응답하기 위한 본질적인 운동이다. 만약 '선교적 교회개척'을 미자립교회에서 자립교회로 성장해야 하는 논리로 설명하자면, 더 이상 '선교적 교회'를 증언할 수 없게 된다.

다음으로는 '미자립 교회'라 할지라도 '선교적 교회개척'을 통해 정당한 신학적 명분과 비전을 가지고 있는 작은 공동체라면 노회에서 정당한 지위를 갖도록 하는 방안을 모색해야 한다. 사실 미국의 '선교적 교회'들은 독립교회들이 많기 때문에 노회에 대한 부담이 없고, 공동의 네트워크를 통해 유지되는 멤버십이 더 중요하다. 그런 점에서 만약 교단이 '선교적 교회'를 지원하고 이 방향으로 개척운동을 전개하기 원한다면, 각 교단 내 '선교적 교회'를 위한 특별한 네트워크를 형성하여 그 친교와 교제를 법적으로 지원하는 방안을 고려해 볼만 하다.

다음은 구체적인 지원 프로그램을 구축하는 것이다. 현재 진행되고 있는 통합교단 국내선교부의 '교회개척학교'의 운영을 개척이후의 과정에서 개척이전의 과정으로 전면개정할 필요가 있다. 각 노회에서 개척희망자를 추천받고, 사전평가를 통해 사전점검을 통과한 이들을 대상으로 '선교적 교회개척'을 위한 훈련을 지원하는 것이다. 현재 운영하고 있는 프로그램은 노회가입 조건을 충족시키기 위한 것이어서, 참여자의 동기를 초기부터 '선교적 교회'의 방향성으로 고양시키기 어렵고, 이미 다양한 어려움을 겪은 상태일 가능성이 커서 그 자원이 남아있지 않을 가능성이 크다. 노회의 추천으로 사전평가를 통해 한해 적어도 20여 명의 '선교적 교회개척'을 준비하는 이들을 위한 장기간의 훈련 프로그램과 지원을 마치 해외에 파송하는 선교사를 훈련하듯 준비해야 한다는 의미이다. 여기에는 '선교적 교회'의 신학과 비전, 개인의 영성, 공동체 훈련, 한국사회에 대한 정치사회적, 문화적 이해와 함께 개척예정지의 지역사회에 대한 이해 등을 종합적으로 다뤄야 한다. 무엇보다 사역자 자신의 분명한 소명감을 확인하는 단계가 필요하다. 이후에 모교회 혹은 다른 교회들의 공적인 재정적 지원을 연결시키는 일까지 이 훈련에 포함시켜야 한다. 개별적으로 지원을 확보한 상태에서는 아무런 동기가 일어나지 않을 가능성이 크기 때문이다.

다음으로 '선교적 교회개척'을 위해 한국사회에서 절실히 요청되는 전문사역을 훈련할 수 있도록 적극적인 과정을 개발해야 한다. 미국을 방문한 연구팀이 여러 교회를 공통적으로 느낀 것은 각자 '파송된 곳'에서 절실히 요구되는 일을 감당하기 위해 전문적인 지식과 정보와 영성이 필요하다는 것이었다. 현재 한국교회의 교회개척은 이와 달리 모두가 비슷한 경로를 걷고 있다. 우선 공간을 얻고 전도를 하여 사람을 교회로 모으려고 하는데, 지금은 지역사회에서 필요한 전문적 사역에 집중하지 않으면 관계망을 형성하기가 어렵다. 따라서 개척을 준비하는 이들에게 전문적인 직업훈련이나 시민사회 및 지역사회에 참여하여 일정 기간을 경험하는 인턴십 제도를 결합할 필요가 있다. 신학교육을 받고 교회에서만 사역을 하다가 개척을 하면 당장 지역사회에 노출되는데, 이때 공적인 공간에서 관계망을 형성하는 일에 익숙해야 한다. 이는 '교회의 공공성'을 '선교적 교회'의 DNA로 형성하는 결정적인 요소가 될 것이다. 먼저 행하시는 삼위일체 하나님이 미국에서와 같이 한국사회의 어두운 곳을 밝히는 복음의 공적 증언을 위해 사회적 단체들과 협력하기를 원하신다면 이를 위해 준비해야 할 필요가 있다.

마지막으로 '선교적 교회'의 개척을 위해서는 공적 기금을 마련하여 인큐베이팅 단계에서 적절한 지원이 이뤄져야 한다. 이를 위해 현

지역공동체와 함께 하는 교회의 새로운 도전들
- 한국적 '선교적 교회'를 향하여 -

재 교단적 차원에서 불특정 다수에게 지원되는 '미자립 교회 지원금' 제도를 전면 개선하여, '선교적 교회개척'에 헌신하는 이들을 위한 공적 기금으로 일부 전환하여 특정한 전문사역을 지원하는 재정을 준비할 필요가 있다. 앞서 언급한 특정한 전문사역을 위해서는 시민사회의 다양한 NGO들과의 협력이 필수적이므로 여기에 소용되는 비용도 준비되어야 한다.

선교적 개회개척을 위한 연구팀의 미국 현지 탐방을 통해 하나님께서는 언제나 먼저 행하시고 하나님의 일을 하기 위해 특별히 준비된 공동체를 사용하신다는 것을 알게 되었다. 교회는 하나님이 주도하시는 선교에 헌신하기 위해 준비되어야 한다. 교단의 정책과 전략은 이 준비를 위해 늘 긴장되어 있어야 한다. 교회성장기의 부흥을 위한 정책을 그대로 유지하고 답습한다면, 또 교회의 공공성을 중히 여기지 않고 오로지 생존 전략에만 몰입한다면 '선교적 교회'를 지향하는 구호는 공허하게 될 것이다. 실제로 다양한 존재양식의 '선교적 교회'들의 개척을 지원하기 위한 배후조직을 구체화하고 이 시대에 준비된 이들을 찾으시는 삼위일체 하나님의 마음으로 사역자들을 발굴하여 격려하고 응원해야 하는 것이 교단의 사명이다. '선교적 교회'는 사실 교단 체제와 어울리지 않는다는 것이 많은 학자들의 주장이지만, 영국 성공회의 사례에서도 보듯이 신학적 전환과 결단만 있다면 얼마든지 이 시대를 새롭게 하시는 하나님의 선교에 동참할 수 있을 것이라 여긴다.